현대사회와 범죄학

이동임, 천정환, 윤종우, 박숙완, 이승우

도서출판 진영사

현대사회와 범죄학

이동임, 천정환, 윤종우, 박숙완, 이승우

2021년 1월 15일 초판 인쇄
2021년 1월 20일 초판 발행

발행인 박 진 영

발행처 도서출판 진영사
인천광역시 부평구 갈산동 185번지 풍진빌딩 303호
전화 : 032)505-4207
팩스 : 032)505-4206
E-mail : 0183734207@hanmail.net
등록 : 122-91-77317

ISBN 978-89-6541-513-8 93350
값 17,000원

머 리 말

현대사회와 범죄학은 현대사회에서 가장 많이 발생하는 범죄에 대해 발생실태와 문제점, 문제점에 대한 대응방안 등을 논하였다. 독자들이 이 책을 봄으로써 범죄를 잘 이해할 뿐만 아니라 범죄에 잘 대처할 수 있고, 이로 인해 범죄 가해자 혹은 피해자가 되지 않을 수 있다.

이 책의 구성은 범죄학 개관, 범죄형태론, 교정처우론 등으로 구성되어 있다. 범죄학 개관의 내용은 범죄학의 학문적 성격, 협의의 범죄학과 범죄사회학과의 차이점, 협의의 범죄학과 범죄종교학과의 차이점 등이다. 범죄형태론에서는 데이트폭력, 소년범죄, 사이버범죄, 가정폭력범죄, 성폭력범죄, 간병범죄, 살인범죄, 강도범죄, 방화범죄, 약물범죄 등 최근 사회적으로 사회이슈가 되고 있는 범죄에 대해 논하였다. 교정처우론에서는 교정시설 내 교정처우, 사회적 처우와 사회 내 처우, 교정처우 종료와 갱생보호 등 교정시설 전반에 관한 내용을 서술하였다. 이를 통해 교정시설이 어떻게 운영되고 있으며, 수용자는 어떻게 교정시설에서 생활하고 있는지 등 교정시설 실상을 독자는 이 책을 통해 알 수 있다.

바쁘신 와중에도 불구하고 각자 맡은 부분을 기간 내 잘 작성해 주시고 이 책을 집필할 수 있도록 도와주신 천정환 교수, 윤종우 외래교수, 박숙완 외래교수, 이종우 박사 등에게 진심으로 감사드린다. 또한, 이 책이 잘 출간될 수 있도록 편집을 잘해주신 도서출판 진영사 사장님에게도 진심으로 감사드린다.

2021년

저자 일동

목 차

Contents

제3장 교정처우론 ··· 171

제1장
범죄학 개관

제1편 범죄학의 의의

제1편

범죄학의 의의

Ⅰ. 범죄학의 학문적 성격

범죄의 개념에는 법학적 개념과 형법을 위반하지 않았지만 범죄로 취급되는 사회학적 범죄의 개념이 있으며, 범죄사회학과 달리 협의의 범죄학에서는 형법상의 범죄를 대상으로 한다.

범죄학은 과거에는 형사정책학의 일환으로 사회과학 영역의 하나로만 취급하였으나 오늘날 범죄학은 그러한 잘못된 일원적인 접근에서 벗어나서 완전히 사회과학은 물론, 자연과학과 인문학, 철학 등의 모든 학문의 특성을 종합하여 과학적으로 접근하는 학제적 성격을 가지는 점에서 완전히 패러다임의 자체가 바뀌었다. 범죄학을 광의와 협의의 개념으로 나눌 수 있다.

1. 광의의 범죄학 개념

여기서는 범죄학을 가치중립적 입장에서 범죄의 역사와 원인과 범죄유형론 및 범죄대책과 형벌론 및 치료적 사법과 인문학적 범죄학 등에 대해서 과학적으로 접근하는 학문으로 광의의 범죄학에서 접근하면 여기에는 법학, 심리학, 사회복지학, 상담학, 젠더학, 인문의료학, 사회학, 행정학, 종교학, 음악과 미술학, 체육학, 보호처분론, 형사정책론, 외국제도론, 철학과 역사학, 인문학, 자연과학, 건축학, AI(인공지능)과 신산업학 등 다양한 학문의 복합적 성격으로의 접근을 해야 하는 융합적 학문의 성격을 지닌다.

가령 범죄인의 심리를 파악하기 위한 프로파일링에는 일반심리학 외에도 범죄심리학에서 중요시하는 학습이론, 공격성심리이론, 집단심리이론, 프로이드의 자아이론, 성격심리이론, 동조이론과 귀인이론, 집단역학이론, 편견과 고정관념이론 등의 학제적 접근이 필요하며, 범죄인에 대한 교화와 피해자지원을 위해서는 피해자복지와 일반사회복지실천론적 지원기법이 필수적이다. 범죄인에 대한 효과적 대책과 조사기법에서는 클라이언트의 특성에 부합하는 치료적 상담이론과 여성과 남성의 특성에 부합하는 젠더적 상담이론과 여성주의적 상담이론이 필수적인 기법이기 때문이다.

또한, 범죄대책론에서 범죄인의 우울증 치료를 위해서는 단순한 임상의료에서 벗어나서 범죄인의 어릴적 트라우마나 내적 고통에 대해서 자아 속으로 끌어올리기 위해 개인의 히스토리적 접근을 해야 하는 인문사회의료가 필수적이기 때문이다.

사회학은 범죄사회학의 미시적 · 거시적 발전을 위해서 필수적이며, 이외 교도소 건축의 방식에 따라서 어떻게 수용자의 교화를 촉진하는가에 대한 교정건축학적 접근이 필수적이다. 앞으로 도래하는 AI교도소에 대응하기 위해서는 AI의 교정학적 이해와 범죄학적 이해가 필요하듯이 모든 학문을 아우르는 융합적 접근만이 앞으로 범죄학의 지평이기 때문이다. 따라서 광의의 범죄학에는 범죄원인론, 범죄유형론, 입법론, 수사학, 교정학, 형사정책 외에도 범죄사회학, 범죄정책학, 범죄신학, 범죄인문학, 범죄정치학, 범죄심리학, 범죄역사학, 범죄종교학, 범죄비교론, 범죄통계학 등의 다양한 하부 분야를 그 학제적 속성으로 가지고 있다.

2. 협의의 범죄학

협의의 범죄학은 고전적인 의미로 사회과학적 성격에 한정되며, 순수한 범죄원인론과 범죄유형론과 범죄대책론 등에 대해서 통계학과 법학, 형사정책학 등의 제한된 사회과학적인 단일학문적 접근법을 사용하는 것이 특징이다. 자연과학과 건축학, 공학, 인문학, 철학, 사회학, 심리학, 인문의료학, 사회의료학, 정치학, 정책학, 입법정치학, 젠더학, 역사학 등을 포함하는 학문적인 학제적 성격이 약한 것이 특징이다.

협의의 범죄학에 한정하면 범죄사회학과 범죄심리학, 범죄정책학, 범죄신학 등은 뚜렷한 차이점을 보이는 바, 여기서는 협의의 범죄학에 한정해서 논의를 진행한다.

Ⅱ. 협의의 범죄학과 범죄사회학과의 차이점

1. 구분

협의의 범죄학의 성격은 가치중립적인 점에서 과학적 실증적으로 접근하여 사회적 행위자들의 이익이나 가치를 고려하지 않는다. 하지만 범죄사회학에서는 그러한 입장에서 나아가 범죄원인과 대책 및 관련 법의 제정에는 범죄를 둘러싼 다양한 사회행위자(Actors)들의 숨겨진 이익과 가치가 개입된다는 점에서 가장 큰 차이점을 보인다.

범죄학은 범죄의 근절이라는 절대적 관점을 지니지만 범죄사회학은 현실적으로 범죄는 존재할 수 없으며, 나아가 일정한 부분은 필요하다는 입장에서 범죄의 감소를 해야 한다는 상대적 관점을 지니는 점에서 차이가 난다. 또한, 범죄원인과 범죄대책에서도 순수한 범죄학적 입장을 넘어서서 사회복지, 가족복지, 관료사회학, 임상심리학, 치료적 사법, 정치사회적 구조, 문화적 구조, 경제사회적 구조 등의 거시적 측면에서의 접근을 포함하는 것이 특징이다.

또한, 일반범죄학은 실정법을 어긴 범죄인을 대상으로 하지만 범죄사회학은 그러한 실증적 범죄인만 아니라 형법적 범죄는 아니지만 넓은 의미의 범죄나 상징폭력범죄도 포함하는 점에서 차이가 난다. 그리고 범죄학과 달리 범죄사회학은 이익집단론, 사회학, 조직사회학, 정치학 등의 입장이 강한 것이 차이점이며, 상징폭력론을 범죄사회학의 한 범주로 넣을 수 있다. 여기에서 상징폭력론을 살펴보기로 한다.

2. 범죄사회학에서의 상징폭력론

상징폭력은 법학적인 범죄는 아니지만 상징폭력이 행사되는 과정에서 범죄를 유발하거나 촉진하는 점에서 광의의 범죄사회학에서는 범죄의 일종으로 간주될 수 있다. 현대는 다양한 상징조작에 의한 상징폭력이 난무하여 이것이 형법상의 범죄(모욕죄, 일반범죄, 집단범죄, 사이버범죄)로 연결되는 점에서 논의의 실익이 있으므로 범죄사회학에서는 사회학에서 사용되는 상징폭력론을 연결되는 점에서 범죄사회학적 의의가 있다.

1) 개념

부르디외가 최초로 주장한 것으로 행위자인 국가 · 집단이나 단체, 특정 개인들에 의하여 상징을 조작하여 지배이념을 강화하는 것으로 여길 수 있다. 가령 박정희 대통령시절에 유신헌법을 발표하면서 "한국적 민주주의"라는 상징조작에 의한 상징폭력으로 수많은 사람의 인권이 침해된 바, 이러한 상징폭력은 사실상 국가범죄로 간주된다. 그러나 상징폭력의 많은 부분은 직접적 범죄와 연결되지 않지만 간접적으로 범죄를 조장하는 상징조작도 많은 점에서 상징폭력의 사회학적 의의가 있다고 할 수 있다.

2) 특징

물리적 폭력과의 차이점으로는 피해자가 피해자라는 사실을 모르고 상징폭력에 동조하는 것이 특징이며, 물리적 폭력은 가시성이 강하여 가해자와 피해자는 자신이 폭력을 가한 사실과 맞은 사실을 아는 것이 차이점이다. 가령 강 씨가 자신을 모욕한 박 씨를 폭행한 경우에 가해자인 강 씨는 물리적 폭력의 가해자라는 사실을 알고 피해자인 박 씨는 자신이 피해자임을 알고 그 가해자도 알고 있다는 사실이다. 그러나 상징폭력은 피해자가 자신이 상징폭력의 피해자란 사실을 모르고 오히려 상징폭력에 가담하는 것이 가장 큰 특징이이다. 또한, 세대간에 대물림이 되고, 이는 사회전체로 확산되는 특징이 있으며, 경로의존적으로 확대 재생산된다.

가령 과거 박정희정권이 유신헌법을 만들고 "한국적 민주주의"라는 상징조작을 통한 상징폭력으로 수많은 시민들과 학생들을 집회했다는 이유로 구금하고 인권을 침해한 바(한국은 북한과의 대치라는 특수상태이므로 그런 점을 고려한 한국적 민주주의가 올바른 국가발전이라는 상징조작), 이러한 상징폭력에 많은 국민들이 세뇌되어 왔다. 또, 정치적 목적을 위해 특정 지역의 사람을 분리하기 위해 고려 왕건의 훈요10조를 왜곡 해석하여 특정 지역을 비하한 것이 대표적인 상징폭력이다.

상징폭력은 피해의 대량화와(대부분의 국민이 피해자임) 고착화로 형성된 상징폭력은 거의 고쳐지지 않고 굳은 신념으로 작용한다. 가령 특정 지역민에 대한 잘못된 상징폭력에 의한 상징조작에 세뇌된 사람은 거의 그것을 진실로 믿고 자신의 믿음이 주체적 형성이 아닌 상징폭력에 의해 형성된 것을 모르고 오히려 주위에도 알리는 것이 상징폭력으로 이에 의해 많은 범죄가 파생된다. 또한, 과거의 현모양처(여자는 결혼하면 남편이 폭행하거나(폭행죄) 외도해도 반드시 절대 복종하여야 하며, 아이들 양육은 책임져야 한다는 상징폭력)에 의해 남편의 폭행이나 상해죄가 비범죄화, 비형벌화 등 범죄와 관련된 것은 물론 사회 곳곳에서 엄청난 상징폭력이 행해지고 있음에도 사람들은 그것이 상징폭력범죄(형법상 범죄는 아니지만)에 세뇌되어온 것이 상징폭력의 무서움이다. 많은 사람들과 지식인들도 사형제는 야만국가의 일로 알고 있는 바, 이는 그만큼 많은 사람이 특정 집단에서 행한 상징폭력에 그대로 세뇌되었다는 이야기이다.

문제는 이러한 상징폭력 범죄는 곳곳에서 행사되어와 인권을 침해하고 있다. 범죄사회학이론에서 중요한 상징폭력이론은 브로디외의 상징폭력을 아주 쉽게 설명하여 국가나 언론, 정치인, 기업들이 행사하는 상징폭력의 정체를 바로 알아 누가, 왜, 어떤 목적으로 대중들에게 상징폭력을 행사하여 왔고, 대중들은 주체성을 상실하고 세뇌되어 왔는가에 대한 주체적이고 비판적 관점을 가지는 것이 범죄사회학과 인권론에서 중요함에도 아직 한국에서는 이러한 논의가 거의 부족한 실정이다.

3) 범죄사례를 중심으로 본 범죄학과 범죄사회학의 접근의 차이점

(1) 범죄사례의 예(조두순 사건과 출소예정)

2020년 12월 아동성범죄로 구금된 조두순이 출소하는 바, 이에 대해서 1년 전부터 여러 언론이 조두순의 출두로 인한 사회안보의 문제점과 범죄 취약성 및 피해자 보호 등에 대해 수시로 중계방송 하듯이 보도해 왔다. 먼저 조두순의 범죄를 살펴보면 전과 18범인 조두순은 2008년 12월 11일 경기 안산시 단원구에서 등교하던 8세 어린이를 성폭행하고 장애를 입힌 혐의로 징역 12년을 선고받아 복역 중인 조두순이 12월 13일 출소하였다.

조두순에게 징역을 낮게 선고한 이유는 주취감경을 적용받았기 때문이다. 출소 후 7년간 전자발찌를 착용케 하고 5년 동안 '성범죄자 알림e'로 신상정보가 공개될 예정이다. 다만, 그 당시 법에 의해 읍 · 면 · 동만 공개하고 자세한 주소는 비공개되며, 얼굴은 공개되었다. 상세한 주소공개는 2012년 아동 · 청소년성보호법 개정 때부터이므로 그전의 사건은 적용이 안된다. 화학적거세(약물로 사실상 성능력을 무력화시키는 것)는 2011년부터 생겨 그전에 발생한 조두순은 소아성애로 판정되었지만 해당이 되지 않았다. 다만 2019년 특정범죄자에 대한 보호관찰 및 전자장치 부착 등에 관한 법이 개정되어 아동상대 성범죄자 중 재범위험성이 높은 경우는 출소 후에 보호관찰관이 1;1로 전담관찰하도록 되어 있으므로 이의 대상이 된다.

그런데 조두순이 출소 1년 전부터 언론이 집중 조명하여 국민들은 불안해 있다면서 일부 네티즌은 무인도 추방, 종신형, 화학적 거세, 61만명 이상이 출소 반대 청원운동을 하고 맘카페는 불안하다는 입장을 보이고 있다. 언론들은 경쟁적으로 피해우려를 보도하고 있고, 지자단체장은 피해자 주거지원을 한다는 계획이며, 관련 부처는 CCTV 71대를 조두순 집 근처에 설치계획이다. 또한, 무단자를 여러 명 채용해 조두순을 밀착 감시한다는 계획이다. 법무부는 24시간 위치추적과 감시를 한다는 계획이 보도되었다.

조두순 범죄와 관련하여 다양한 사회행위자의 하나인 정치인들에 의해 다양한 입법발의가 행해졌다. 구체적으로 보면 아동성범죄 등 강력범죄자들의 출소 후 생활에 제한을 두겠다는 입법안들이 발의되고 있다. 즉, 조두순 접근금지법은 성범죄자의 피해아동 청소년의 주거지나 학교 등으로부터 가해자 또는 가해자의 대리인의 접근 금지 거리를 현행 100m에서 1km 내외로 확대하는 방안이다. 또한, 조두순감시법으로 성범죄자들에게 전자발찌를 부착해 활동 반경을 주거지 200m 밖으로는 아예 못 나가게 하는 '조두순 감시법(전자장치부착법 일부개정법률안)'도 발의됐다.

전자장치 부착자들 중 19세 미만 대상 성폭행범에게는 주거지역에서 200m 이외 지역을 출입금지, 야간 및 특정시간대 외출금지 등의 조항을 위반한 전자장치 부착자에 대해서는 벌금 없는 5년 이하의 징역형에 처하도록 벌칙을 상향 조정안이다. 또 하나는 보호수용법안으로 아동 대상 성범죄자를 출소 뒤 1~10년 보호수용시설에 수용해 관리하는 내용의 '조두순 격리 법안(보호수용법안)' 이 법안은 소급효가 없으나 예외조항으로 두어 보호관찰기간 중 준수사항위반 시 보호수용이 가능하도록 하여 조두순이 위반할 경우 보호수용할 수 있도록 하였다.

조두순에 대한 계속된 보도와 정치인들의 입법안 발의에 대해서 국민들과 특히 아이를 둔 학부모들은 다양한 심리적 공포와 불안에 놓여 왔으며, 일부 국민들은 국민청원을 통하여 출소금지와 영원한 수용을 청원하였으며, 여러 정치인은 너도나도 과거에 폐기된 바 있는 보호수용법을 제정하여 조두순을 다시 보호수용해야 한다는 법안을 경쟁적으로 제출하였다. 일부는 조두순에게 화학적거세가 가능하도록 화학적거세법안의 수정을 제안하였으며, 조두순이 주소로 된 시장은 갑자기 시민들의 엄청난 불안을 달랜다는 구실로 시에서 무도유단자로 된 무도실무관을 6명이상 채용하여 조두순의 집안 주위를 철저히 감호한다는 계획을 세웠다는 것을 언론에 통해 보도되었다. 이미 그와 관계없이 특정범죄자가 출소하게 되면 해당 지역의 보호관찰소에서 전자감시와 해당 지역의 보호관찰소에 소속된 무도실무관들이 보호와 감시를 하는데도 다시 가외성 이념에 의거하여 시에서 6명을 주민의 세금으로 채용한다는 것이다. 또한, 국민들의 분노에 놀란 법무부 등 관련 부처도 조두순의 주거지 근처에 초소 등을 세워 더욱더 철저히 감시하겠다는 것이 보도되었다.

(2) 범죄학 측면의 접근

국민이 조두순의 출소로 공포와 불안을 겪으므로 이러한 사회적 비용의 예상에 대응하여 어떻게 하면 조두순으로 인한 범죄의 재발과 피해를 막을 수 있는가에 대해 관계부처와 다양한 전문가들과 정치인들이 정책과 입법을 통하여 재발을 방지하는 과학적인 대책을 통하여 사회보안을 꾀한다는 입장이다. 여기서는 다양한 사회학자들을 가치중립적 개념으로 파악해 오르지 다양한 사회행위자들은 조두순의 출소로 인한 과학적이며, 실효적인 범죄예방정책을 수립한다는 것이 순수한 범죄학의 입장이다.

따라서 조두순의 출소에 대비하여 정치인들과 관련 부처와 보호관찰소의 과학적인 계호와 방침을 세우고 고위험출소자에 대한 강력한 매뉴얼과 심리적 상담의 계획을 통해서 재범의 방지와 이로 인한 사회불안을 해소한다는 과학적이고 거버넌스적 입장이다. 언론과 정치인 등의 다양한 행위자들은 재범방지라는 순수한 목적으로 그러한 메시지와 반응에 자율적으로 참여한다는 점에서 가치중립적이며, 대부분의 국민들은 그렇게 알고 있는 것이 특징이며, 이 과정에서 어떠한 상징조작도 없다는 것이다.

(3) 범죄사회학적 접근

범죄사회학적 접근은 그러한 범죄대책에서 한발 더 나아가서 범죄와 조두순의 출소로 인하여 생기는 다양한 사회적 행위자들인 언론과 방송 등의 미디어, 정치인, 행정관료, 형사정책 전문가, 관련 기관 등이 언론이 던진 이미지인 조두순의 출소로 인하여 국민이 불안할 것이다. 이러한 메시지에 정치인과 행정관료 및 관련 기관과 이해관계자 등은 당연히 범죄의 예방과 대책에 대해 접근하지만 동시에 지나친 반응의 이면에서는 자신들의 다양한 이익을 추구하므로 이로 인해 범죄대책이 대중 포퓰리즘적인 정책으로 흘러가게 되는 측면을 중시하는 입장이다. 가령 왜 언론은 조두순이 출소하기 1년 전부터 “조두순 출소 예정”이란 제목으로 중계방송 하듯이 경쟁적으로 국민들에게 지나친 불안을 조성하고 있다. 그러한 미디어의 사회적 행위의 이면에는 누구의 이익이 내재되어 있을까?

또한, 정치인들은 과거에 폐기된 보호수용법이 위헌적 내용으로 다시 제정될 수 없음을 알고 있음에도 왜 이러한 위헌적인 보호수용법을 발의하고 언론에 보도자료를 내는 것은 과연 누구의 이익을 내재하고 있을까? 비슷한 예로 사형제에 대하여 사형제가 올바른 것인지 아닌지는 차치하고 국민들은 아동성범죄 등의 잔인한 범죄에 대해 사형 등 강력한 처벌을 원하는 것을 정치인은 누구보다도 잘 알고 있으며 입법도 그러한 대중 포퓰리즘적 방향에서 전개되는 것과 같은 이치이다.

조직사회학에서는 그러한 다양한 사회행위자들의 행위의 이면에는 반드시 고전학파의 합리적 가설처럼 합리적 행위자를 가정하고 있으며 언론과 정치인, 행정관료, 관련 이해관계자 등의 사회적 행위자는 자신의 이익을 추구한다는 것을 전제로 한다. 이러한 조직사회학의 입장을 범죄사회학도 견지하므로 다양한 사회행위자들이 보이는 다양한 메시지와 반응에는 자신들의 이익이 감추어져 있다는 것이다.

3. 범죄학과 범죄심리학의 차이 및 범죄심리학과 범죄사회학의 구분

1) 구분의 차이점

범죄학을 광의로 보면 범죄심리학이 포함되지만 엄격히 말하면 구분된다. 범죄원인론에 대한 과학적 접근과 범죄유형에 대한 객관적 접근과 범죄대책에 대한 합리적인 접근을 하는 등의 범죄이론적 접근을 하는 범죄학과 달리 사회심리학, 귀인심리학, 성격심리학, 적응심리학, 정신분석심리학, 발달심리학, 이상심리학, 방어기제론, 비교심리학, 집단심리학, 문화심리학, 법심리학, 수사심리학 등의 심리학이론을 응용하여 접근하는 점에서 인문사회학적 접근법이므로 접근방법이 전혀 다르다.

범죄심리학은 심리학적 응용을 주안점으로 하는 점에서 경로의존적이며, 미시적인 접근법을 사용하며 거시적 측면에 있어서는 가치중립적이다. 하지만 범죄사회학은 그러한 심리적인 미시적 접근보다는 그러한 범죄가 발생한 정치적, 경제적, 사회적, 구조적, 문화적, 역사적 측면에서 원인을 찾고 범죄의 감소방안도 그러한 측면에서 중점을 두는 점에서 사회결정론적 특징과 전체적인 접근을 하는 점에서 차이가 난다.

2) 범죄사례를 중심으로 본 차이점의 설명

가령 형법상의 사기범죄가 발생하게 되면 순수범죄학은 그러한 사기범죄의 개념과 특징 및 발생유형에 대한 객관적 자료의 통계학적 접근과 발생하게 된 미시적 원인과 사기범죄를 방지하는 방안에 대한 과학적 접근을 하는 가치중립적 접근을 하는 것이 특징이다.

이에 반해 범죄심리학은 가해자의 심리와 피해자의 심리 및 사기범죄를 둘러싼 사회적 행위자인 경찰과 교도관 및 사법부관료들의 경찰심리와 교정심리 및 사법심리 등을 과학적으로 연구하고 사기범죄와 관련된 방관자나 지인들의 역동적 심리도 접근하는 점에서 미시적인 접근법의 특징을 가진다. 그러나 범죄사회학적 접근은 이와는 달리 그러한 사기범죄의 행위론과 특징론 및 심리적 접근이 아닌 그러한 사기범죄를 하게 한 그 사회의 정치적, 사회적, 문화적, 경제적, 교육적, 역사적 측면에서 접근하고 그 원인과 대책도 그러한 방향으로 다루며 동시에 사기범죄를 둘러싼 다양한 사회적 행위자들인 가해자와 피해자 및 수사기관과 사법부 및 언론이 그러한 사기범죄를 접근하는 행태의 속성에 대해서 접근하는 점이 다르다.

예를 들어서 범죄심리학에서는 사기범죄의 심리를 여러 심리학을 이용해 접근한다. 가령 사기범죄의 심리적 특징으로 동질감 이용(아기맘 사이트, 농아자 사이트), 외로움 이용(노인 홍보관사기의 이중성; 저가의 물건은 노인이 속는 것을 알면서 사기 당함), 끈질긴 심리전의 싸움이므로 인내력이 필요하며 말이 많고 착한척하며 고급차와 명품치장과 철저한 약속으로 성실성을 가장한다. 또한, 바쁜 척(대화중에도 허위의 고위층에서 전화오게 함)하고 경쟁심리를 자극(지금 안 하면 타인에게 기회)한다. 특히 소액사기는 피해자가 신고하지 않는다는 심리를 악용(물품사기)하고 욕망, 신뢰, 불안이라는 세 가지 심리코드를 이용한다(욕심없는 이에게도 대박 꿈을 꾸게 하며 지인은 경계하지 않는다는 심리를 이용).

사기범죄피해자의 심리에 대해서 기대심리와 자기확신(똑똑하다고 여겨 확인과정을 안 거치다가 당함), 심리적취약자(노인), 만회심리(손실 본 것을 이번에 만회하자는 심리), 부동산투기심리를 이용해 부동산사기, 일부 피해자는 자신보다 더 손실을 보는 피해자의 발생을 바라고 새로운 피해자를 소개(대리만족감)하는 심리와 관찰자(친구, 가족 등)의 복합적인 심리 등 다양한 역동적 심리과정을 접근한다.

그러한 범죄심리학적 접근과 달리 범죄사회학에서는 사기범죄원인으로 거시적 측면인 신자유주의 등의 구조적 측면과 사회의 교육체계(1등주의 교육강요는 범죄를), 사기와 경제(자본주의, 압축성장, 분배불균등, 경제불황), 사기와 정치체계(민주화, 정치불안, 위기 등), 언론의 상업자본주의와 사기범죄(수법을 알게 함, 모방심리자극, 정당화와 합리화의 구실제공, 둔감화 현상초래) 등 전체적 사회적 거시구조적 측면에서의 사기범죄의 발생 원인을 세우고 따라서 범죄대책도 범죄인에 대한 미시적 교화방안보다는 불평등 구조하에 있는 왜곡되어 왔던 사회구조의 개혁과 개선을 내세우고 범죄학의 형벌적 대책에 대해서도 크게 찬성하지 않는다. 그것은 사회구조의 개선이야말로 올바르고 근본적인 범죄대책이라고 보는 입장으로 보다 사회가 정치민주화되어 선택적 정의가 줄어들고 경제구조의 개선 및 불평등한 교육구조와 관료우위의 형식적인 관료사회의 개선과 문화적 구조의 개선 등의 방안을 대책이라고 보는 형벌대용물사상과 일치한다.

Ⅲ. 협의의 범죄학과 범죄종교학과의 차이점

협의의 범죄학은 가치중립적 입장에서 종교탈가치적 입장이나 범죄종교학과 범죄신학은 범죄원인을 종교적 측면에서 접근하고 대책도 종교지향적인 경로의존적 가치성을 띠는 점이 특징이며 대책도 완전히 다르다.

오늘날 범죄신학은 아직 체계화되지는 않았지만 교도소의 수용자나 보호관찰소나 소년원에서 많은 목회자나 종교인들이 범죄자의 종교교화를 돕는 교정사역이 많이 행해지는 바 이렇게 범죄신학이나 범죄종교학은 개인이 범죄를 하는 이유를 종교적 측면에서 찾게 되는 점에서 종교환원론적 입장을 띤다.

범죄종교학도 보수적 범죄종교학과 진보적 범죄종교학으로 구분된다. 가령, 보수적 범죄신학이나 교정사역은 사회구조나 경제구조, 정치구조나 교도소의 관료적 문제점 등의 거시적 문제점에는 간과하고 오르지 개인이 범죄를 하는 것은 개인적 동기로 인한 일탈로 보므로 종교적 입장에서 구원을 통하여 재범을 막는데 관심을 둔다. 이를 위해 미시적 입장에서 먼저 종교적 바탕 위에서 사회복지나 종교복지의 방법론을 통하여 과학적으로 개입하는데 주안점을 둔다. 하지만 진보적 범죄신학이나 범죄종교학에서는 개인이 범죄를 하는 일탈의 원인에 대해서 잘못된 교회구조나 사회구조, 정책 및 경제구조와 정치구조도 원인이 있다고 보아 종교적 관점을 기초로 하되 그러한 거시적 측면에서의 대응도 동시에 모색하는 점에서 차이가 난다고 할 수가 있다.

Ⅳ. 범죄학이론의 개관

1. 초자연주의 범죄론과 자연주의학파의 대두

초기에는 초자연적 설명이 주류를 이루어 범죄를 저지르는 것도 악령이 들어갔기 때문이라고 한다.[1] 중세까지는 범죄인이 범죄를 하는 이유는 사람이 신을 믿지 않아 악마가 끼어들어 악마의 영향으로 범죄를 한다는 이론을 펼쳤다. 이는 서구중세사회의 종교적 특징에 의한 것으로 처벌도 응보적이며 비인간적이었고 이에 반대하는 학자들에 대해서도 박해를 가한 시기였다. 그러나 신을 믿어도 범죄를 하는 이유를 설명하지 못하며 지나친 종교적 입장으로 너무나 비과학적이어서 오늘날 전혀 설득력을 가지지 못한다. 이의 한계를 보완하여 마음의 작용방식을 경제학의 합리적 이론으로 설명하여 접근한 이론이 오늘날에도 여전히 중요하게 작용하는 고전파이론이다.

2. 고전학파

고전학파의 대표적인 학자인 벤덤은 인간은 누구나 자유로운 의지(free will)에 따라 모든 행동을 결정한다면서 그 기준은 고통과 쾌락의 비교를 통해 합리적으로 결정한다는 것이다.[2]

벤덤의 이론을 풀어 작성하면 고전학파에서는 모든 인간은 자유의사론에 의거해 합리적 인간관(범죄이익이 범죄비용보다 크다면 범죄함)을 가진다는 것을 전제로 한다. 모든 인간의 행위는 이익과 손실을 따져서 이익이 비용보다 큰 경우에만 행동한다는 합리주의에 따른 것이다. 범죄행위도 마찬가지로 범죄로 인한 이익이 범죄로 인해 예상되는 손실보다 큰 경우에는 반드시 범죄를 한다는 입장으로 오늘날에도 여전히 주요하게 작용하는 이론이다. 따라서 공리주의와 쾌락주의와 관계되며 가혹한 처벌과 신속한 형벌과 형벌의 확실성을 통한 일반예방주의를 주장하며 주요학자로는 벤덤의 공리주의가 있다.

---

1) 전돈수, 범죄학, 21세기사, 2005, 96쪽.
2) J. Bentham, An Introduction to the Principles of Morals and Legislation. New York: Hafner Publishing Co., 1948.

특히 벤덤은 나아가서 파놉티콘(원형감옥)을 주장하였고, 이는 그 뒤에 푸코의 미시권력학으로 이어졌다. 벤덤의 파놉티콘은 그가 효율적인 범죄의 감시를 위해 만든 원형감옥이다. 간수가 중앙탑에 숨어서 주변의 감방을 위에서 감시하는 파놉티콘은 효율적 감시를 위해 설계된 구조를 말한다.[3] 이는 철저한 비대칭성을 전제로 한다. 쉽게 말하면 감옥의 가운데의 높은 원형 탑은 어둡고 반대로 아래에 있는 수감자들이 생활하는 각 방은 감시자의 탑 주변으로 둥글게 배치 되며 원형탑의 감시자는 아래의 많은 방에 있는 수용자들의 모든 행동을 알 수 있다. 하지만 수용자들은 원형탑의 감시자인 교도관을 알 수가 없어 있는지 없는지 모르게 된다. 이를 통해서 수용자들은 감시자가 원형의 탑에서 자신들의 모든 행동을 24시간 내 일일이 감시한다고 여기게 만든다.

미셸 푸코는 그의 저서 《감시와 처벌》(Surveiller et punir, 1975)에서 벤담의 파놉티콘 개념을 부활시켜 감옥이란 건축물을 넘어서서 새로운 근대적 감시의 원리로 만들었다.[4] 그러나 고전파이론은 초현실주의적 범죄관에서 탈피해서 현실적 범죄관에 영향을 주고, 오늘날에도 잘 적용되는 이론이다. 하지만 범죄의 주요한 원인인 환경의 요인을 무시하였으며, 소질이나 범죄의 사회적 원인을 무시한 점에서 비판된다(여기서 소질을 중시한 것이 인류학파이며, 사회적 원인을 중시한 것이 사회학파임). 과실범과 격정범 및 상습범, 정치범 등 합리적 의사를 전제로 하지 않는 범죄를 설명하지 못하는 점에서 한계가 있으며, 이러한 문제점을 보완하고 나온 것이 다음에 나오는 범죄인류학파와 범죄사회학파의 입장이다.

3. 범죄인류학파이론

19세기 자연과학의 발달로 실증적 방법의 영향으로 범죄는 개인의 자유의지에 의해 결정되는 것이 아니라 개인이 타고난 소질에 의해 결정된다고 주장하는 결정론적 관점을 기본으로 한다.

범죄학의 아버지라고 불리우는 롬브로조는 1876년 그 유명한 범죄이론에서 소질을 중요시해 범죄인의 대다수가 생래적 범죄인이라는 생래적 범죄인설(간질, 충동성, 음주벽과 도박, 도덕성의 결여, 잔인한 성격 등은 타고남)과 격세유전설, 범죄인정형설을 주장하여 생래적 범죄인은 개선이 불가능하다고 봐서 무기나 사형(capital punishment)을 주장하였다.[5] 그의

3) 홍성욱, 파놉티콘, 책세상, 2002.
4) 미셸푸코/오생근 역, 감시와 처벌, 1994.
5) Mary Gibson et al 역, Criminal Man, Duke university, 2006, pp. 68-77.

이론은 범죄생물학파이론으로 발전하였다. 렌츠는 소질과 환경을 종합적으로 고찰하였으며(신롬브로조파), 이는 메츠거의 동태적 범죄원인론에 영향을 미쳤다. 그의 이론은 고전파이론이 알지 못한 개인의 소질을 발견하여 범죄행위에서 범죄인에 대한 연구의 중심을 촉진한 점은 장점이나 범죄원인으로 지나친 소질만을 중요시한 롬브로조의 이론은 범죄원인의 사회적 원인과 정치적 원인 등을 간과한 점이 한계이다. 이는 페리가 보완하였으며, 페리의 사회적 원인을 중요시한 주장은 프랑스의 사회학파로 계승되고 이는 다시 미국의 범죄사회학파로 계승되어 갔다.

4. 사회학파

1) 서덜랜드의 차별적 접촉이론

서덜랜드(Edwin H. Sutherland)는 사람들 간의 차별적 접촉을 통하여 범죄가 발생한다는 차별적접촉이론 (Differential Association Theory)을 이론화하여 1939년 범죄학의 원리(Principles of Criminology)에서 발표하였다.[6)]

다시 말하면 범죄는 개인적 병리(소질)의 산물이 아니라 주위 사람들과 직접 접촉을 통해 범죄를 배워 범죄를 한다고 한다. 그는 주위의 사람들 중에서 법준수를 긍정하는 친구들보다 법의 위반을 긍정하는 친구(범죄집단)들과 더 많이 차별적으로 접촉 할수록, 접촉의 기간이 길수록, 접촉의 강도와 클수록 범죄가 더 강하게 학습된다고 주장한다. 그의 이론은 모방심이 강한 청소년범죄나 화이트칼라범죄의 설명에 유리하며 전통적인 범죄의(절도 등) 설명도 가능하다. 하지만 순간적으로 발생하는 정신이상자의 범죄나 격정범과 과실범을 설명하지 못하고 성숙된 사람에게도 적용되지 않는 한계가 있다.

서덜랜드이론은 거시적 환경인 사회구조적 측면이 범죄의 원인이라는 사실을 간과하고 있고, 이에 대한 비판이 비판범죄학(범죄원인은 자본체제의 문제점으로 발생하고)이며, 또, Seidman의 차별적 범죄화 이론(법은 기득권 이익을 대변해 하류층범죄에는 엄하게 처벌하나 권력층 범죄에는 관대해 차별적 범죄화가 발생)이 나왔다. 그러나 비판범죄학도 문제점이 있는 바, 비판범죄학은 범죄가 사회구조적 불평등에서 야기되는 면을 중시해 구조적 불평등을 해소하는데 기여했다. 하지만 극단적인 사회결정론적 관점과 상류층의 범죄를 설명하지 못한다는 한계가 있다,

6) E. sutherland, Principles of Criminology, philadelpia; lippincott, 1939.

2) 문화사회범죄론

(1) 문화갈등이론

셀린은 문화적 갈등에 의해 범죄가 일어나는 현상을 예를 들어가면서 문화적 측면에서 서구사회의 문화갈등이론을 이론화하였다.[7] 1940년대 미국에로의 이민이 증가하면서 문화갈등에 의한 범죄가 나타난 현상을 보고 문화갈등을 1차적 문화갈등(이질적 문화간의 갈등)과 2차적 문화갈등(동질적 문화간의 갈등)으로 나누고 이러한 문화갈등이 내면화되어서 비로소 범죄로 이행한다고 주장한다. 그러나 문화갈등이 없는데도 범죄하는 이유를 설명하지 못하며, 이는 사회구조이론이 보완하고 있다.

(2) 사회구조 중심이론

머튼에 의하면 사회구조와 이를 달성하기 위한 수단의 괴리로 스트레스가 발생하고 이는 아노미현상을 일으켜 범죄의 원인이 된다고 한다.[8] 다시 말해 머튼은 사회문화적 구조는 문화적 목표(부의 성취)와 이를 달성하려는 합법적 수단(합법적 기회구조; 규범과 법의 준수) 두 가지 요소로 되어 있고, 이러한 목표와 수단 간의 불일치로 인하여 범죄가 발생한다고 주장한다. 그는 문화적 목표를 강조하면서도 사회구조의 문제로 인하여(가령, 회사 입사에서 대졸 아닌 자는 무조건 제외하는 학력정책이나 세금구조가 극빈자에게는 불리하고 부자에게 유리한 제도) 그를 달성하기 위한 합법적 수단으로의 접근성이 낮은 하위계층은 좌절이라는 긴장이 발생하고 이는 합법적 수단을 무시하는 아노미(무규범상태)를 초래해 마침내 범죄가 발생한다고 주장한다.

그는 범죄를 개인적 차원이 아닌 사회구조적 차원에서 파악한 점과 사회복지정책과 사회정책을 범죄예방으로 내세운 점은 장점이지만 사람들의 가치의 다원화 현상을 무시하였고, 재산범죄 이외의 비공리적 범죄를 설명하지 못하며, 상류층의 범죄를 설명하지 못하는 한계가 있다.

(3) 사회심리중심이론

Sykes와 Matza는 사람은 누구나 규범을 갖고 있으나 중화기술(합리화,변명)을 학습하게

7) T. Sellin, Culture Conflict and Crime. New Jersey: Social Science Research Council, 1938.
8) R. Merton, "Social Structure and Anomie", American Sociological Review. 3 (5), 1938, pp. 672-682.

되면 보편적 규범이 마비되면서 범죄를 한다는 중화이론을 발표하였다.[9] 가령 상해하면 나쁘다는 것을 알지만 부정한 사람을 폭행하는 것은 정의로운 일로 합리화하는 것을 말한다. 그는 중화기술(neutralization)의 유형으로 책임의 부정 등을 든 바 책임의 부정-비행을 환경의 탓이나 돌리는 것으로 자신이 저지른 행위를 정당화하는 것이다. 예컨대 교사가 자신을 차별하고 욕해서 가출하는 것, 가해발생의 부인-행위가 위법이긴 하지만 실제로는 아무도 손해를 받은 사람이 없으므로 처벌을 받을 이유가 없다고 주장하는 것이다. 예컨대 마약 복용하는 것, 매춘을 하는 것, 가벼운 도박행위를 하는 것, 강간을 화간으로 정당화하는 것 등이다. 피해자의 부인-자신의 행위는 마땅히 제재를 받아야 할 사람을 응징한 것일 따름이므로 피해자가 있을 수 없다고 주장하는 것이다. 돈을 빌려 주었는데 돈을 갚지 않자 밤에도 수시로 계속 전화해 독촉하는 것, 가게 주인들의 담합으로 가격이 올랐으니 그 가게에서 물건을 훔쳐도 정당하다고 여기는 것, 매국노를 죽이는 행위, 비난자 비난-알고 보면 자신의 행위를 비난하는 사람들이 더 추악하고 타락해 있다고 주장하면서 이에 비해 적은 잘못을 한 자신의 행위를 정당화하는 것이다. 예컨대 범죄자가 사실은 권력기관에 많은 돈을 상납했다고 주장하면서 오히려 검사 경찰들이 더 부패하다고 주장하는 것이다. 충성심 빙자-자신의 행위가 옳지 않은 줄 알았지만 친구·가족 등 친근 집단에 대한 충성심에서 부득이 그러한 행동을 하게 되었다고 진술하는 것이다. 예컨대 친구한테 빌려주는 돈이 도박자금인 줄 알았지만 친한 친구라 모른 척하는 것, 어려운 친구의 등록금을 위해 친척의 돈을 훔치는 경우 등이다. 중화이론의 공헌으로 범죄는 중화기술의 학습에서 이루어지며, 심리적 측면의 중요성을 강조한 점이며 중화이론의 문제점으로는 중화기술을 알아도 범죄하지 않는 이유를 설명하지 못하는 것이다.

3) 자기관념이론

레클리스와 디니츠와 머레이는 범죄에 대한 절연체이론에서(containment theory on delinquency and crime)에서 자기관념 등이 범죄로 나가지 못하는 절연체같은 구실을 한다는 자기관념이론을 이론화하여 발표하였다.[10] 다시 말해 사람은 같은 범죄문화에 접촉해도 어떤 관념을 갖느냐에 의해 범죄여부가 결정되며 좋은 자기관념을 가지면 범죄 안 하고 나쁜 관념을 가지면 범죄를 한다는 이론이다. 자기관념이론의 공헌은 서덜랜드 이론의 문제점을

9) Gresham M. Sykes and David Matza, "American Sociological Association", American Sociological Review 22(6), 2002, pp. 664-670.

10) Walter Reckless, dinitz and MURRAY, SELF CONCEPT as an insulator against delinquency, american sociologial review21(6), 1956.

보완한 것이다. 자기관념이론의 문제점으로는 나쁜 자아관념을 가진 자라고 모두가 범죄를 하지 않는 이유를 설명하지 못하는 한계를 가진다.

V. 새로운 범죄이론

1. 낙인이론

낙인이론은 리머트가 1951년에 지은 사회병리학에서 최초로 개념화한 이론으로 소년의 잘못된 행위(Primary Devuance)에 대한 사회반응이 잘못되면 또 다른 비행으로(Secondary Deviance)로 나간다는 이론이다.[11] 어떤 행위에 대한 사회의 반응이 낙인을 가져와 그에 따라 행동한다는 이론이다.

1) 배경 및 내용

범죄행위의 원인을 소질이나 환경에서 찾는 전통적 범죄학과 전혀 다른 맥락에서 탄생한 새로운 이론이다. 낙인이론은 범죄행위자체에 원인을 두지 않고 어떤 행위자가 범죄자로 낙인 되는지의 과정에 중점을 두는 이론이다. 예를 들면 어떤 아이가 어른에게 대들어 경찰이 연행하게 되면(primary deviance) 경찰이 그 아이에게 "너는 패륜아다"라고 낙인을 부여하면 그 아이는 자신을 패륜아라고 정체감을 형성하게 되고, 다음에는 그런 부정적 정체감에 의해 나쁜 행동을(second deviance) 계속하게 된다는 것이다. 따라서 나쁜 행동은 소년 1명의 고립적 행위가 아니라 사회적 상호작용의 산물로 보며, 1차적 처벌(낙인)은 범죄의 결과가 아니라 새로운 범죄의 원인이며, 소년이 범죄를 하는 이유는 부정적 정체감이다. 따라서 전통적 범죄학이 무시한 낙인의 법집행기관의 역학을 중요시 한 점에서 차이가 난다.

11) E. M. Lemert, social pathology, New York, 1951.

2) 낙인이론의 공헌 및 비판점

경미한 범죄에 대한 비범죄화와 비형벌화의 기초가 되며, 경찰의 공식개입보다는 전환제도의 중요성을 지적한 점이다. 일탈자의 주체적 특성을 무시하고 소질이나 사회의 구조적 문제에 의한 범죄를 설명하지 못하고 지나치게 아이의 개인적 마음을 중시한다는 점이다.

VI. 형벌론

1. 사형

사형제도의 찬성론으로는 사회보호, 국민의 관념에 부합, 일반예방효과, 위하력, 경비문제가 있으며 반대론으로는 오판위험, 비인간적, 특별예방목적의 상실, 피해자에 대한 손해배상이 되지 않으며, 정치적 악용우려(한국의 반대론에는 종교권력이 개입됨)를 들고 있다. 오늘날 중동에는 명예살인제도가 있어 가문의 명예를 지키기 위해 간통, 외도한 이를 가족이 죽여도 관습법에 의해 용인되는 제도를 말한다. 최근에는 사형제 대안으로 종신형제가 논의되기도 한다.

2. 자유형

막둥이형벌로 근대에 대두되었으며, 신체의 자유를 박탈하는 형벌로 종류에는 징역과 금고와 구류가 있다. 징역은 수형자를 교도소에 수용하고 노역에 복무하게 하는 형벌이고, 금고는 수형자를 교도소에 구치하는 점은 같으나 노역에 처하지 않으며, 명예를 보호할 필요가 있는 경우에 주로 적용되고 있다. 구류는 수형기간이 1일 이상 30일 미만이다.

자유형의 문제점에는 악풍감염, 낙인의 문제, 가족의 경제곤란을 초래하고, 자유형 선고의 계층화(신분과 지위에 따른 판결이 공평하지 못함), 권력층이나 대기업 회장에는 상징폭력이론(대기업회장이 구속되면 국가경제가 마비되고 대학생들이 취업이 되지 않는다는 언론의 상징이 작용하게 되면 재판도 영향을 받아 형량이 약해지거나 집행유예로 풀려나며 노숙자나

서민에게는 법이 엄격히 적용)가 발생하므로 상징폭력이 어떻게 작용하여 국민을 세뇌시켜 왔는지에 대한 이해가 필요하다.

또한, 자유형에 대한 사면이나 가석방, 형집행정지의 선택성이 작용하여 이것도 권력층에게 유리하게 작용해왔다. 그리고 금치제도는 과거에는 감옥이 죄를 지은 사람을 수용하는 곳이었지만 현대는 이 외에도 은행채무 미납자에 대해서 판결로 최대 30일간 교도소에 가두는 감치가 증가하여 교도소가 기업의 이익을 대변하며 양육비 안주는 사람에 대하여 교도소에 가두는 감치로 젠더이익을 대변하는 모습도 보이고 있다.

3. 벌금형

벌금(5만 원 이상) 과료(2,000원 이상 5만 원 미만)가 있으며, 벌금형의 특징은 국가에 대한 채권과 상계가 금지되며 상속되지 않는다. 벌금형의 장점으로는 교정비용감소, 악풍감염 우려의 적음과 국고수입증대와 명예가 보호되고 오판의 경우에는 회복이 가능하며 사법경제에는 유리하다. 단점에는 부자에겐 효과가 없으며, 물가상승시 범죄예방력이 약하다는 한계가 있다.

우리나라의 제도로는 빈부를 따지지 않고 범죄기준으로 동일액의 벌금을 부과하여 배분적 정의가 저해되는 총액벌금제를 실시하고 있다. 서구에서는 피고인의 책임에 따라 벌금일수를 먼저 정하고 나서 경제사정에 의해 1일 벌금액을 정하여 합산하는 일수벌금제를 시행하고 있다.

벌금을 내지 못할 경우 과거에는 환형처분(벌금액이 가령 100만 원이라면 하루 10만원으로 계산해서 10일간 교도소에 가두어 강제노역을 시키는 제도임)만 있었으나 사회적 약자를 위해 벌금미납자에 대해서 사회봉사로 대체할 수 있는 제도(벌금미납자에 대한 사회봉사명령제도)와 벌금형에 대한 집행유예제도가 2016년에 생겼다. 그러나 벌금미납자에 대한 사회봉사특례법의 문제점으로는 장애인이나 발달장애인에게는 잘 되지 않으며, 되어도 이해력이 부족한 발달장애인의 특성에 맞는 사회봉사가 되지 않아 사회봉사는 육체적 능력을 전제로 허가하는 문제점이 있다. 그런데 벌금을 낼 수 없는 가난한 자에 대해 벌금 대신 사회봉사로 할 수 있는 제도가 시행된 뒤에도 벌금 납부 대신 노역장 유치를 택한 사람들이 여전히 많아져 2015년 12월 벌금형의 집행유예 제도 도입을 골자로 하는 형법개정안이 국회를 통과했다.

제2장

범죄형태론

제1편

데이트 폭력

Ⅰ. 데이트 폭력의 의의

데이트 폭력이란 남녀 연인관계에서 피해자에게 신체적 · 정서적 · 경제적 · 성적 폭력을 행사함으로써 피해자는 심한 육체적 · 정신적 피해를 당하는 것을 말한다. 데이트 폭력은 기혼자 남녀 사이에 일어나는 가정폭력과 달리, 미혼인 남녀사이에서 일어난다는 뜻으로 종종 사용된다. 즉 데이트 폭력은 일반적으로 남녀가 서로 이성적인 교제를 하는 과정에서 흔히 발생한다.[12] 데이트 폭력은 상호 역동적으로 관련이 있을 가능성이 큰 연인 사이에 발생하는 일임에도 여러 선행 연구들은 주로 개인을 분석단위로 하여 연구를 진행하였으며, 이런 연인간의 상호관계를 적절하게 다루지 못했다는 제한점이 있다.[13]

데이트 폭력은 연인 사이에서 많이 발생하므로 인해 밖으로 잘 들어나지 않는 경향이 강하고 처벌 수위가 낮다. 이는 데이트 폭력을 근절시키지 못하고 부추기는 원동력이기도 하다. 최근 데이트 폭력이 증가함에 따라 입법부는 심각성을 인식하고 여성폭력방지기본법을 마련하여 대응하고 있다.

12) 홍미영 · 박지영, 부산지역 데이트 폭력 실태 및 예방체계 구축방안, 부산여성가족개발원, 2018, 9쪽.
13) 손연우 · 권호인, "가정폭력 노출경험과 파트너 통제가 데이트 폭력에 미치는 영향: 자기효과와 상대방효과", 한국심리학회지: 여성. 제23권 제3호, 한국여성심리학회, 2018, 551쪽.

Ⅱ. 데이트 폭력의 유형

1. 신체적 폭력

신체적 폭력은 가장 일반적인 개념으로 의도를 가지고 상대에게 신체적인 해를 가하는 모든 행동을 말한다.[14] 예컨대 발로 차거나, 물건을 던지거나, 주먹으로 신체를 때리거나, 팔을 세차게 잡아당기거나 흉기로 위협하는 등의 일체의 행위를 말한다. 데이트 폭력 유형 중에서 가장 빈번하게 일어나고 있는 행위이다.

2. 정서적 폭력

정서적 폭력은 언어적 폭력과 심리적 폭력을 포함한다. 언어적 폭력은 상대방을 욕하거나 비난하는 등의 행위를 말한다. 심리적 폭력은 상대방을 무시하거나 물건을 부수는 등의 심리적으로 불안하게 만드는 행위를 말한다.

3. 경제적 폭력

연인사이라는 빌미로 상대에게 돈을 빌리고 갚지 않거나 경제적인 공동체를 강요하면서 합법적으로 금품을 요구하는 행위를 말한다. 예컨대 남자친구가 직업도 없이 놀면서 여자친구에게 용돈이라는 명목으로 계속 돈을 요구함으로써 여자친구가 생활이 힘든 경우를 말한다. 이러한 형태의 경제적 폭력은 상대가 폭력으로 인식하지 않고 있으며, 설령 문제가 생겨 행위자를 법적으로 처벌하고 싶어도 처벌할 수 없는 한계가 있다.

14) 이재란 · 정근선, "국내 데이트 폭력 가해 연구 동향 분석", 교정담론 제14권 제1호, 아시아교정포럼 학술지, 2020, 215쪽.

4. 성적 폭력

성적 폭력이란 가해자가 원하지 않는 키스를 하거나 피해자에게 유사성행위나 성관계를 요구하고, 이에 피해자가 응하지 않으면 흉기로 위협하거나 폭력을 행사하는 것을 말한다. 이런 형태로 성관계를 하거나 추행을 할 경우에는 강간죄(형법 제297조)나 유사강간죄(법 297조의2), 강제추행죄(법 298조)로 처벌될 수 있다.

5. 행동 통제

행동 통제는 일거수일투족을 감시하거나 특정한 행동을 하지 못하게 하거나 하도록 강요하는 행위를 말한다. 예컨대 남자친구가 여자친구에게 전화통화를 했는데 받지 않자 받을 때까지 수십 통에서 수백 통의 전화를 하는 경우이다. 이처럼 집착이 강하면 상대방은 행동이 통제되기 때문에 괴로움에 시달린다. 괴로움을 참지 못하고 상대에게 이별을 통보하면 폭행으로 이어지거나 살인으로 이어지기도 한다.

Ⅲ. 데이트 폭력 발생 현황

1. 데이트 폭력 검거 인원 및 발생률

데이트 폭력 검거 인원은 2013년 7,237명 대비 2017년에는 10,303명으로 무려 29.7%가 증가하였다. 따라서 입법, 사법, 행정기관이 합심해서 데이트 폭력을 제도적으로 줄일 수 있는 대안을 제시해야 할 것이다.

표 1 ▎ 데이트 폭력 검거 인원 및 발생률

연 도	인원수(명)	전년대비 증감률 (%)	인구 10만 명당 발생률(%)
2013	7,237	-	14.2
2014	6,675	92.2	13.0
2015	7,692	115.2	14.9
2016	8,367	108.8	16.2
2017	10,303	123.1	19.9

출처 : 통계청 한국의 사회동향 2018

2. 데이트 폭력 범죄 유형

2017년 기준 데이트 폭력 범죄유형을 살펴보면 폭행·상해가 73.3%로 가장 많고, 체포·감금·협박이 11.5%, 성폭력이 1.3%, 살인이 0.7%, 기타 경범죄가 13.2% 순이다.15) 데이트 폭력은 한 번 행해지면 지속적이고 반복적으로 일어난다. 따라서 한 번 발생했을 때, 즉각적이고 강력하게 대응하지 않으면 데이트 폭력은 근절되기 어렵다.

3. 데이트 폭력 가해자 연령

인구 1만 명당 데이트 폭력 가해자 수를 살펴보면 10대 0.59명, 20대 5.69명, 30대 3.89명, 40대 2.62명, 50대 191명, 60대 이상 0.4명으로 20대와 30대에서 가해자 발생률이 높고, 전체 인구 1만 명당 가해자 수는 2.40명이다.16) 20대와 30대는 데이트를 가장 많이 하는 시기로 데이트 폭력 또한 높은 것으로 여겨진다.

15) 이재열, 한국의 사회동향 2018, 통계청, 2018, 305쪽.
16) 이재열, 위의 책, 305쪽.

Ⅳ. 데이트 폭력 사례[17)]

1. 육군 중위가 여자친구 폭행 사건

2019년 8월 12일 MBC 뉴스에 의하면 2019년 8월 5일 새벽, A씨는 경기도 일산에 있는 한 모텔에서 잠을 자다 진 중위에게 갑자기 두들겨 맞았다. 진 중위가 잠든 여자 친구 A씨의 손가락을 이용해 몰래 휴대전화 잠금장치를 풀었고, 친구들과의 카톡에서 자신의 험담을 확인하고는 무자비한 폭행을 시작한 것이다. 데이트 폭력 피해자에 의하면 “주먹으로 갈비뼈도 때리고 발로 차고 의자도 던졌던 거 같아요. 주먹으로 갈비뼈를 맞았을 땐 숨이 턱 막히더라고요. 그거 맞고 문 쪽으로 달려갔어요”. A씨는 살려달라고 잘못했다고 애원했지만 한번 시작된 폭행은 무려 2시간 동안 이어졌다. 온몸은 피범벅이 됐고, 광대뼈가 내려앉고 갈비뼈 2대가 부서지고 나서야 주먹질은 멈췄다.

2. 데이트 폭력으로 인한 사망 사건[18)]

2019년 8월 9일 동아일보에 의하면 2019년 8월 6일 경기도 용인시에서 데이트 폭력으로 20대 여성이 목숨을 잃었다. 이날 오후 10시 30분경 용인시 기흥구의 한 아파트 지하주차장에서는 B씨(27세)가 과거 연인 사이였던 안모 씨(29세)가 휘두른 흉기에 찔려 숨졌다. 경찰 조사결과 안 씨는 B씨가 자신을 계속 피하자 B씨의 집 앞에서 기다리고 있다가 범행을 저질렀다. B씨는 “전 남자친구가 또 찾아왔다. 경찰에 신고해 달라”는 문자메시지를 친구에게 남겼지만 도움을 받지 못했다.

17) https://imnews.imbc.com/replay/2019/nwdesk/article/5447331_28802.html(검색일-2020. 10. 30).
18) https://www.donga.com/news/Society/article/all/20190809/96894664/1(검색일-2020. 10. 19).

3. 데이트 폭력 신고에 대한 보복 범죄[19)]

데이트 폭력 가해자들은 재범률이 높고, 피해자가 경찰에 신고하면 보복범죄로 이어지는 경우가 많다. 2020년 10월 6일 MBC 뉴스데스크에 의하면 남자친구가 여자친구에게 성관계를 강요하고 폭행을 일삼아 경찰에 신고하였는데, 남자친구는 몇 시간 뒤에 바로 풀려났고, 여자친구는 다시 남자친구를 성폭행으로 고소했다. 그런데 모자에 가발까지 쓰고 얼굴을 숨긴 남자친구가 전기충격기와 흉기를 들고 찾아와 자신을 왜 고소했냐고 화를 내며 여자친구의 팔과 손, 목 등에 여러 차례 흉기를 휘둘렀다. 가까스로 탈출해 목숨은 겨우 건졌다. 하지만 몸과 마음에 남은 상처는 지우기 어렵다고 한다. 이전에 경찰에서 받아두었던 신변 보호용 스마트 워치도 막상 위급한 때 전혀 도움이 안 됐다고 분통을 터뜨렸다. 그 이유는 피해자가 스마트 워치를 눌렀음에도 불구하고 임진강 물난리가 나서 경찰이 그곳을 가는 바람에 30분이 넘어도 경찰이 범죄 현장에 나타나지 않았기 때문이다.

4. 특수폭행 사례

2020년 11월 11일자 조선일보에 의하면 2020. 11. 10 부산 덕천 지하상가에서 두 사람은 서로 주먹을 휘두르며 다퉜고, 이 과정에서 A씨가 심한 폭행을 가해 비난 여론이 들끓었다. A씨는 쓰러진 B씨를 주먹과 발로 때리는가 하면 휴대전화로 머리를 수차례 가격하고 발로 얼굴을 차기도 했다. 두 사람은 연인 사이였고 경찰 조사 결과 휴대전화를 보여주지 않는다는 이유로 싸움을 벌인 것으로 알려졌다.[20)] 여기서 A씨가 휴대전화기로 B를 수차례 폭행했기 때문에 특수폭행에 해당한다. 특수폭행죄는 반의사불벌죄가 아니므로 피해자가 가해자에 대해 불처벌의 의사표시를 하더라도 처벌될 수 있다.

---

19) https://imnews.imbc.com/replay/2020/nwdesk/article/5932747_32524.html(검색일-2020. 10. 19).
20) https://biz.chosun.com/site/data/html_dir/2020/11/11/2020111102449.html(검색일-2020. 11. 11).

V. 데이트 폭력의 위험군

전화를 곧바로 받지 않거나 문자 메시지에 즉각적으로 답을 하지 않으면 화부터 내는 경우, 항상 SNS를 감시하려 들고 다른 이성친구와 소통을 강제적으로 끊으려고 하거나 요구하는 경우, 다른 사람을 만날 때 말투가 평소와 다른 행동과 말투를 사용하는 경우, 옷차림에 대한 과한 반응과 통제를 하는 경우, 내가 소중하게 생각하는 것을 상대는 하찮게 여기거나 망가뜨리려는 행동을 하는 경우 등은 데이트 폭력의 위험군이라 할 수 있다.

Ⅵ. 데이트 폭력 관련 규정

1. 미국

미국은 조 바이든(Joe Biden) 상원의원 주도하에 1994년 9월 13일 연방법으로 여성폭력방지법(The Violence Against Women Act)을 통과시켰다. 여성폭력방지법의 기원은 구타당한 여성운동, 법 집행기관, 성폭행 옹호자, 법원, 변호사들이 의회에서 친밀한 파트너 폭력으로부터 여성을 보호하는 법안을 만들 것을 촉구한 집단적인 노력에서 비롯되었다.[21] 양성애자의 61%와 레즈비언 여성의 44%가 이성애자의 35%에 비해 친밀한 파트너 폭력이 더 높게 나타났다.[22] 미국은 피해자의 진술만으로 경찰이 가해자를 체포하는 무영장의무체포제를 채택하고 있다.[23]

---

21) Monica N. Modi, Sheallah Palmer, & Alicia Armstrong, "The Role of Violence Against Women Act in Addressing Intimate Partner Violence: A Public Health Issue", Journal of Women's Health 23(3), 2014, p.254.
22) Monica N. Modi, Sheallah Palmer, & Alicia Armstrong, Ibid, p.256.
23) https://obamawhitehouse.archives.gov/sites/default/files/docs/(검색일-2020. 10. 20).

2. 영국

영국은 클레어법(Clare's Law)을 통해 데이트 상대 및 가정폭력 전과 또는 폭력과 관계된 전과를 조회할 수 있도록 제도화하고 있다. 클레어법은 클레어 우드(당시 36세)라는 영국 여성의 이름을 따서 지었고, 클레어는 2009년 남자친구 조지 애플턴(48)에게 목이 졸려 죽었으며, 조지는 클레어를 만나기 전에 폭행, 스토킹, 납치 등을 저질렀던 데이트 폭력 전과자였다. 하지만 클레어는 조지를 페이스북으로 만나 이런 사실을 알지 못했다. 클레어의 아버지 마이클 브라운은 조지의 전과를 알았다면 딸에게 경고했을 거라며 안타까워했다. 그는 자신의 딸과 같은 일을 겪는 사람이 없도록 캠페인을 벌였다. 영국은 이를 받아들여 2014년 클레어의 이름을 딴 '클레어법'을 도입했다.[24] 클레어법을 통해 친밀한 파트너가 폭력적이거나 학대적인 과거를 가지고 있는지 여부를 확인할 수 있다.[25] 폭력을 당한 경우 101번으로 신고하거나 지방경찰서에 신고하거나 길거리 경찰관 등에게 신고할 수 있다.[26]

3. 우리나라

국민의힘 윤영석 의원이 데이트 폭력 처벌과 피해자보호 등에 필요한 사항을 규정하는 데이트 폭력 방지 및 피해자 보호 등에 관한 법안을 2020년 11월 10일 발의했다. 윤 의원이 대표 발의한 '데이트 폭력 등 방지 및 피해자보호 등에 관한 법률안'은 데이트 폭력 등 예방교육의 실시, 피해자지원기관의 운영, 피해자보호 등에 필요한 사항을 규정하고 있다. 윤 의원은 입법 취지에 대해선 "가정폭력과 성폭력에 대해서는 관련 법률이 제정되어 폭력행위자에 대한 처벌에 관한 규정이나 법원 등이 피해자 보호를 위한 조치를 취할 수 있는 법률적 근거가 있는 반면, 연인 관계에서 발생하는 데이트폭력이나 스토킹 범죄에 관해서는 별도의 법률이 없는 실정"이라고 설명했다.[27]

현재 데이트 폭력 방지를 위한 법안으로 여성폭력방지기본법은 여성폭력방지와 피해자 보호 · 지원에 관한 국가 및 지방자치단체의 책임을 명확하게 하고, 여성폭력방지정책의 종합적 · 체계적 추진을 위한 기본적인 사항을 규정함으로써 개인의 존엄과 인권 증진에 이바지함을

24) https://post.naver.com/viewer/postView.nhn?volumeNo(검색일-2020. 08. 10).
25) https://www.ywcalgary.ca/news/understanding-clares-law(검색일-2020. 10. 2 0).
26) https://www.cambs.police.uk/information-and-services/Domestic-abuse(검색일-2020. 10. 18).
27) https://www.mk.co.kr/news/politics/view/2020/11/1158073(검색일-2020. 11. 11).

목적으로 한다(여성폭력방지기본법 제1조; 이하 여성폭력방지법이라 한다). 여성폭력이란 성별에 기반한 여성에 대한 폭력으로 신체적 · 정신적 안녕과 안전할 수 있는 권리 등을 침해하는 행위로서 관계 법률에서 정하는 바에 따른 가정폭력, 성폭력, 성매매, 성희롱, 지속적 괴롭힘 행위와 그 밖에 친밀한 관계에 의한 폭력, 정보통신망을 이용한 폭력 등을 말한다(여성폭력방지법 제3조 제1호).

국가와 지방자치단체는 피해자에 대한 상담, 의료 제공, 구조금 지급, 법률구조, 취업 관련 지원, 주거 지원, 취학 지원 및 그 밖에 피해자의 보호, 회복, 자립 · 자활에 필요한 시책을 마련하여야 한다(동법 제15조 제1항). 국가와 지방자치단체는 피해자 보호 · 지원을 위한 시설을 설치 · 운영할 수 있고, 국가 또는 지방자치단체 외의 자가 관계 법률에 따라 시설을 설치 · 운영할 경우 행정적 · 재정적 지원을 할 수 있다(동조 제2항). 이처럼 여성폭력방지와 폭력 피해자에 대한 지원 등에 대한 규정은 있지만 처벌 관련 규정은 마련되어 있지 않다. 이로 인해 데이트 폭력을 당한 경우 「형법」 제60조 폭행죄[28]로 처벌된다. 형법상 폭행죄는 반의사불벌죄로 피해자가 가해자에 대해 불처벌의 의사표시를 하면 처벌되지 않는다. 데이트 폭력으로 상해를 입은 경우 「형법」 제257조 상해죄[29]로 처벌된다.

상해와 폭행의 구별기준에 대해 먼저 학설은 생리적 기능훼손설을 취하고 있다. 예컨대 폭행을 당해 코뼈가 부러졌다면 코의 기능이 훼손되었기 때문에 상해죄가 성립한다. 다음으로 판례는 자연치유 여부에 따라 폭행과 상해를 구별하고 있다. 예컨대 상해죄에 대한 판례로 피고인이 배수로 뚜껑으로 경비차량 뒷유리창을 파손하여 그 유리조각이 경찰관의 뒷머리 부위에 가하므로 약 14일간의 치료를 요하는 후두부 찰과상은 상해죄의 상해에 해당한다.[30] 또한, 타인의 신체에 폭행을 가하여 보행불능, 수면장애, 식욕감퇴 등 기능의 장애를 일으킨 때에는 형법상 상해를 입힌 경우에 해당한다.[31] 상해죄에 해당하지 않는 판례로 피해자를 강간하려다 미수에 그치고 그 과정에서 피해자에게 경부 및 전흉부피하출혈, 통증으로 약 7일간의 가료를 요하는 상처가 발생하였으나 그 상처가 굳이 치료를 받지 않더라도 일상생활을 하는 데 아무런 지장이 없고 시일이 경과함에 따라 자연적으로 치유될 수 있는 정도라면 그로 인하여 신체의 완전성이 손상되거나 생활기능에 장애가 왔다거나 건강상태가 불량하게 변경되었다고 보기는 어려워 강간치상죄의 상해에 해당되지 않는다.[32] 또한, 피고인이 피해자와

28) 사람의 신체에 대하여 폭행을 가한 자는 2년 이하의 징역, 500만원 이하의 벌금, 구류 또는 과료에 처한다.
29) 사람의 신체를 상해한 자는 7년 이하의 징역, 10년 이하의 자격정지 또는 1천만 원 이하의 벌금에 처한다.
30) 대법원 2008. 11. 13. 선고 2007도9794 판결.
31) 대법원 1969. 3. 11. 선고 69도161 판결.

연행문제로 시비하는 과정에서 피해자가 치료를 필요치 않은 가벼운 상처를 입었으나 그 정도의 상처는 일상생활에서 얼마든지 생길 수 있는 극히 경미한 상처이므로 굳이 치료를 따로 받을 필요가 없는 것으로 피해자가 약 1주간의 치료를 요하는 좌측 팔 부분의 동전크기의 멍이 든 것은 상해죄에서 말하는 상해에 해당되지 않는다.[33)]

Ⅶ. 데이트 폭력 방지방안

데이트 폭력은 지속적인 증가 추이에 있고, 보통 아는 사이에서 일어나기 때문에 쉽게 밖으로 드러나지 않는다. 데이트 폭력은 피해자가 경찰의 도움을 받으려고 하지 않는다. 그 이유는 한때 사랑하는 연인관계로 피해자가 경찰에 신고하면 가해자는 처벌받을 수 있다고 판단하기 때문이다. 하지만 데이트 폭력을 방치할 경우 피해자는 가해자로부터 지속적인 폭력에 시달리게 된다. 데이트 폭력은 상습성이 강하므로 한 번 시작되면 피해자가 죽어야 끝이 나기도 한다. 데이트 폭력을 당한 피해자는 두려움과 불안에 휩싸이게 되고, 심한 신체적 · 정신적 고통에 시달리게 된다. 따라서 데이트 폭력을 방지하기 위해서는 첫째, 언어적 · 정서적 · 경제적 · 신체적 · 성적 폭력을 당한 경우 피해자는 폭력을 당한 날짜와 시간, 상해 진단서, 문자 메시지 내용, 대화 내용 녹음 등을 해 놓아야 한다. 이렇게 피해자가 증거확보를 해 놓아야만 폭력을 이기지 못해 경찰에 신고했을 때, 가해자를 처벌하는 결정적 증거로 사용할 수 있을 것이다.

둘째, 데이트 폭력이 맨 처음 발생했을 때, 경찰에 신고하는 등으로 강하게 대처해야만 데이트 폭력은 근절될 수 있을 것이다. 하지만 대다수 피해자는 폭력행사 후 가해자가 잘못했다고 빌면 용서를 해주고 있다. 이런 형태가 데이트 폭력을 근절하지 못하게 하는 원동력이 되고 있다.

셋째, 데이트 폭력에 대한 주기적인 통계구축이 필요하다. 현재 데이트 폭력의 통계는 간헐적으로 이루어지고 있다. 주기적인 통계가 구축되어야만 데이트 폭력의 증감실태를 파악할

---

32) 대법원 1994. 11. 4. 선고 94도1311 판결.
33) 대법원 1996. 12. 23. 선고 96도2673 판결.

수 있고, 이를 바탕으로 관계기관이 심각성을 인식하고 대응방안을 모색할 것이다. 데이트 폭력의 통계를 구축하기 위해서는 경찰청 경찰통계연보에 별도의 카테고리를 만들어 집계하면 될 것이다. 하지만 데이트 폭력 관련 특별법이 없어 별도로 카테고리를 만들어 집계하기 어려운 한계가 있다. 즉, 신체적 폭력을 당했을 경우 형법으로 처벌되고, 성폭력을 당했을 경우 성폭력범죄의 처벌 등에 관한 특례법으로 처벌되며, 정서적 · 경제적 폭력을 당한 경우 경범죄처벌법으로 처벌되므로 각각 분리하여 집계하기는 어려울 것이다. 따라서 여성가족부가 상담사례만이라도 취합하여 연보 형태로 발간하는 것이 현실적으로 가능한 방안이 될 것이다.

넷째, 가해자에 대한 접근금지명령 등 적극적인 조치를 할 수 있는 법률규정이 마련되어야 할 것이다. 현재 가정폭력의 경우 사법경찰관이 응급조치 및 임시조치를 할 수 있다. 먼저 응급조치는 ① 폭력행위의 제지, 가정폭력행위자 · 피해자의 분리 및 범죄수사, ② 피해자를 가정폭력 관련 상담소 또는 보호시설로 인도(피해자가 동의한 경우만 해당한다), ③ 긴급치료가 필요한 피해자를 의료기관으로 인도, ④ 폭력행위 재발 시 임시조치를 신청할 수 있음을 통보 등이다(가정폭력범죄의 처벌 등에 관한 특례법 제5조 제1호~5호; 이하 가정폭력특별법이라 한다). 다음으로 긴급임시조치는 사법경찰관이 응급조치에도 불구하고 가정폭력범죄가 재발 우려가 있고, 긴급을 요하여 법원의 임시조치 결정을 받을 수 없는 때에는 직권 또는 피해자나 법정대리인의 신청에 의하며 긴급임시조치를 할 수 있다(가정폭력특별법 제8조의2 제1항). 여기서 임시조치는 ① 피해자 또는 가정구성원의 주거 또는 점유하는 방실(房室)로부터의 퇴거 등 격리, ② 피해자 또는 가정구성원의 주거, 직장 등에서 100미터 이내의 접근금지, ③ 피해자 또는 가정구성원에 대한 전기통신을 이용한 접근 금지 등이다. 따라서 일본처럼 가정폭력범죄에 준해서 처벌 및 조치를 할 수 있는 가정폭력범죄의 처벌 등에 관한 특례법 개정이 필요하다.

소년범죄

Ⅰ. 소년범죄의 의의

소년범죄는 소년법상 소년은 19세 미만자를 말한다(소년법 제2조). 소년법상 소년에 대해서는 소년부 보호사건으로 심리한다(소년법 제4조 제1항). 여기서 소년법상 보호소년은 ① 14세 이상 19세 미만의 죄를 범한 소년 중 벌금형 이하 혹은 보호처분 대상 소년(범죄소년), ② 형벌 법령에 저촉되는 행위를 한 10세 이상 14세 미만인 소년(촉법소년), ③ 10세 이상 19세 미만의 소년 중 집단으로 몰려 다니며 주위 사람들에게 불안감을 조성하는 성벽이 있거나 정당한 이유없이 가출하거나 술을 마시고 소란을 피우거나 유해환경에 접하는 성벽이 있는 경우(우범소년) 등이다. 소년부 판사는 심리결과 보호처분을 할 필요가 있다고 인정하면 결정으로 보호처분을 하여야 한다(소년법 제32조 제1항).

Ⅱ. 보호처분의 종류

보호처분의 종류는 ① 보호자 또는 보호자를 대신하여 소년을 보호할 수 있는 자에게 감호위탁, ② 수강명령, ③ 사회봉사명령, ④ 보호관찰관의 단기(短期) 보호관찰, ⑤ 보호관찰관의 장기(長期) 보호관찰, ⑥ 「아동복지법」에 따른 아동복지시설이나 그 밖의 소년보호시설에 감호 위탁, ⑦ 병원, 요양소 또는 「보호소년 등의 처우에 관한 법률」에 따른 소년의료보호시설에 위탁, ⑧ 1개월 이내의 소년원 송치, ⑨ 단기 소년원 송치, ⑩ 장기 소년원 송치 등이다. 이 중에서 가장 효과가 있는 보호처분은 8호 처분으로 단기 쇼크구금을 통해 자유억제를 한 번 경험해 봄으로써 보호소년은 더 이상 재범으로 나아가지 않도록 하고 있다.

Ⅲ. 소년범죄 발생 현황

1. 죄명별 소년범 현황

경찰청 2018년 경찰통계연보에 따르면 2018년 기준 전체범죄는 1,581,922명 중 소년범죄자는 66,259명(4.18%)이다. 2018년 죄명별 소년범 현황을 살펴보면 절도가 16,957명(25.59%)으로 가장 많고, 폭행상해가 10,913명(16.47%), 사기가 7,034명(10.61), 폭력행위 등 처벌에 관한 법률 위반이 7,025명(10.60%), 강간이 1,939명(2.92%), 횡령이 1,399명(2.11%), 공갈이 1,095명(1.65%), 손괴가 946명(1.42%), 장물이 290명(0.43%), 강도가 215명(0.32%), 체포감금이 134명(0.20%), 방화가 109명(0.16%), 도박이 48명(0.07%), 약취유인 13명(0.01%), 살인이 9명(0.01%), 기타 17,564명(26.5%)이다. 강도, 강간, 살인 등 강력범죄가 2,163명(3.26%)으로 나타났다. 강력범죄는 앞으로 대응을 잘해서 줄여나가야 할 뿐만 아니라 재범으로 이어지지 않도록 해야 할 부분이다.

2. 소년범죄자 생활 정도

소년범죄자에 대한 생활 정도를 살펴보면 하류 · 중류가 59,640명(88.7%)을 차지하고 있고, 상류는 620명(0.9)에 불과하다. 따라서 생활 정도가 나쁠수록 범죄에 더 많이 노출되는 것을 알 수 있다.

표 2 | 소년범죄자 생활 정도

단위 : 명, (%)

구분	계	하류	중류	상류	미상
형법범죄	54,205 (100)	24,345 (44.9)	23,779 (43.9)	537 (1.0)	5,544 (10.2)
특별법범죄	11,937 (100)	5,953 49.9)	4,563 (38.2)	83 (0.7)	1,338 (11.2)
총계	66,142 (100)	31,298 (45.8)	28,342 (42.9)	620 (0.9)	6,882 (10.4)

출처 : 대검찰청 범죄분석 2019

3. 소년범죄자 처분 결과

소년범죄자의 구속수사 인원이 2014년에는 1,077명이었는데 2018년에는 728명으로 감소하였다. 이는 형사소송법의 불구속 수사의 원칙을 잘 준수한 결과라고 볼 수 있다. 이에 반해 보호 송치 인원은 증감을 반복하고 있다.

표 3 | 소년 형법 범죄자 처분 결과

단위 : 명

연도	전체	기소	구속	보호송치[34]	불기소	기타[35]
2014	59,631	5,845	1,077	20,419	31,126	2,241
2015	53,028	5,532	1,087	17,596	28,494	1,406
2016	58,276	5,258	895	20,135	31,195	1,688
2017	56,496	5,106	722	20,398	30,668	324
2018	52,278	6,168	728	19,782	25,964	364

출처 : 대검찰청 범죄분석 2015-2019

4. 전과별 현황

전과자 현황을 살펴보면 전과 1범이 32.08%로 가장 많고, 전과 5범 이상이 31.77%, 전과 2범이 16.61%, 전과 3범이 11.45%로 나타났다. 한 번 범죄로 나아갔다가 진정한 교화가 되지 않으면 또다시 범죄로 나아가기 쉽다는 것을 잘 보여주고 있다.

34) 소년보호성치, 가정보호송치, 성매매보호송치, 아동보호송치를 합산한 인원이다.
35) 기소중지, 참고인중지, 공소보류를 합산한 인원이다.

표 4 | 전과자 현황

단위 : 명, (%)

구 분	계	전과 1범	전과 2범	전과 3범	전과 4범	전과 5범 이상
인원수	22,324 (100)	7,162 (32.08)	3,709 (16.61)	2,557 (11.45)	1,83 (8.07)	7,093 (31.77)

출처 : 2018 경찰통계연보

5. 소년범죄자 초범 및 전과자 현황

소년범죄자는 2014년 78,974명 대비 2018년에는 66,259명으로 12,535명이 감소하였다. 이처럼 소년범죄자 중 초범이 감소한 것은 치안 강화의 결과이고, 전과자가 감소한 것은 소년원, 소년교도소의 교화정책에 대한 소임을 다한 결과로 볼 수 있다.

표 5 | 소년범죄자 초범 및 전과자 현황

단위 : 명, (%)

구 분	계	초범	전과자
2014	78,794 (100)	48,996 (62.18%)	29,798 (37.82%)
2015	80,321 (100)	51,342 (63.92)	28,979 (36.08)
2016	76,356 (100)	50,112 (65.62)	26,244 (34.38)
2017	72,752 (100)	48,763 (67.02)	23,989 (32.98)
2018	66,259 (100)	43,935 (66.30)	22,324 (33.7)

출처 : 2018 경찰통계연보

6. 소년원 송치

8호~10호 보호처분을 받으면 소년원에 수용된다. 소년원은 자유억제와 동시에 교정 · 교화를 통해 소년원 퇴소 후 정상적인 사회복귀에 초점을 맞추고 있다. 보호처분은 비교적 경미한 범죄를 행하거나 형벌을 가할 수 없는 형사미성년자인 촉법소년에게 하는 것이다.

소년원은 전국에 11개가 있으며, 대다수 소년원이 과밀수용되어 있다. <표 6>과 같이 더불어민주당 박주민 의원실 자료에 의하면 2017년 8월 기준 전국 소년원 11곳의 수용정원은 1,250명인데, 실제 수용되어 있는 인원은 1,557명으로 307명(24.56%)이 초과 수용되어 있다. 수용인원 초과비율이 가장 높은 곳은 서울소년원(157%)이고, 다음으로 안양소년원(156%), 광주소년원(153%), 춘천소년원(145%), 서울소년분류심사원(129%), 대구소년원(122%), 부산소년원(121%) 순이다. 전주소년원, 청주소년원, 제주소년원은 정원대비 수용인원이 적은 편이다.

표 6 | 소년원별 수용현황

단위 : 명

소년원	수용정원	수용인원(1일 평균 수용인원)					
		2012	2013	2014	2015	2016	2017. 8월
서울소년원	150	270	295	269	236	234	236
부산소년원	170	257	260	221	214	226	206
대구소년원	140	172	163	171	163	179	172
광주소년원	120	208	211	169	139	145	184
전주소년원	80	139	137	123	108	92	79
대전소년원	180	203	177	149	146	140	158
청주소년원	50	60	54	46	45	45	41
안양소년원	80	127	109	123	141	147	125
춘천소년원	80	146	165	131	103	99	116
제주소년원	50	32	34	40	35	45	46
서울소년 분류심사원	150	240	247	216	219	178	194
계	1,250	1,854	1,852	1,658	1,549	1,530	1,557

출처 : 박주민 더불어민주당 의원실

소년원 수용인원에 대해 1년 후 조사한 결과 수용인원이 더 많이 증가한 것으로 나타났다. 국회 법제사법위원회 소속 주광덕 의원이 법무부로부터 제출받은 자료에 의하면 2018년 기준 소년원 수용정원 1,250명에 비해 1일 평균 1,612명이 수감되어 362명(28.94)%)이 과밀수용되어 있다. 특히 여성 전용인 안양소년원은 80명 정원에 1일 평균 147명이 수용되어 67명(83.7%)이 과밀수용되어 있으며, 남성 전용인 서울소년원은 150명 정원에 1일 평균 246명이 수용되어 96명(64%)이 과밀수용되어 있는 상태이다.[36] 과밀수용은 보호소년의 스트레

36) http://d.kbs.co.kr/news/view.do?ncd=4042483(검색일-2020. 08. 10).

스를 가중시켜 교화를 더디게 할 뿐만 아니라 헌법 제10조에서 보장하고 있는 행복추구권이 침해될 수 있다. 따라서 법무부 관계자는 현 소년원을 증축하거나 신축하여 과밀수용을 해소해야 할 것이다. 현 시점에서 민영소년원을 설립하여 운영하는 것을 고려해볼 필요가 있다. 그 근거는 2018년 08월 21일 「민영소년원 설치 · 운영에 관한 법률안(이하 민영소년원법안이라 한다)」이 국무회의를 통과하였다. 이 법안이 국회 본회의를 통과한다면 충분히 법인, 단체, 개인 등은 민영소년원 운영이 가능할 것이다. <표 7>과 같이 보호처분자가 1,600명대를 계속 유지하고 있고, 재범자가 많은 것은 국영소년원의 한계라고 여겨진다. 따라서 민영소년원을 설립하여 다양한 자원봉사자를 활용하여 보호소년의 교화에 주력할 필요가 있다.

표 7 ǀ 소년원 수용 처분 현황

단위 : 명, (%)

연도	계	보호처분		
		8호	9호	10호
2014	1,625 (100)	0 (0)	812 (49.96)	813 (40.04)
2015	1,660 (100)	8 (0.01)	794 (47.83)	866 (52.16)
2016	1,543 (100)	3 (0.19)	770 (49.90)	770 (49.90)
2017	1,728 (100)	0 (0)	972 (56.25)	756 (43.75)
2018	1,650 (100)	9 (0.58)	842 (51.0)	799 (48.42)

출처 : 2015~2019 사법연감

7. 소년교도소 송치

14세 이상의 소년이 살인, 강도, 강간, 절도 폭력 등 비교적 강력범죄를 행한 경우 소년교도소에 수용된다. 소년교도소에는 14세 이상 19세 미만자를 수용하고 있으며, 필요에 따라 23세 미만까지 수용하고 있다. 김천소년교도소는 중범죄자를 대상으로 수용하는 관계로 계속 감소하여 2020. 10. 20. 기준 170여명이 수용되어 있다. 소년교도소 수용인원 감소에 따라 미결수용자와 성인수형자가 약 300여명 수용되어 있으므로 성인교도소인지 소년교도소인지 분간이 되지 않고 있는 실정이다.[37]

소년수형자가 퇴소 후 재범으로 이어지지 않도록 하기 위해서는 교도소역할이 중요하다. 자유억제와 동시에 교화라는 두 마리 토끼를 잡아야 하는 시설이다. 소년수형자는 성인수형자에 비해 사고의 유연성으로 교화를 시키기가 쉽다. 소년수형자는 장기수형자로서 수형생활에 따른 스트레스와 우울증, 가족과의 갈등, 교정직원과의 갈등, 이성문제 등 다양한 애로사항이 있는 가운데 안정적인 수형생활을 기대하기 어렵다.[38] 이러한 스트레스와 애로사항을 해소해 주어야만 교화가 잘될 것이다. 이를 위한 방법으로 상담을 실시하는 것이다. 하지만 상담을 위해서는 상담원이 교도소에 직접 방문하여 행해져야 하는데, 상담사의 시간적 제약으로 상시적 상담이 이루어지지 못하고 있다. 이를 해결하기 위한 방법으로 원격 화상시스템을 이용한 화상상담을 실시하는 것이다.

화상상담은 두 가지 방법으로 실시할 수 있다. 먼저 교정시설 내에서는 컴퓨터를 이용하여 화상상담 설비를 갖추고, 외부상담사는 스마트 폰을 이용하여 상담을 실시하는 것이다. 통화방식은 스카이프(Skype)나 서클(Circle) 등에서 무료 화상통화 프로그램 어플(Application)을 컴퓨터와 스마트 폰으로 다운로드(Download) 하여 계정을 만든 후 원하는 사람의 연락처를 등록하면 되고, 등록한 사람과 언제든지 와이파이(WiFi)가 되는 지역에서는 무상으로 화상통화를 할 수 있다.[39]

다음으로 교정시설 내부는 가급적 화면이 큰 갤럭시 탭이나 I-Pad(이하 스마트 기기라 한다) 등을 이용하고 외부 상담사는 시간적 · 장소적 한계에서 벗어날 수 있는 스마트 폰을 이용한 화상상담을 실시하는 것이다. 교정시설 내에서 담당자가 T폰 기능을 이용하여 갤럭시 탭 화면에 당일 상담할 상담사의 이름을 올려놓으면 소년수형자는 해당 이름을 클릭하여 화상통화를 할 수 있으므로 편리성과 만족감을 동시에 충족시킬 수 있다.[40]

---

37) 이동임, "소년수형자에 대한 화상상담 필요성에 관한 연구", 교정연구 제26권 제4호, 한국교정학회, 2016, 23쪽.

38) 이동임, 위의 논문, 24쪽.

39) 이동임, "교정시설 내 스마트 폰을 이용한 화상의료 및 화상상담에 관한 연구", 교정복지연구, 42, 한국교정복지학회, 2016, 11쪽.

40) 이동임, "소년수형자에 대한 화상상담 필요성에 관한 연구", 34쪽

제3편

사이버 범죄

사이버범죄는 컴퓨터나 인터넷을 이용하여 사이버 공간에서 명예훼손, 모욕, 각종 사기, 해킹, 각종 음란행위, 다양한 이익행위 등을 행하는 것을 말한다.

Ⅰ. 사이버 명예훼손 · 모욕죄

1. 사이버 명예훼손 · 모욕죄의 개념

사이버 명예훼손죄란 사이버상에서 비방할 목적으로 사실 혹은 허위사실을 적시하여 불특정 다수인이 인식할 수 있는 상태에 놓이게 함으로써 상대방의 명예를 훼손시키는 것을 말한다.

사이버 모욕죄란 게시판에 대화방 및 댓글 등의 사이버 공간에서 공연히 타인을 모욕하는 범죄를 말한다. 급증하는 인터넷 인구의 증가와 익명성의 보장으로 인해 사이버 공간에서 언어폭력을 통한 모욕이 급증하고 있다. 사이버 모욕죄에서 말하는 모욕이란 사실을 적시하지 않고 사람의 사회적 평가를 저하시킬 만한 추상적 판단이나 경멸적 감정을 표현하는 것을 말한다.[41] 따라서 어떠한 표현이 상대방의 인격적 가치에 대한 사회적 평가를 저하시킬 만한 것이 아니라면 표현이 다소 무례한 방법으로 표시되었다 하더라도 모욕죄의 구성요건에 해당한다고 볼 수 없다.[42]

---

41) 대법원 2003. 11. 28. 선고, 2003도3972 판결.
42) 대법원 2015. 9. 10. 선고, 2015도2229 판결.

2. 사이버 명예훼손죄 성립요건

1) 사실 또는 허위사실의 적시

타인의 명예를 훼손하는데 적합한 사실 혹은 허위사실을 적시한다는 고의가 있어야 하며, 어쩌면 타인의 명예를 훼손할지도 모르겠다는 미필적 고의도 가능하다. 여기서 명예훼손은 사회적 가치나 평가가 저하되는 일체의 행위를 말한다. 적시된 사실은 특정인의 사회적 가치 내지 평가가 침해될 가능성이 있을 정도로 구체성을 띠어야 한다. 정보통신망을 통하여 게시된 표현이 사실을 적시하는 것인가, 아니면 단순히 의견 또는 논평을 표명하는 것인가, 또는 의견 또는 논평을 표명하는 것이라면 그와 동시에 묵시적으로라도 그 전제가 되는 사실을 적시하고 있는 것인가 그렇지 아니한가의 구별은 당해 게시물의 객관적인 내용과 아울러 일반의 독자가 보통의 주의로 게시물을 접하는 방법을 전제로 게시물에 사용된 어휘의 통상적인 의미, 게시물의 전체적인 흐름, 문구의 연결 방법 등을 기준으로 판단하여야 하고, 여기에 당해 게시물이 게재된 보다 넓은 문맥이나 배경이 되는 사회적 흐름 등도 함께 고려하여야 한다.[43)]

2) 비방할 목적

본죄는 목적범으로 비방할 목적이 있어야 성립한다. 따라서 비방의 목적이 없다면 사이버 명예훼손죄는 성립하지 않는다. 여기서 비방할 목적이란 타인의 명예를 훼손하기 위하여 타인의 인격적 평가를 저하시키려는 목적을 말한다. 사람을 비방할 목적이 있는지 여부는 해당 적시 사실의 내용과 성질, 해당 사실의 공표가 이루어진 상대방의 범위, 그 표현의 방법 등 그 표현 자체에 관한 제반 사정을 감안함과 동시에 그 표현에 의하여 훼손되거나 훼손될 수 있는 명예의 침해 정도 등을 비교, 고려하여 결정된다.[44)]

3) 공연성

공연히 불특정인 또는 다수인이 인식할 수 있는 상태를 말하고, 블로그 등에서 특정한 한 사람에게만 사실을 적시하였다고 하더라도 그 글을 본 사람이 불특정 다수인에게 전파할 가능성이 있으면 공연성이 인정된다. 따라서 불특정 또는 다수인이 인식할 수 있는 상태, 또는

---

43) 대법원 2003. 6. 24. 선고, 2003도1868 판결.
44) 대법원 2006. 8. 25. 선고, 2006도648 판결.

불특정다수인에게 전파될 가능성이 있는 상태가 아니라면 이는 공연성이 없다 할 것이다.[45]

4) 기수시기

기수시기는 추상적 위험범으로 명예가 현실로 침해되었을 것을 요하지 아니하고 명예를 해할 우려가 있기만 하면 바로 기수가 되므로 실제 명예가 훼손되는 결과가 발생할 필요는 없다. 본죄는 반의사불벌죄로 피해자가 가해자를 처벌하려는 명시적 의사가 없거나 피해자의 의사에 반해서 처벌할 수 없다. 제307조 제1항의 행위가 진실한 사실로써 오로지 공공의 이익에 관한 것은 처벌하지 아니한다. 여기서 '오로지'란 사이버 명예훼손의 동기가 공공의 이익을 위한 것이다. 증인의 증언이나 피고인과 변호인의 방어권행사가 명예훼손적 사실을 적시하여도 정당행위로 위법성이 조각되어 처벌되지 않는다. 사이버 명예훼손죄는 일신전속적인 법익을 보호하는 범죄이므로 그 죄수는 피해자의 수를 기준으로 한다.

3. 사이버 모욕죄 성립요건

1) 사이버 모욕죄의 보호법익

일반형법의 모욕죄와 마찬가지로 사람의 외부명예이며, 이 점에서 사이버 명예훼손과 유사하지만 구체적 사실의 적시가 필요 없다는 점에서 사이버 명예훼손죄와 차이가 난다. 예컨대 보도에 불만을 품은 시청자가 게시판에 여자 진행자에게 '개 같은 년'이라고 하면 사이버 모욕죄가 된다.

2) 모욕의 방법

글, 문자, 그림 등 방법에는 제한이 없다. 다만 모욕죄가 되려면 설명가치를 가져야 하므로 단순한 농담이나 무례한 글은 사이버 모욕죄가 되지 않는다. 따라서 행위자의 주관적인 명예감정이 침해된 경우에 성립한다는 명예감정설이 타당하다. 판례에 의하면 2003년 한 컴퓨터 회사를 다니다가 해고당한 사원이 자신이 해고된 회사의 사장 이름을 따서 사장 이름과 욕설이 섞인 대화명으로 메신저를 하다가 이를 알게 된 사장이 수사기관에 고소를 한 사안에서 피고

---

45) 대법원 1981.10.27. 선고 81도1023 판결.

인은 모욕죄로 불구속 기소가 되었고, 1심, 2심에서 각각 벌금형 100만 원을 선고받았다.[46]

3) 공연성

사이버 모욕죄가 성립하기 위해서는 공연성이 있어야 한다. 공연성은 불특정 다수가 인식할 수 있는 상태를 말한다. 따라서 두 사람 간에 욕설을 서로 한다고 하더라도 불특정 다수가 인식할 수 있는 상태가 아닌 경우 공연성이 없으므로 처벌되지 않는다. 또한, 모욕의 대상을 특정해야 한다. 그러므로 혼자말로 욕설을 한다고 하더라도 상대를 특정하지 않았다면 모욕죄가 성립되지 않는다. 사이버 모욕죄도 마찬가지로 대상을 특정하지 아니한 사이버상 욕설은 범죄가 성립되지 않는다.

4) 사이버 모욕죄의 기수시기

사이버 모욕죄는 고소가 있어야 공소제기를 할 수 있다. 사이버모욕죄는 추상적 위험범으로 공연히(불특정 다수인이 인식할 수 있는 상태) 언어, 그림, 글 등으로 모욕하기만 하면 바로 기수가 된다. 외국원수나 외교사절에 대한 사이버 모욕은 공연성이 없어도 형법 제107조 제2항(외국원수 모욕죄), 제108조 제2항(외교사절에 대한 모욕죄)과 같이 사이버 외국원수 모욕죄 또는 사이버 외교사절 모욕죄가 성립한다. 사이버 모욕죄는 피해자의 외부적 명예가 현실적으로 훼손되거나 불특정 다수인이 현실로 인식했음을 요하지 않는다.

5) 위법성 조각사유

사이버상에서 다소 모욕적인 글이 포함되어 있어도 그것이 공공의 이익을 가진다고 판단되면 위법성이 조각된다. 피해자의 승낙이 있는 경우는 유효한 승낙이 되어 처벌되지 않는다. 유효한 승낙이 되기 위해서는 ① 승낙의 의미와 내용을 이해할 수 있어야 한다. 따라서 정신병자, 아동, 만취자 등의 승낙은 유효한 승낙이 아니다. ② 자유로운 의사에 의한 진지한 것이어야 한다. 그러므로 사기, 강박, 착오, 농담, 협박에 의한 승낙은 유효한 승낙이 아니다. ③ 승낙은 행위 전이나 행위 시에 하여야 한다. 예컨대 “갑은 을에게 시계를 가져가도 된다”라고 하여 을이 시계를 가져갔다면 절도죄가 성립되지 않는다.

이처럼 행위 시 혹은 행위 전에 승낙의 대상이 되는 범죄는 비친고죄 관련 범죄이다. 따라

46) 대법원 2005도 5. 18. 선고, 2004도8351 판결.

서 친고죄나 반의사불벌죄는 피해자가 사후 승낙을 하더라도 처벌되지 않는다. 즉, 피해자와 가해자가 합의를 하고, 공소제기 전에는 합의서를 검찰에 제출하면 검찰은 공소권 없음으로 사건을 종결한다. 공소제기 후에는 합의서를 법원에 제출하면 공소기각 판결로써 사건을 종결함으로 가해자는 처벌되지 않는다.

또한, 사회통념에 비추어 글의 표현이 사회상규에 위배되지 않는 행위로 볼 수 있는 때에는 처벌이 되지 않는다. 판례는 인터넷 사이트 내 게시판에 골프클럽의 운영상 불합리성을 비난하는 글을 게시하면서 위 클럽 담당자에 대하여 '한심하고 불쌍한 인간'이라는 경멸적 표현을 한 사안에서 게시의 동기와 경위, 모욕적 표현의 정도와 비중 등에 비추어 사회상규에 위배되지 않는다고 보아 모욕죄 성립을 부정하였다.47)

4. 사이버 명예훼손 · 모욕죄 발생 및 검거 현황

최근 5년간 <표 8>을 바탕으로 사이버 명예훼손 및 모욕죄 실태를 살펴보면 먼저 발생 현황은 증감을 반복하다가 2019년에 가장 많이 발생하였다. 다음으로 검거 건수를 살펴보면 2019년 기준 발생 건수 16,633건 대비 검거 건수는 11,632건으로 검거율은 69.93%로 낮은 편이다.

표 8 ‖ 사이버 명예훼손 및 모욕 발생 및 검거 현황

단위 : 명

구 분	2015	2016	2017	2018	2019
발생	15,043	14,908	13,348	15,926	16,633
검거	10,202	10,539	9,756	10,889	11,632

출처 : 2019 경찰청 경찰통계연보

47) 대법원 2008. 07. 10. 선고, 2008도1433 판결.

5. 사이버 명예훼손죄 및 모욕죄 사례

1) 사이버 명예훼손죄 사례[48)]

(1) 비방 목적 사례

OO 카페에서 쇼핑몰을 운영하다가 정리한 지 1년 정도 되었습니다. 그런데 그 당시 저한테 안 좋은 감정을 가지고 있었던 분들이 심한 욕설과 함께 실명을 거론하는 글을 올렸습니다. 제가 쇼핑몰을 정리하면서 환불을 다 안해줬다고 하면서……. 공개글로 올려놓은 상태라 저를 모르는 분들에게도 저는 마치 사기꾼처럼 인식되고 있습니다.

(2) 폭로 사례

결혼하기 전부터 직장에서 아주 친하게 지냈던 남자상사가 있습니다. 그래서 가끔 근무시간에 메신저로 사적인 얘기도 하고, 공적인 얘기도 하면서 지냈는데 며칠 전 직장동료가 제가 잠깐 자리를 비운 사이에 남자상사와 제가 나눈 메신저 대화내용을 저장하여 복사한 후 회사 게시판에 올렸습니다. 그 일이 있은 후, 저와 상사의 관계를 부도덕적으로 바라보는 시선에 어쩔 수 없이 직장을 그만두게 되었습니다.

(3) 사생활 침해 사례

헤어진 옛 애인이 저의 사생활 및 이메일 주소를 알아내 이를 주변사람들에게 알리고 제 사생활(제가 OO와 잤다는 등)을 공개적으로 만천하에 알리고 있습니다. 자신과 결혼하지 않는다는 것에 앙심을 품고 'OO 카페'게시판에 제 사생활을 폭로하겠다면서 협박하고 있습니다.

2) 사이버 모욕죄 사례

대학생 이모(20 · 여)씨는 지난 1일 '모욕죄로 고소를 당했으니 관할 경찰서에 출석하라'는 연락을 받았다. 김모(26 · 여)씨가 카카오톡 단체 채팅방에서 자신을 욕했다는 이유로 이씨를 상대로 고소장을 제출했다는 내용이었다. 이씨는 "부적절한 용어를 사용하며 카톡방을 흐린 건 김씨였다"며 "화가 나 다른 채팅방에서 '인성이 쓰레기'라는 식으로 김씨 뒷담화를 했다.

---

48) https://easylaw.go.kr/CSP/CnpClsMain.laf?popMenu=ov&csmSeq=293&ccfNo=1&cciNo=1&cnpClsNo=1&menuType=cnpcls(검색일-2020. 10. 15).

김씨의 잘못도 있는데 일방적으로 고소당하니 억울하다"고 말했다.[49]

6. 사이버 명예훼손 · 모욕죄 처벌규정

1) 사이버 명예훼손죄

「정보통신망 이용촉진 및 정보보호 이용에 관한 법률(이하 정보통신망법이라 한다)」 제70조 제1항에 의하면 사람을 비방할 목적으로 정보통신망을 통하여 공공연하게 사실을 드러내어 다른 사람의 명예를 훼손한 자는 3년 이하의 징역 또는 3천만 원 이하의 벌금에 처한다. 동조 제2항에 의하면 "사람을 비방할 목적으로 정보통신망을 통하여 공연히 허위의 사실을 적시하여 타인의 명예를 훼손한 자는 7년 이하의 징역이나 10년 이하의 자격정지 또는 5천만 원 이하의 벌금에 처한다"라고 규정하여 가중처벌하고 있다.

2) 사이버 모욕죄

사이버 모욕죄에 대해서는 정보통신망법에 규정하고 있지 않다. 2019년 05월 19일 이데일리 인터넷 보도자료에 의하면 사이버 모욕죄의 경우 2년 이하의 징역 또는 2천만 원 이하의 벌금으로 처할 수 있도록 하는 내용의 정보통신망법 일부 개정 법률안을 발의하려고 했으나 많은 논란에 휩싸인 바 있다. 즉, 일반 형법상 모욕죄도 '추상적 판단이나 경멸적 감정 표현'이라는 불명확한 기준으로 형사처벌을 규정해 헌법상의 원칙 및 국제인권기준에 위배해 표현의 자유를 심대하게 침해한다는 비판을 받고 있다. 그런데 인터넷을 이용했다는 이유로 더 과중한 형사처벌을 규정하고 있는 해당 법안은 위헌 소지가 매우 높아 철회돼야 한다.[50] 현재 발생되는 사이버 모욕죄는 「형법」 제311조[51]에 의거 처벌이 가능하다.

49) http://m.kmib.co.kr/view.asp?arcid=0010517471(검색일-2020. 10. 11).
50) https://www.edaily.co.kr/news/read?newsId(검색일-2020. 10. 29).
51) 공연히 사람을 모욕한 자는 1년 이하의 징역이나 금고 또는 200만 원 이하의 벌금에 처한다.

Ⅱ. 사이버 도박죄

1. 개념

사이버 도박죄란 정보통신망을 이용하여 스포츠 토토, 사다리 미니게임 등의 불법 도박을 하는 형태를 말한다. 경찰관계자에 의하면 불법 도박사이트 들은 대표적 음란사이트 '소라넷' 처럼 핵심 서버를 외국에 두고 있다. 사이트를 차단해도 다른 주소로 옮겨 '재개장'하기 때문에 완전 차단이 어렵다.52)

청소년 도박의 경우 청소년은 마땅한 직업이 없으므로 돈을 벌어 도박 빚을 갚을 수 없다. 따라서 도박 빚을 갚기 위해 절도 등의 2차 범죄로 나아가고 있다. 도박은 돈을 벌 수도 있지만 잃을 가능성이 더 높다. 그 이유는 불법 도박의 경우 운영자가 자선사업 형태로 운영하는 것이 아니라 많은 돈을 벌기 위한 목적으로 운영하고 있다. 운영자가 돈을 벌기 위해서는 도박하는 사람이 돈을 잃어야 한다. 도박을 하는 사람들의 공통점은 열심히 일해서 돈을 벌려고 하지 않고 쉽게 한 방으로 일확천금을 노린다. 사이버 도박을 통해 한 번 돈을 벌면 계속 돈을 벌 수 있다는 생각에 사로잡혀 지속적인 도박을 하게 되고, 이로 인해 도박중독으로 이어진다. 사이버 도박은 도박장에 가지 않아도 되고 언제 어디서든지 정보통신망에 접근하여 이용할 수 있다. 그러므로 사이버 도박은 확산될 가능성이 높다. 따라서 사이버 도박 운영자에 대해 처벌을 강화하거나 사이버 도박을 하는 자도 처벌을 강하게 처벌받을 수 있도록 정보통신망법을 개정하여야 할 것이다.

2. 사이버 도박죄 발생 및 검거 현황

최근 5년간 <표 9>를 바탕으로 사이버 도박죄에 대한 발생 및 검거 현황을 살펴보면 먼저 발생 현황은 2016년 급격하게 증가였다가 이후 감소하였으며, 2019년 또다시 증가하였다. 다음으로 검거 현황은 2019년 기준 5,346건 발생 대비 검거 건수는 5,162건으로 검거율은 96.55%로 상당히 높은 검거율을 보이고 있다.

52) https://news.joins.com/article/23538035(검색일-2020. 10. 29).

표 9 | 사이버 도박죄 발생 및 검거 현황

단위 : 명

구 분	2015	2016	2017	2018	2019
발생	3,352	9,538	5,130	3,012	5,346
검거	3,365	9,394	5,080	2,947	5,162

출처 : 2019 경찰청 경찰통계연보

3. 사이버 도박 사례

1) 군인 도박사례[53)]

2019. 07. 29. 중앙일보에 따르면 A일병은 고등학교 재학 시절인 2013년 5월부터 휴대전화로 인터넷 불법 도박 사이트에 접속하기 시작했다. A일병은 입대 전 이미 3억 원이 넘는 돈을 탕진했고, 입대 이후인 2018년 8월 후에도 1000만 원 이상 더 날렸다. 일과 후 휴대전화 전면 사용이 허용되면서 중독 증세가 다시 나타났다. A일병은 "사이버 도박의 유혹을 뿌리치지 못했다"며 "한 번 베팅할 때마다 10만 원 이상 꼬박 나갔다"고 헌병대 조사에서 진술했다. 입대 전 3,100차례 사이버 베팅을 했던 A일병은 생활관에서도 100여 차례 판돈을 걸고 도박을 했다.

2) 청소년 도박사례[54)]

2017. 03. 30. 머니투데이에 의하면 서울에 사는 고등학생 A군은 빚 2,000만 원을 감당하지 못해 가출했다. 일명 '사다리게임' 등 온라인 도박에 빠져 한 푼, 두 푼 빌리다 벌어진 일이다. 뒤늦게 사실을 안 어머니가 돈을 갚아주겠다고 설득해 집으로 돌아왔다. 하지만 도박은 중독성이 강하기 때문에 A군이 적절한 치료를 받지 않는 한 중독에서 빠져나오기가 쉽지 않을 것이다.

4. 인터넷 도박죄 처벌규정

인터넷 도박죄의 처벌규정은 별도로 마련된 특별법 규정은 없고, 형법상 도박죄를 적용하

53) https://news.joins.com/article/23538035(검색일-2020. 10. 29).
54) https://news.mt.co.kr/mtview.php?no=2017032716265729398(검색일-2020. 10. 29).

고 있다. 그 내용을 살펴보면 ① 도박을 한 사람은 1천만 원 이하의 벌금에 처한다. 다만, 일시오락 정도에 불과한 경우에는 예외로 한다(형법 제246조 제1항). ② 상습으로 도박죄를 범한 사람은 3년 이하의 징역 또는 2천만 원 이하의 벌금에 처한다(동조 제2항). 영리의 목적으로 도박을 하는 장소나 공간을 개설한 사람은 5년 이하의 징역 또는 3천만 원 이하의 벌금에 처한다(형법 제247조).

Ⅲ. 사이버 스토킹 범죄

1. 개념

스토킹이라는 용어는 은밀히 다가가거나 몰래 추적하다는 뜻의 stalk에서 파생되어 명사화 되었다. 스토킹 행위를 하는 사람을 스토커(stalker)라고 부른다. 사이버 스토킹은 게시판, 대화방, 이메일 등의 정보통신망을 이용하여 상대의 의사에 반해서 의도적·반복적으로 문자, 부호, 화상, 영상 등을 통해 상대방이 공포감·불안감·괴로움을 느끼게 하는 행위를 말한다. 여기서 공포심이나 불안감을 유발하는 문언을 반복적으로 도달하게 한 행위란 사회통념상 일반인에게 두려워하고 무서워하는 마음, 마음이 편하지 아니하고 조마조마한 느낌을 일으킬 수 있는 내용의 문언을 되풀이하여 전송하는 일련의 행위를 의미하는 것으로 풀이할 수 있다.[55] 가해자와 피해자가 신체적인 대면을 하거나 어느 정도 물리적 접근성이 없어도 된다는 점에서 오프라인 스토킹보다 그 피해가 엄청나게 크기 때문에 그 심각성이 있다.

2. 사이버 스토킹 범죄의 성립요건

사이버 스토킹은 가해자가 문자메시지, 인터넷, 전화 등을 통해 피해자의 의사에 반한 행위가 지속적·반복적·의도적으로 행함으로써 피해자가 공포나 불안감을 느껴야 한다. 따라서 공포나 불안감을 느끼지 못하는 정신병자나 어린이 및 명정자(술에 취한 자) 등은 본죄의 객

55) 헌재 2016. 12. 29. 2014헌바434.

체가 될 수 없고, 사이버 스토킹 행위가 최소한 2번 이상 시간적으로 계속되는 반복성이 있어야 한다. 공포나 불안이라는 결과를 가져와야 비로소 본죄의 기수가 된다. 사이버 스토커가 사이버상에서 사이버 스토킹을 했으나 피해자가 전혀 공포심이나 불안감을 느끼지 않았다면 본죄는 미수에 그치게 된다. 단순한 폭력적 언어인 "아나운서를 그만두게 만들겠다, 잘되나 두고 보자, 고소하여 처벌받게 하겠다" 등의 글은 본죄가 성립되지 않는다.

사이버 스토커가 게시판에 수인에게 동시에 해악을 반복적으로 고지하여 수인이 공포심이나 불안감을 느꼈다면 수 개의 사이버 스토킹범죄의 상상적 경합이 된다. 사이버 스토킹 피해자는 괴로움, 불안, 공포 등을 느끼며, 이로 인해 수면장애, 이상행동, 자살충동 등을 경험한다.

사이버 스토킹의 동기는 남녀 간의 애정에 의한 치정적 동기에 의한 것이 많다. 남자 스토커가 여자 스토커보다 훨씬 많다. 이것은 남성이 여성보다 공격성향이나 힘의 우위에 있기 때문이다. 종교적 동기에 의한 것도 많은데, 배타성이 많은 종교나 광신도적 종교에서 이런 경향이 강하다. 또한, 과거에는 유명 연예인을 대상으로 사이버 스토킹 범죄를 저질렀다. 하지만 오늘날은 일반인을 대상으로 스토킹 범죄가 많이 이루어지고 있다.

3. 사이버 스토킹 사례

1) 페이스북을 이용한 스토킹 사례

2018년 04월 26일 아시아경제에 의하면 20대 여성인 A씨는 최근 받은 페이스북 메시지에 경악을 금치 못했다. A씨의 프로필 사진을 보고 연락했다는 익명의 그는 A씨에게 "우리 언제 볼 수 있는 거야", "왜 연락 안 받아. 죽고 싶냐? 밤길 조심해라"등 끊임없이 메시지를 보냈다. 이어 그는 A씨의 페이스북을 통해 이름과 나이, 학교 등의 인적사항을 알아낸 뒤, 수시로 만남을 요구했다. 신변의 위협을 느낀 A씨는 결국 경찰에 신고했고, 경찰이 조사에 나서자 비로소 사이버 스토킹에서 벗어날 수 있었다.[56]

56) https://www.asiae.co.kr/article/2018042509221741110(검색일-2020. 08. 25).

2) 사이버스토킹 사례[57)]

【질문】

전 남자친구에게 스토킹을 당하고 있었는데 잠잠해지나 했더니 몇 개월 전부터는 SNS 메신저로 연락을 했고 차단을 하면 다른 계정을 만들어 다시 연락을 하다가 지금 남자친구의 전 여자친구인 것처럼 몇 차례 메신저가 왔었습니다. 전 여자친구분이 직접연락을 한 것이 아니라면 스토킹을 하던 사람이 메신저를 이용해서 괴롭히고 있는 것이 확실한데 그 전 여자친구분에게 본인이 한 게 아니라는 걸 직접 확인하고 싶은데 어떻게 본인에게 물어봐야 할지, 아니라는 걸 확인하면 스토커를 처벌하기 위해 어떤 증거물들이 필요한지 궁금합니다.

【답변】

불안감을 조성하는 메시지를 계속하여 보내는 경우 정보통신망법 위반으로 처벌이 가능할 수 있습니다. 하지만, 가계정을 만들어 지속적으로 연락하는 경우 가해자의 정보를 알 수 없으면 실제 고소하기가 쉽지 않습니다.

4. 사이버 스토킹 처벌규정

「정보통신망 이용촉진 및 정보보호 등에 관한 법률(이하 정보통신망법이라 한다)」에 의하면 "불법 정보의 유통금지규정을 위반하여 공포심이나 불안감을 유발하는 부호·문언·음향·화상 또는 영상을 반복적으로 상대방에게 도달하게 한 자는 1년 이하의 징역 또는 1천만원 이하의 벌금에 처한다"라고 규정하고 있다. 하지만 피해자의 피해감정에 비하면 다소 처벌 형량이 낮다고 볼 수 있다.

사이버 스토킹이 「형법」 제283조 제1항 협박죄[58)]로 처벌되기 위해서는 가해자가 협박성 문자를 지속적으로 피해자에게 보냄으로써 피해자가 공포심을 느껴야 한다. 예컨대 "나하고 결혼하지 않으면 과거 성관계 영상을 지인에게 유포하겠다"라는 협박성 문자메시지를 반복적으로 보낸 경우이다. 판례에 의하면 협박죄는 위험범이므로 해악의 고지가 있고, 상대방이 이를 인식하면 족하고 현실적으로 공포심을 느끼지 않아도 성립한다.[59)] 하지만 다수설은 범

57) https://www.lawtalk.co.kr/qna/138319(검색일-2020. 09. 20).
58) 사람을 협박한 자는 3년 이하의 징역 또는 500만원 이하의 벌금, 구류 또는 과료에 처한다. 본죄는 피해자의 의사에 반하여 공소제기를 할 수 없다(형법 제283조 제3항). 본죄의 미수범은 처벌한다(동조 제286조).

죄자가 해악의 고지로 피해자가 현실적으로 공포심을 느꼈을 때 기수가 된다. 이 설에 따르면 범죄자가 해악의 고지를 피해자에게 했는데, 피해자가 현실적으로 공포심을 느끼지 않았다면 미수범이 된다.

5. 사이버 스토킹 대응방법

사이버 스토킹이 발생하면 참고 기다리는 방법으로 대처를 해서는 안 되고, 곧바로 경찰서에 신고하여 적극적인 대처를 해야 한다. 정부24시 사이버 범죄 민원신고 서비스를 통한 이용방법에 대해 살펴보면 신고방법은 가까운 경찰서 민원실에 방문접수를 하거나 경찰청 사이버안전국 사이버 수사과 182에 신고를 하거나 온라인(https://cyberbureau.police.go.kr/crime/sub1.jsp)으로 신고가 가능하다. 범죄 신고 시 담당 관서 지정까지 일정 기간이 소요되며, 담당 수사관이 지정되면 형사사건 여부를 검토 후, 정식 사건 접수 시 수사가 진행된다. 비형사 사건 등 수사가 곤란한 민원의 경우 반려된다. 사이버 스토킹은 초기에는 SNS나 페이스북 등을 통해 반복적으로 행하거나 집 혹은 학교 앞에 기다리거나 선물 공세를 하기도 한다. 이렇게 했음에도 불구하고 상대방이 받아주지 않으면 폭행이나 감금으로 나아가기도 한다. 이러한 범죄는 피해자가 적극적으로 대처하지 않으면 지속적인 괴롭힘을 당할 수 있다. 그러므로 경찰에 신고하여 경찰의 적극적인 수사를 통해 가해자를 처벌해야만 피해자는 사이버 스토킹에서 벗어날 수 있다.

Ⅳ. 사이버 성범죄

1. 개념

사이버 성범죄는 통신매체를 이용한 음란죄와 카메라 이용 촬영죄 등이다. 사이버 성범죄는 사이버상에서 음란 쪽지를 보내거나, 음란 화상채팅을 하거나, 음란 동영상을 촬영하여

59) 대법원 2007. 09. 28. 선고 2007도606 판결.

유포하는 등으로 상대방의 의사에 반해서 원하지 않는 접근을 하여 성적 모욕감이나 불안, 공포감, 등의 정신적 피해를 가져오는 일체의 행위라고 할 수 있다. 각종 상업성이 강한 음란 사이트의 증가, 화상채팅방 · 전화방 · 대화방의 증가, 초소형 몰래카메라의 등장으로 이러한 사이버 성범죄가 급증하고 있다.

사이버 성범죄가 현실공간상 물리적 접촉 없이도 피해자에게 성적 수치심을 주어 신체적 · 정신적으로 피해를 가한다는 점 또한 다툼의 여지가 없는 사실이다.[60]

사이버 성범죄의 특징은 가해자와 피해자의 의도와는 무관하게 한번 유포된 디지털 영상은 재생산(재업로드)을 거듭하면서 피해가 확산되기 때문에 전통적 방식의 성범죄의 피해회복과 비교할 수 없을 정도로 피해회복이 불가능하다.[61] 사이버 성범죄는 한 번 발생하면 인터넷 사이트를 통해 유포되기 때문에 전 세계적으로 확산되어 영원히 지워지지 않는 디지털 낙인이 되는 것이다. 이로 인해 피해자는 나를 알아보는 사람이 있을까 두려워 외출도 하지 못하거나 외출을 하더라도 얼굴을 가리고 다니기도 한다.

2. 사이버 성범죄의 성립요건

사이버 성범죄의 수단은 말, 음향, 도화, 영상에서 음향이란 소리를 말하고, 영상은 동영상을 말한다. 정보통신망법 제65조 제1항 1호에서 부호는 코드를 말하는 것으로 화상, 동영상, 문언, 음향을 내포하는 개념이다. 이를 통해 피해자의 의사에 반해 성욕을 자극 또는 흥분시켜 보통인의 정상적인 성적 수치심을 느끼게 하는 일체의 행위를 하면 성립한다. 음란성을 구체적으로 판단함에 있어서는 행위자의 주관적 의도가 아니라 사회 통상인의 입장에서 그 전체적인 내용을 관찰하여 건전한 사회통념에 따라 객관적이고 규범적으로 평가하여야 한다.[62]

사이버 성범죄의 대표범죄는 카메라 기능이 장착된 디지털 기기를 이용하여 타인의 의사에 반하여 신체 및 성관계 영상을 찍는 행위(몰카범죄)이다. 여기서 타인의 신체나 성관계 영상을 찍는 행위는 직접행위에 국한한다. 판례는 피고인이 甲과 성관계하면서 합의하에 촬영한 동영상 파일 중 피고인이 甲의 성기를 입으로 빨거나 손으로 잡고 있는 장면 등을 찍은 사진 3장을 지인 명의의 휴대전화 문자메시지 기능을 이용하여 甲의 처 乙의 휴대전화로 발송함으

60) 김한균, "사이버성범죄 · 디지털성범죄 실태와 형사정책", 이화젠더법학, 9(3), 젠더법학연구소, 2017, 29쪽.
61) 박한호, "디지털 성범죄에 대한 논의", 한국민간경비학회보 제18권 제4호, 한국민간경비학회, 2019, 110쪽.
62) 대법원 1995. 2. 10. 선고, 94도2266판결; 대법원 2012. 10. 25. 선고 2011도16580 판결.

로써, 촬영 당시 甲의 의사에 반하지 아니하였으나 사후에 그 의사에 반하여 '甲의 신체를 촬영한 촬영물'을 乙에게 제공하였다고 하여 성폭력범죄의 처벌 등에 관한 특례법 위반(카메라등이용촬영)으로 기소된 사안에서, 피고인이 성관계 동영상 파일을 컴퓨터로 재생한 후 모니터에 나타난 영상을 휴대전화 카메라로 촬영하였더라도, 이는 甲의 신체 그 자체를 직접 촬영한 행위에 해당하지 아니하여 범죄가 성립하지 아니한다고 판시한 바 있다.[63]

사이버 성범죄는 청소년에게 왜곡된 성관념을 심어주고, 일부 성인들에게는 정조관념과 도덕관념을 와해시킨다. 정상적인 사람에게도 짜증과 불쾌감, 성적 수치심, 정신적 충격을 줄 수 있어 개인적 차원을 넘어 사회적인 문제로 확산이 되고 있다.

3. 사이버 성범죄 실태

1) 사이버 성범죄 발생 현황

먼저 <표 10>을 바탕으로 몰카 등 카메라 이용범죄 현황을 살펴보면 최근 5년간 몰카범죄는 증감을 반복하고 있고, 검거되는 인원이 계속 증가 추이에 있다. 몰카범죄는 은밀하게 이루어지기 때문에 경찰공무원이 검거하기가 쉽지 않은 상황이다. 2018년 기준 발생건수 5,925건 대비 검거 건수가 5,613건으로 검거하지 못한 인원이 312건(5.2%)이나 된다.

표 10 ❙ 몰카 등 카메라 이용 범죄 현황

단위 : 명

구 분	2014	2015	2016	2017	2018
발생건수	6,623	7,623	5,185	6,465	5,925
검거건수	6,361	7,432	4,904	6,220	5,613
검거인원	2,905	3,961	4,499	5,437	5,497

출처 : 경찰청에서 더불어민주당 김영호 의원에게 제출한 자료

다음으로 음란물을 반포 · 판매 · 임대 · 제공 등의 사이버 음란범죄 현황을 살펴보면 <표 11>과 같다. 사이버 음란물 발생 현황을 살펴보면 증감을 반복하다가 2019년 다소 감소하였다. 검거 건수를 살펴보면 2019년 기준 발생건수 2,690건 대비 검거 건수는 2,164건으로 검거율은 80.4%로 높은 편이다.

---

63) 대법원 2018. 8. 30. 선고, 2017도3443 판결.

표 11 ▌ 사이버 음란물 발생 및 검거 현황

단위 : 명

구 분	2015	2016	2017	2018	2019
발생	4,244	3,777	2,646	3,800	2,690
검거	3,475	3,435	2,329	3,282	2,164

출처 : 2019 경찰청 경찰통계연보

2) 사이버 성범죄 피해자 특성

먼저 카메라 등 이용 촬영죄의 피해자는 99%가 여성으로 나타나 피해자의 대부분은 여성이고, 가해자와 피해자와의 관계는 아는 사이가 10.99%, 모르는 사이가 89.01%로 나타났으며, 이는 언제 어디서든지 자신이 모르는 사람에 의해 피해를 입을 수 있다는 사실을 내포하고 있다.[64]

통신매체를 이용한 음란행위의 피해자는 여성이 91.44%, 남성이 2.25%로 대다수가 여성이고, 가해자와 피해자와의 관계를 살펴보면 아는 사이가 31.08%, 모르는 사이가 68.92%로 나타났으며, 이 또한 피해자가 모르는 가운데 범죄가 발생할 수 있음을 보여주고 있다.[65] 통신매체이용음란죄는 휴대전화, 컴퓨터 등 통신매체를 그 범죄수단으로 하고, 범행발생지와 피해발생지가 동일한 장소가 아니며, 피해자를 대면하지 않고 이루어지는 비대면범죄라는 특징을 가지고 있어 지역과 상관성이 거의 없다는 것을 알 수 있다.[66]

4. 사이버 성범죄에 대한 범죄자의 심리

노총각 또는 호기심이 많은 청소년이나 성적 변태의 중년층 및 노년층들이 적정한 방법으로 성욕을 배출하지 못하는 데에서 오는 스트레스나 불만을 사이버상의 성폭력 등을 통해 본능적인 성욕을 추구하는 형태이다. 성적 열등자들이 현실 세계에서의 섹스에서 오는 두려움 때문에 간접적으로나마 사이버 섹스 또는 사이버 음란을 통하여 그들의 성욕을 채우는 형태이다. 사회적 지위가 하층계급에 있는 남성들이 현실 세계에서 사회적으로 실패와 좌절감을 사회적으로 성공한 남성들의 아내나 성공한 상류층의 여성들을 사이버 강간을 함으로써 보상을 받고자 하는 유형이다.

64) 김현아 외 5인, "디지털 성범죄의 처벌 및 피해자 지원 방안 연구", 국회여성가족위원회, 2018, 16쪽.
65) 김현아 외 5인, 위의 보고서, 18쪽.
66) 김현아 외 5인, 위의 보고서, 18쪽.

5. 사이버 성범죄 처벌규정

「성폭력범죄의 처벌 등에 관한 특례법; 이하 성폭력특별법이라 한다」 제13조에 의하면 통신매체를 이용한 음란행위는 “자기 또는 다른 사람의 성적 욕망을 유발하거나 만족시킬 목적으로 전화, 우편, 컴퓨터, 그 밖의 통신매체를 통하여 성적 수치심이나 혐오감을 일으키는 말, 음향, 글, 그림, 영상 또는 물건을 상대방에게 도달하게 한 사람은 2년 이하의 징역 또는 2천만 원 이하의 벌금에 처한다”라고 규정하고 있다. 카메라나 그 밖에 이와 유사한 기능을 갖춘 기계장치를 이용하여 성적 욕망 또는 수치심을 유발할 수 있는 사람의 신체를 촬영대상자의 의사에 반하여 촬영한 자는 7년 이하의 징역 또는 5천만 원 이하의 벌금에 처한다(동법 제14조 제1항). 영리를 목적으로 촬영대상자의 의사에 반하여 전기통신설비를 이용하거나 전기통신설비와 컴퓨터 및 컴퓨터를 이용하여 촬영물을 반포 · 판매 · 임대 · 제공 또는 공공연하게 전시 · 상영한 자는 3년 이상의 유기징역에 처한다(성폭력특별법 제14조 제3항). 범죄의 특징은 사이버공간의 익명성으로 인해 비교적 용이하게 범죄를 자행하는 측면과 또한 이러한 범죄결과물을 전시하는 사이버 공간을 개설하여 영리를 취하는 범죄와 결합되는 측면이 있다는 점에서 피해의 내용과 정도가 심각할 것이기 때문에 중한 처벌이 마땅하다 할 것이다.[67] 정보통신망을 통하여 음란한 부호, 문언, 음향, 화상 또는 영상을 배포, 판매, 임대하거나 공연히 전시한 자는 1년 이하의 징역 또는 1천만 원 이하의 벌금에 처한다(정보통신망이용촉진법 제74조 제1항).

V. 정보통신망 침해범죄

1. 개념

정보통신망 침해범죄는 해킹, 서비스거부공격, 악성프로그램 유포 등이다. 정보통신망 침해범죄는 정보통신망에 대량의 신호나 데이터를 보내거나 부정한 명령을 처리하도록 하여 정

67) 김한균, 앞의 논문, 31쪽.

보통신망에 장애를 야기하는 악성프로그램인 디도스 공격이 있다. 이는 정당한 이유 없이 정보통신 시스템의 데이터 또는 프로그램 등을 훼손, 변경, 위조하거나 그 운용을 방해할 수 있는 프로그램을 전달 또는 유포하는 경우를 말한다.

정보통신망 침해범죄가 매력적인 이유는 테러리스트의 훈련이나 무기의 사용이 필요 없다. 물리적 제한이 없으므로 공격의 성공률을 높여 준다. 테러리스트들이 발각되거나 체포될 위험이 없다. 그 이유는 고도의 지식을 보유하고 있는 1인의 기술자와 1대의 컴퓨터만으로도 가능하기 때문이다. 따라서 인터넷을 이용한 지식과 정보를 공유하는 시대에 해커의 공격으로부터 방어하기 위해서는 끊임없는 보안기술이 발전되어야 할 것이다. 이를 위해서는 정부 차원에서 인력 양성에 따른 많은 지원을 아끼지 말아야 할 것이다.

2. 사례

1) 개인정보 유출로 막대한 금전적 피해 사례

국민권익위원회 홈페이지에 의하면 2013년 추수감사절, 해커들은 타깃 매장의 POS단말기에 악성코드를 유포하여 신용카드, 계좌, 보안코드, 유효기간 등이 담긴 개인정보를 탈취했다. 무려 4천만 여건에 달하는 막대한 양이었다. 이름, 이메일, 전화번호, 사회보장번호 등을 포함하면 거의 1억 1천만 여명의 개인정보가 새나간 것이었다. 당시 CEO였던 그렉 스타인하펠과 CIO(최고정보관리책임자)였던 베스 제이컵이 이 사건에 대한 책임을 지고 사퇴했다. 타깃은 피해 복구액으로 1억 6천만 달러, 피해 보상액으로 1천만 달러를 지출했다. 법률 비용과 피해배상액을 포함해 무려 1억 7천만 달러, 한화로 약 1,908억 원에 달하는 거액을 고객정보 유출 사태 수습을 위해 지출한 셈이다. 해킹 사건 이후 고객 신뢰 추락으로 장기간 실적부진에 시달렸다. 비용 절감을 위해 1,700여 명을 구조조정하고 1,400개의 일자리를 없애겠다고 발표했으며, 첫 해외 진출지였던 캐나다에서는 실적부진으로 시장 철수까지 하게 된 것이다.

2) 랜섬웨어 사례

2017년 5월 14일자 한겨레 신문에 의하면 2017년 5월 12일 오후 발생한 랜섬웨어 공격은 영국과 러시아를 비롯한 150여 개국에서 정부 및 기업 컴퓨터를 중심으로 빠른 속도로 확산됐다. 공격에 사용된 랜섬웨어는 윈도의 파일공유 기능상의 약점을 이용하는 워나크라이(WannaCry) 혹은 워나크립트(WannaCrypt)의 변종으로 알려졌다. 통상 공격은 이메일에 첨부된 파일 등을 클릭하면 진행되지만 이번 공격은 인터넷에 연결만 돼 있으면 네트워크를 통해 퍼져 확산 속도가 빨랐고, 개인보다는 네트워크 공유 기능을 많이 사용하는 정부기관 등의 컴퓨터가 한꺼번에 감염되면서 급속도로 퍼졌다. 랜섬웨어는 컴퓨터에 침투해 내부 데이터를 암호화한 뒤 이를 풀어주는 대가로 돈을 요구하는 악성프로그램이다. 데이터를 인질로 삼아 몸값(ransom)을 요구하는 것으로 랜섬웨어라 불린다. 이번 공격에서 해커는 공격당한 컴퓨터마다 300달러(약 34만원)어치의 비트코인을 요구했다. 유럽연합(EU) 형사기구인 유로폴은 150개국 이상에서 20만건 이상의 피해사례가 파악됐다며 "전례 없는 수준의 공격"이라고 밝혔다.[68] 앞으로 이러한 상황이 계속 전개될 가능성이 있으므로 보안을 철저히 하여 더 이상 피해가 발생하지 않도록 해야 할 것이다.

3. 정보통신망 침해범죄 발생 및 검거 현황

<표 12>를 바탕으로 정보통신망 침해범죄 실태를 살펴보면 먼저 발생 현황은 증감을 반복하고 있으며, 2019년 가장 많이 발생하였다. 2019년 기준 해킹이 2,664건(73.2%)으로 가장 많고, 기타 669건(18.38%), 악성프로그램이 270건(7.42%), 서비스거부공격이 14건(0.38%) 순으로 나타났다. 다음으로 검거 건수를 살펴보면 검거 건수도 증감을 반복하고 있다. 그런데 2019년 기준 범죄 발생 3,638건 대비 검거 건수는 1,007건으로 27.7%에 불과하다. 이처럼 정보통신망 침해범죄는 범죄자를 검거하기가 쉽지 않은 상황이다.

표 12 ▎ 정보통신망 침해범죄

단위 : 명

구 분		총계	해킹	서비스거부공격	악성프로그램	기타
2015	발생	3,154	2,247	40	166	701
	검거	842	524	19	74	225
2016	발생	2,770	1,847	192	137	594
	검거	1,047	537	164	98	248
2017	발생	3,156	2,430	43	167	516
	검거	1,398	990	28	122	258

68) http://www.hani.co.kr/arti/international/international_general/794674.html(검색일-2020. 08. 15).

구 분		총계	해킹	서비스거부공격	악성프로그램	기타
2018	발생	2,888	2,178	20	119	571
	검거	902	584	14	50	254
2019	발생	3,638	2,664	35	270	669
	검거	1,007	556	14	189	248

출처 : 2019 경찰청 통계연보

4. 정보통신망 침해범죄 처벌규정

① 누구든지 정당한 접근권한 없이 또는 허용된 접근권한을 넘어 정보통신망에 침입하여서는 아니 된다(정보통신망법 제48조 제1항). ② 누구든지 정당한 사유 없이 정보통신시스템, 데이터 또는 프로그램 등을 훼손·멸실·변경·위조하거나 그 운용을 방해할 수 있는 프로그램(이하 "악성프로그램"이라 한다)을 전달 또는 유포하여서는 아니 된다(동조 제2항). ③ 누구든지 정보통신망의 안정적 운영을 방해할 목적으로 대량의 신호 또는 데이터를 보내거나 부정한 명령을 처리하도록 하는 등의 방법으로 정보통신망에 장애가 발생하게 하여서는 아니 된다(동조 제3항). 이러한 규정을 위반하여 악성프로그램을 전달 또는 유포하는 자는 7년 이하의 징역 또는 7천만 원 이하의 벌금에 처한다(정보통신망법 제70조의2).

① 누구든지 정당한 접근권한 없이 또는 허용된 접근권한을 넘어 정보통신망에 침입할 경우, ② 누구든지 정보통신망의 안정적 운영을 방해할 목적으로 대량의 신호 또는 데이터를 보내거나 부정한 명령을 처리하도록 하는 등의 방법으로 정보통신망에 장애가 발생하게 한 경우, ③ 누구든지 정보통신망에 의하여 처리·보관 또는 전송되는 타인의 정보를 훼손하거나 타인의 비밀을 침해·도용 또는 누설한 경우 5년 이하의 징역 또는 5천만원 이하의 벌금에 처한다(정보통신망법 제71조).

Ⅵ. 정보통신망 이용범죄

정보통신망 이용범죄는 인터넷 사기, 사이버금융범죄, 개인위치침해, 사이버 저작권침해

등이다. 이러한 범죄는 물리적 힘을 사용하지 않고 사이버상에서 이루어진다는 점에서 발생 가능성이 높고, 경찰 공권력이 근절하지 못한다면 향후 지속적으로 발생 가능한 범죄이다.

<표 13>을 토대로 최근 5년간 정보통신망 이용범죄에 대해 먼저 발생 현황을 살펴보면 2015년부터 계속 증가하다가 2017년에 소폭 감소하였지만 2018년 이후 지속적인 증가추이에 있다. 세부 범죄내용을 살펴보면 2019년 기준 인터넷 사기가 136,074건(89.57%)으로 가장 많고, 다음으로 사이버금융범죄가 10,542건(6.93%), 기타 2,559건(1.68%), 사이버저작권침해가 1,772건(1.16%), 개인위치침해가 78건(0.66%) 순으로 나타났다. 다음으로 검거 현황을 살펴보면 2019년 기준 인터넷사기는 136,074건 대비 검거 건수는 105,651건(77.6%), 사이버금융범죄는 10,542건 대비 검거 건수는 3,387(32.12%), 기타 2,559건 대비 1,510건(59.0%), 사이버저작권침해는 2,562건 대비 1,772건(69.16%), 개인위치침해는 179건 발생 대비 78건(44.13%)로 나타나 인터넷사기범죄의 검거율이 가장 높고, 다음으로 사이버저작권침해, 기타, 개인위치침해, 사이버금융범죄 순으로 나타났다. 사이버금융범죄의 검거율이 낮은 이유는 불법운용사이트를 해외에 두고 있으며, 그 수법이 날로 교묘해지기 때문이다.

표 13 ▌ 정보통신망 침해범죄

단위 : 명

구	분	총계	인터넷 사기	사이버금융 범죄	개인위치정보 침해	사이버저작권 침해	기타
2015	발생	118,362	81,849	14,686	609	18,770	2,448
	검거	86,658	68,444	7,886	296	8,832	1,200
2016	발생	121,867	100,369	6,721	2,410	9,796	2,571
	검거	103,172	89,364	4,034,	2,125	5,616	2,033
2017	발생	107,271	92,636	6,006	413	6,667	1,489
	검거	88,779	80,740	2,632	298	4,134	975
2018	발생	123,677	112,000	5,621	246	3,856	1,954
	검거	93,926	87,714	2,353	142	2,467	1,250
2019	발생	151,916	136,074	10,542	179	2,562	2,559
	검거	112,398	105,651	3,387	78	1,772	1,510

출처: 2019 경찰청 통계연보

1. 인터넷 사기범죄

1) 인터넷 사기범죄 유형

PC나 스마트 폰의 발달로 온라인을 통한 거래가 활발하게 이루어지고 있다. 이러한 거래를 하면서 많은 사기 피해가 발생하고 있다. 인터넷 사기범죄는 직거래 사기, 쇼핑몰 사기, 게임 사기 등이 있다. 직거래 사기는 보통 중고 물품 거래 시 일어나고 있다. 예컨대 온라인상에서 노트북을 중고거래사이트에 올리면 노트북을 사겠다는 구매자가 나타나면 구매자는 사기피해를 방지하기 위해 직접 만나 거래를 제안하고, 판매자가 동의하면 판매자는 비교적 인적이 드문 장소에서 만나기로 한 후 구매자가 나타나면 폭행하고 금품을 탈취하는 수법이다. 반대로 사기범이 구매자를 사칭해 판매자를 폭행하고 금품을 탈취하기도 한다. 또한, 노트북 등의 고가의 제품의 경우 배터리가 방전돼 확인하기 어렵다면서 고장난 제품을 판매하기도 한다.

쇼핑몰 사기는 온라인 쇼핑몰 사이트를 통해 이루어지고 있다. 예컨대 2020년 02월 11일 소비라이프에 의하면 A씨는 전 상품을 90% 세일해 만 원에 판매한다는 한 온라인 의류 쇼핑몰의 광고를 보고 원피스를 두 벌 구매했다. 제품이 15일이 넘도록 오지 않아 고객센터를 통해 문의하자 통관 절차로 인해 제품 배송이 늦어진다는 답변을 받았고 좀 더 기다려보기로 했다. 그러나 한 달이 지나도 제품을 받지 못하자 환불을 요청했고, 업체는 곧 배송 예정이라며 처리를 미루었다. 그 이후로도 A씨는 수차례 환불 처리를 요청했으나 받질 못했고, 2만원을 날린 셈치고 환불받길 포기했다.[69] 이러한 사기 온라인 쇼핑업체들이 여전히 성행하고 있는 이유는 첫째, 결제금액이 워낙 소액이라 피해를 입은 소비자들 대부분이 환불을 받거나, 소비자보호원 등에 신고하지 않는 경우가 많기 때문이다. 둘째, 일부 피해자들이 소비자보호원, 사이버 범죄수사대 등에 신고한다 해도 업체가 배송과 환불 지연 사유를 해외 생산일정 차질, 수출입 통관 지연, 고객센터 인원 부족 등을 이유로 법망을 빠져나가기 때문이다.[70]

게임사기는 온라인상에서 게임머니를 판다고 속여 돈을 가로채는 수법이다. 예컨대 2019년 10월 25일 연합뉴스에 따르면 A씨는 지난해 11월 부산의 한 PC방에서 인터넷 게임 게시판에 '온라인 게임머니를 구한다'는 글을 올린 B씨에게 연락해 "22만원을 주면 게임머니를 보내주겠다"고 속여 돈만 받아 챙기는 등 올해 3월까지 29회에 걸쳐 544만원을 가로챈 혐의로 기소됐다.[71]

---

69) http://www.sobilife.com/news/articleView.html?idxno(검색일-2020. 8. 10).
70) http://www.sobilife.com/news/articleView.html?idxno(검색일-2020. 8. 10).

2) 전자상거래에 관한 법률

인터넷을 통해 물품을 구입하였는데 받아보니 물품이 좋지 않거나 후회할 경우 구입계약을 철회할 수 있고, 물품을 반품할 수 있다. 「전자상거래 등에서의 소비자보호에 관한 법률; 이하 전자상거래법이라 한다」 제17조 제1항 제1호에 따르면 계약 철회를 통한 반품은 물품을 받은 날로부터 7일 이내에 할 수 있다. 단 광고내용과 다를 경우 공급받는 날로부터 3개월 이내, 안 날로부터 30일 이내에 철회가 가능하다(동조 제3항). 청약 철회 등을 한 경우에는 이미 공급받은 재화 등을 반환하여야 한다(동법 제18조 제1항). 재화를 반환받은 날부터 3영업일 이내에 이미 지급받은 재화 등의 대금을 환급하여야 한다(동조 제2항). 통신판매업자가 소비자에게 재화 등의 대금 환급을 지연한 때에는 그 지연 기간에 대하여 연 100분의 40 이내의 범위에서 「은행법」에 따른 은행이 적용하는 연체금리 등 경제 사정을 고려하여 대통령령으로 정하는 이율을 곱하여 산정한 지연이자를 지급하여야 한다(동조 제2항).

반환에 따른 택배비 등은 소비자 귀책사유일 경우 소비자가 부담해야 한다. 옷을 구입했는데 옷이 찢어져 있거나 변색 등이 있는 경우는 사용자 귀책사유로 사용자가 환불에 따른 비용을 부담해야 한다.

3) 인터넷 사기범죄 예방수칙

(1) 쇼핑몰 사기 예방수칙

경찰청 사이버 안전국 홈페이지에 따른 쇼핑몰 사기 예방수칙은 ① '초특가', '한정상품' 등 지나치게 저렴하게 판매하는 상품에 주의해야 한다. ② 쇼핑몰 홈페이지에서 거래약관 및 사업장 주소 및 전화번호 등 사업자 정보, 고객게시판 운영 여부, 고객 불만 글 여부 등을 확인한다. ③ 대형 오픈마켓이라도 입점한 개별판매자의 신뢰성을 보장해 주지 않으므로, 판매자 이력 및 고객 평가 등 꼭 확인한다. ④ SNS(블로그, 밴드, 카페 등)를 통해 물건을 구입하는 경우, 구매 전 통신판매신고를 한 사업자인지 여부, 청약철회 가능 여부 등을 꼭 확인한다. 참고로 통신판매업신고 확인 방법은 '공정거래위원회 홈페이지' 內 정보공개-사업자등록현황-통신판매사업자코너에서 확인한다. ⑤ 거래는 가급적 신용카드를 이용, 추가할인 등을 미끼로 현금거래를 유도하는 판매자와 거래를 금지한다. ⑥ 해외직구 시 신뢰할 수 있는 사이트인지 사전 점검한다. 해외 업체로부터 피해를 입은 경우, 우리나라 법률 집행이 실질적으로

---

71) https://www.yna.co.kr/view/AKR20191025108600057(검색일-2020. 08. 20).

어렵기 때문에 신중을 기해야 한다.

(2) 직거래 예방수칙

경찰청 사이버 안전국 홈페이지에 따른 직거래 사기 예방수칙은 ① 거래전 경찰청 '사이버캅' 앱을 통해 판매자 전화·계좌번호가 사기 피해 신고 이력이 있는지 확인한다. ② 상대방이 실제 물품 소지 여부를 확인한다(특정 조건에 맞게 사진 촬영·전송 요청). 예컨대 "00월 00일 00님에게 판매할 물품이라고 기재한 쪽지와 함께 물건 사진을 찍어 보내주세요"라고 한다. ③ 가급적 직접 만나 물건의 상태를 확인하고 대금을 지급한다. ④ 직거래 시 물건의 상태를 확인할 수 있는 낮 시간에 사람들의 왕래가 많은 공공장소에서 만나야 한다. ⑤ 부득이 택배 거래 시 판매자 관련 정보를 최대한 확인한다. ⑥ 휴일 직전 또는 휴일 거래는 지양(사기 여부 파악에 시간 소요)한다. ⑦ 소액의 수수료를 부담하더라도 가급적 안전결제서비스 이용한다. 여기서 안전결제서비스(결제대금 예치제도)는 구매자가 대금을 보내면, 보관하고 있다가 물품을 정상적으로 받았다고 확인하면 판매자에게 지급하는 서비스를 말한다. ⑧ 판매자가 가짜 안전결제사이트 링크를 보내주는 경우도 있으므로, 해당 사이트 URL이 정확한지(변조 여부) 꼭 확인해야 한다.

(3) 게임 사기 예방수칙

경찰청 사이버 안전국 홈페이지에 따른 직거래 사기 예방수칙은 ① 아이템 등을 통상적 가격에 비해 지나치게 저렴하게 판매하는 경우 주의한다. ② 상대방의 ID, 이전 활동 내역, 거래 내역, 실명 사용 여부, 전화번호 등 정보를 최대한 확인하고, 안전결제사이트를 통해 거래한다. ③ 거래전 상대방 전화·계좌번호를 사이버캅에서 조회하여 이전 피해 신고 내역 여부를 확인한다. ④ 아이템 거래 사이트를 이용할 때, 사이트 운영자가 공지한 '공식 거래방법', '거래시 주의사항' 또는 '피해 예방 수칙'을 반드시 숙지한다. 주요 아이템 거래 사이트에서는 물품 전달 시 스크린 샷 또는 동영상을 찍어 증거 확보, 거래 중 문제가 발생하는 경우 거래 사이트 고객센터에 확인, 상대방과 통화를 통해 거래하는 사람이 맞는지 확인 등이다. ⑤ 타인과 아이디와 비밀번호를 공유하여 발생한 문제에 대해서는 보상을 받기 어려우므로, 절대 아이디와 비밀번호를 공유하지 말아야 한다.

2. 사이버 금융범죄

사이버상에서 범죄자가 상대방의 금융정보를 탈취해서 금전적 이득을 취하는 것을 말한다. 피해자는 많은 금전적 손실이 일어난다는 점에서 고통이 가중되는 범죄이고, 범죄피해가 발생하면 사실상 피해회복이 되지 않는 범죄이다.

1) 주요유형

파밍은 피싱(Phishing)과 조작하다(Farming)의 합성어로, 피해자 PC를 악성프로그램에 감염시켜 정상적인 사이트 주소를 입력하더라도 가짜 사이트로 접속되도록 조작한 후 금융거래정보를 빼내 금전을 부당하게 인출하는 수법이다.

스미싱은 인터넷 보안회사인 맥아피가 스미싱(SMS+피싱)이라고 명명한 이 기법은 휴대폰 사용자에게 웹사이트 링크를 포함하는 문자메시지를 보내 휴대폰 사용자가 웹사이트에 접속하면 트로이목마를 주입해 인터넷 사용이 가능한 휴대폰을 통제할 수 있게 만드는 형태이다.

몸캠피싱은 일반 채팅으로 대화하다가 여성이 스마트폰영상 통화 앱을 켜도록 유도한다. 이후 자신의 벗은 몸을 보여주며 상대 남성 또한 옷을 벗고 음란행위를 하도록 해서 이를 녹화하거나 캡처한 후, 돈을 주지 않으면 알몸 영상과 사진을 가까운 지인들에게 유포하겠다고 하면서 협박을 한다. 상대방은 협박에 겁이 나서 범죄자가 요구하는 돈을 지불하게 된다. 하지만 여기서 그치는 것이 아니라 지속적인 협박으로 돈을 요구하고 심지어 돈을 주지 않을 경우 성관계까지 요구하기도 한다.

메신저피싱은 금융감독원 자료에 의하면 메신저로 아들, 딸, 지인 등을 사칭해 접근하여 휴대폰 고장 등을 이유로 통화를 회피하는 한편, 긴급한 사유를 대며, 3백만 원 이하의 소액을 타인 계좌로 송금하도록 요구하는 특징을 보이고 있다.[72]

스미싱(Smishing)은 문자메세지(SMS)와 피싱(Phishing)의 합성어이다. 악성 앱 주소가 포함된 휴대전화 문자(SMS)를 전송하고, 이를 이용자가 URL를 클릭하면 금융정보나 개인정보 등을 탈취하여 보이스피싱이나 전자상거래 사기 등에 이용하고 있다.

보이스피싱은 전화나 문자 메시지 등을 통해 경찰, 검찰, 금융감독원 등이 직원을 사칭하여

72) 2020년 11월 3일 금융감독원 자료에 의하면 올 1월부터 9월까지 메신저피싱 피해 건수와 금액은 각각 6,799건, 397억 원으로 집계됐다. 전년 동기(5,931건, 237억 원) 대비 각각 14.6%, 25.3% 증가했다. 전체 메신저 피싱 피해 건수 중 카카오톡을 통한 피해 비중은 2018년 81.7%, 2019년 90.2%였으며, 2020년 1월부터 9월까지는 85.6%에 달했다.

불법 앱을 깔게 한 다음, 이를 이용하여 돈을 이체할 것을 권유하기도 하고, 은행직원을 사칭하여 대출금을 갚으면 낮은 이자로 대출해 주겠다고 속여 피해자가 대출금을 갚으려고 해당 계좌에 송금하면 이 돈을 편취하기도 한다.

2) 사이버 금융범죄 사례

(1) 사례 1

유머, 주부, 스포츠 커뮤니티 등에 많은 사람이 관심을 갖는 사회적 이슈 주제를 이용해 미리 제작해 놓은 파밍 사이트로 접속을 유도한다. 사용자가 게시글 본문에 포함된 출처 등 URL을 누르면 악성코드 유포사이트로 연결된다. 소프트웨어 취약점 보안 패치 등이 적용되지 않은 PC에서는 접속만 해도 악성코드에 자동 감염되는 드라이버 바이 다운로드 공격이 이뤄진다. PC가 악성코드에 감염된 상태로 인터넷에 접속하면 공공기관을 사칭해 전자금융사기를 예방하라는 안내페이지를 띄운다. 가짜 은행사이트로 유도해 금융정보 탈취를 시도한다.[73]

(2) 사례 2

과학기술정보통신부 자료를 통한 스미싱 사례를 살펴보면 ① 택배 관련 스미싱 사례로 "주문하신 물품 미배달 사유 : 도로명 불일치, 수정하세요 xx.ifxxxto.pro"라고 문자메시지를 받아 URL주소를 클릭하는 순간 개인정보나 금융정보를 빼간다.

② 공공기관 사칭 스미싱 사례로 "2020 국민건강검진통지서 혹은 건강보험공단 미지급금 내용보기:k.gtyhn.ltd"라고 문자메시지를 받아 URL주소를 클릭하는 순간 개인정보나 금융정보를 빼간다.

③ 지인 사칭, 선물 관련 스미싱 사례로 "추석명절 선물로 모바일 상품권을 보내드립니다. http//786hbuck/87"라고 문자메시지를 받아 URL주소를 클릭하는 순간 개인정보나 금융정보를 빼간다.

④ 코로나19 관련 긴급재난지원금 관련 스미싱 사례로 "긴급재난지원금 상품권이 도착했습니다. 확인하세요 https://bit.ly/3xxxMel"라고 하거나 "7월 추가 코로나19 재난지원금 www.corona-19.net신청"라고 하거나 "전염병 발생 마스크 무료로 받아가세요 http://sxxxxs.xyz/?qhogd"라고 문자메시지를 받은 후 이용자가 클릭하면 개인정보나 금융정보를 빼간다.

---

73) https://www.etnews.com/20161116000100(검색일-2020. 10. 9).

(3) 사례 3

2020년 8월 31일 충남일보에 따르면 50대 남성 A씨는 페이스북을 통해 만난 여성과 목욕하는 장면을 보여주며 영상통화를 했다. 이후 여성은 목욕 장면을 캡처한 후 돈을 송금하지 않으면 A씨의 지인들에게 유포하겠다고 협박했다. 그 결과 A씨는 여성에게 모두 13회에 걸쳐 5,100만원을 송금했다. 피해자의 휴대전화 주소록을 받는 방법은 피해자에게 "영상통화하는 파일인데 영상에서 소리가 들리지 않는다" 등의 말로 피해자에게 악성코드를 설치하게 하고, 피해자가 파일을 설치하면 피해자의 휴대전화 주소록을 받게 된다.[74]

(4) 사례 4

메신저피싱 사례로는 첫째, "장모님, 저 급히 송금할 데가 있는데 저 대신 먼저 보내주시면 안 되나요?"라는 식으로 송금을 요구하고 있다. 둘째, "엄마, 나 지금 휴대전화를 떨어뜨려서 먹통이 됐어. 혹시 잔액 여유 돼?라고 하면서 소액을 요구하고 있다. 셋째, "며칠 전 급한 사정으로 아는 선배에게 빌린 돈이 있는데 휴대전화가 안 되는 상황이라 못 보내주고 있어. 저녁에 줄게 (먼저 돈을) 넣어줄 수 있어?"라고 하며 송금을 요구하고 있다.[75]

(5) 사례 5

금융감독원 자료에 따른 보이스피싱 사례를 살펴보면 ① 2019년 2월 피해자 B(56세, 자영업)는 1577-XXXX 전화번호로 "OO캐피탈 대출 팀장입니다. 1천만 원 전환대출이 가능한 대상으로 선정되었는데, 신용점수가 부족하니 대출을 발생시켜 갚는 방법으로 신용등급을 올리면 됩니다"라는 사기범의 전화를 받았다.

② B는 사기범의 요구대로 대출전용 앱을 설치한 뒤 신용점수를 올리기 위해 △△카드사로부터 카드론대출 500만원을 받아 다시 갚기 위해 △△카드사 대표전화 1588-XXXX로 전화하였다. 여기서 대출전용 앱은 피해자가 휴대폰에서 거는 전화를 가로채는 악성 앱으로서, 피해자가 △△카드 대표전화 또는 경찰서, 금감원으로 전화하더라도 모두 사기범 일당에게 연결된다.

③ 카드사 상담원을 가장한 사기범 일당으로부터 "고객님의 카드론 상환을 위해 C의 □□은행 계좌 OOO으로 입금해 주세요"라는 안내를 받고 C계좌에 500만 원을 송금하였다.

④ 이후 B는 대출이 되었다는 연락이 없어 이상하게 여기던 중 △△카드사의 대금청구서를

---

74) http://www.chungnamilbo.co.kr/news/articleView.html?idxno=559483(검색일-20 20. 11. 9).
75) https://www.news1.kr/articles/?4106819(검색일-2020. 11. 5).

받고 카드론대출이 상환되지 않은 것에 대해 문의하는 과정에서 보이스피싱을 당한 사실을 알게 되었다.

금융감독원 자료에 의하면 신용등급은 단기간에 예금 또는 대출거래 실적을 통해 올라갈 수 없으므로 신용점수를 올리기 위해 돈을 송금하라는 요구는 100% 보이스피싱이다. 또한, 대출금 상환은 채무자 본인 명의의 계좌로만 가능하므로, 다른 사람 명의 계좌로 상환을 요구하는 것은 100% 보이스피싱이다.

(6) 사례 6

금융감독원 자료에 따른 보이스피싱 사례를 살펴보면 ① 2019년 3월 피해자 A(48세, 중소기업 운영)는 본인이 사용한 적이 없는데도 신용카드 해외결제 문자메시지를 받고 확인하기 위해 문자메시지에 기재된 전화번호로 전화하였다.

② 전화 상담원은 A에게 "명의가 도용된 것 같으니 대신 경찰에 신고해 주겠다"며 A를 안심시킨 후 경찰에서 연락이 갈 것이라고 안내하였다. 잠시 후 금융감독원 직원이라고 소개한 사람(사기범)이 "경찰에서 전화가 왔는데, 당신 명의로 발급된 계좌가 범죄자금세탁에 이용되었으므로 모든 계좌를 직접 확인해야 한다"고 하면서 A에게 휴대폰에 원격조종 애플리케이션을 설치할 것을 요구하였다.

③ 사기범은 A의 휴대폰을 원격조종하면서 신용카드사의 현금서비스, 카드론 대출을 실행하고 "정상적으로 이체되는지 시험해보겠다"며 A에게 직접 비밀번호를 입력하게 하여 다른 계좌로 49만 원을 이체하였다.

금융감독원이 요구하는 주의사항은 ① 결제 문자메시지가 의심될 경우 메시지에 안내된 전화번호로 문의하지 말고 소지한 신용카드 뒷면에 안내된 전화번호 또는 인터넷 검색으로 확인된 카드사의 전화번호로 문의하여야 한다. ② 출처 · 용도를 알 수 없는 앱을 휴대폰에 설치하라는 요구는 단호하게 거절해야 한다. ③ 계좌 비밀번호, 보안카드, OTP번호를 알려주거나 입력하는 것은 절대로 해서는 안 된다.

(7) 사례 7

금융감독원 2019년 4월 17일자 보도자료에 의한 보이스피싱 피해사례를 살펴보면 ① 사기범은 "416불 해외 결제"라는 허위 문자메시지를 발송, 피해자가 발신번호로 전화하자 마치 카드회사인 것처럼 전화를 받았다. 그 내용은 카드부정사용 신고를 접수하였으니 경찰로 이

첩할 것임을 안내한 후, ◎◎경찰서로 속이고 전화하여 금감원에서 연락이 갈 것이라고 재안내 하였다.

② 금감원 직원 "김석제"라고 사칭하며 피해자 명의로 발급된 불상의 계좌가 자금세탁에 이용되고 있어 조치가 필요하다고 기망하여 휴대폰에 팀뷰어 프로그램(앱명 : Quick Support)을 설치하도록 유도하였다.

③ 앱 설치 이후 사기범은 피해자의 휴대폰을 원격조종하여 카드사 현금서비스 2건, 카드론 2건 등 4건의 대출을 실행받아 편취하였다.76) 그 다음 날 같은 수법으로 예금 '150백만원'을 'OOO' 계좌로 이체받아 편취하는 등 199백만 원을 편취한 사례이다.

3) 사이버 금융범죄 피해금액

금융감독원 자료에 의하면 2018년 기준 전국 피해액은 4,440억 원이며, 지역별로 살펴보면 경기 1,133억 원, 서울 960억 원, 부산 310억 원으로 54.1%가 수도권 및 대도시에서 주로 발생하고 있다. 인구 1만명당 피해 건수는 제주가 17.0건으로 가장 많고, 울산 16.3건, 인천 15.2건, 경남 14.9건, 부산 14.7건 순으로 많았다.

〈 시도별 피해액 〉

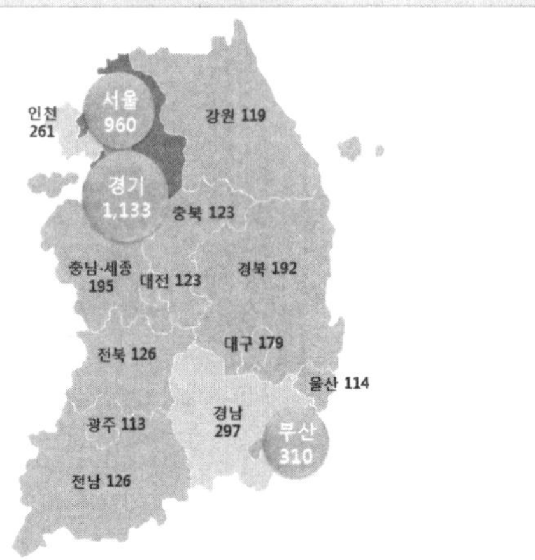

〈 시도별 인구 1만명당 피해건수 〉

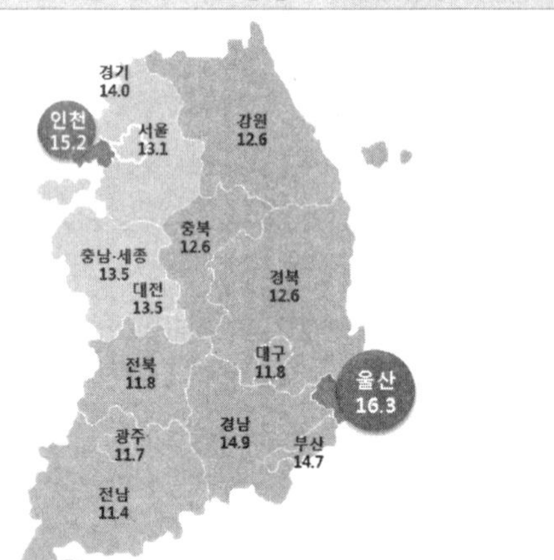

출처 : 금융감독원

76) 정상적으로 계좌이체 되는지 시험해보는 것이라고 속인 후 수취계좌번호 등을 사기범이 입력하고 피해자가 비밀번호만 입력하여 'LE VAN LOC', 'NGUYEN THI' 등 명의의 국내은행 계좌로 49백만 원을 이체하였다.

4) 정보통신망 이용범죄 처벌규정

파밍, 스미싱, 보이스피싱 등의 사이버 금융범죄나 인터넷 사기범죄에 대해서는 형법상 사기죄로 처벌된다. 형법 제347조 제1항에 의하면 "사람을 기망하여 재물의 교부를 받거나 재산상의 이익을 취득한 자는 10년 이하의 징역 또는 2천만원 이하의 벌금에 처한다"라고 규정하고 있고, 동조 제2항에 의하면 "전항의 방법으로 제삼자로 하여금 재물의 교부를 받게 하거나 재산상의 이익을 취득하게 한 때에도 전항의 형과 같다"라고 규정하고 있다. 따라서 형법상 사기죄가 성립하기 위해서는 가해자의 기망행위로 상대방이 착오에 빠져야 하고, 이로 인해 처분행위가 있어야 하며, 본인 또는 제3자가 재산 혹은 재산상의 이익이 있어야 한다. 여기서 가해자의 기망행위와 피해자의 재산처분행위는 인과관계가 있어야 한다. 만약 인과관계가 없다면 사기죄의 미수가 성립한다. 예컨대 갑이 을에게 기망행위를 했는데 을은 갑이 불쌍해서 재물을 교부했다면 사기죄의 기수가 될 수 없고, 미수가 될 수 있다.

사기죄의 성립에 있어서 피해자가 반드시 재산상 손해가 발생해야 하는지 여부에 대해 필요설과 불요설이 대립하고 있으며, 판례는 현실적으로 재산상 손해가 발생함을 요건으로 하지 않는다. 즉, 사기죄는 타인을 기망하여 그로 인한 하자 있는 의사에 기하여 재물의 교부를 받거나 재산상의 이득을 취득함으로써 성립되는 범죄로서 그 본질은 기망행위에 의한 재산이나 재산상 이익의 취득에 있는 것이고 상대방에게 현실적으로 재산상 손해가 발생함을 요건으로 하지 아니한다.[77]

몸캠피싱 범죄에 대한 처벌규정은 첫째, 몸캠피싱으로 받아낸 사진이나 동영상을 유포하면 정보통신망법 제74조 제1항 2호 위반으로 1년 이하 징역 또는 1천만 원 이하의 벌금형에 처한다. 둘째, 피해자를 협박하거나 특정한 행위를 강요하면 형법상 협박죄(형법 제283조)와 강요죄(형법 제324조)로 처벌된다. 협박죄는 3년 이하의 징역, 500만 원 이하의 벌금, 구류 또는 과료에 처한다. 강요죄는 5년 이하의 징역 또는 3천만 원 이하의 벌금에 처한다. 셋째, 아동과 청소년을 상대로 한 몸캠피싱 범죄는 성적인 학대행위로 간주하고 10년 이하의 징역이나 1억 원 이하의 벌금에 해당하는 아동복지법 제71조 제1항 제1의2호 위반으로 처벌된다.

77) 대법원 2004. 4. 9. 선고 2003도7828 판결.

5) 사이버 금융범죄 방지방안

(1) 보이스피싱 방지방안

2019년 4월 17일 금융감독원 보도자료에 의하면 출처불명의 문자메시지나 유선으로 휴대폰 앱 설치를 요청할 경우 보이스피싱이 의심되므로 절대 설치하지 않도록 유의해야 한다. 금감원 직원은 개인에게 휴대폰 앱 설치를 권유하지 않으므로 직원을 사칭하며 권유하는 경우에는 100% 보이스피싱 임을 명심해야 한다. 수사기관 · 금감원 직원 등이라는 전화를 받은 경우 당황하지 말고 소속, 직위 및 이름을 확인한 후 전화를 끊고, 주변 지인에게 통화내용을 설명하여 도움을 받거나 해당 기관의 공식 대표번호인 대검찰청(☎02-3480-2000), 경찰청(☎112), 금감원(☎1332)로 전화하여 반드시 사실여부를 확인하여야 한다.

(2) 메신저피싱 방지방안

메신저피싱은 소액으로 급하게 돈을 요구함으로써 의심보다는 돈을 빨리 송금해야겠다는 생각이 들도록 하고 있다. 메신저피싱을 당하지 않도록 하기 위해서는 장모님, 아들, 딸, 지인 등을 사칭해 급하게 돈을 요구할 경우 돈을 보내기 전에 상대방에게 유선으로 전화하여 확인한 다음 사실일 경우 돈을 송금하는 형태로 나아가야 할 것이다. 또한, 전화기 고장, 분실 등으로 통화가 어렵다면 더욱 의심을 해야 하며, 비록 적은 금액이라고 하더라도 송금해서는 안 될 것이다.

(3) 스미싱피해 방지방안

스미싱 사기 피해를 예방하기 위해서는 ① 택배 조회, 명절 인사, 모바일 상품권, 승차권, 공연 예매권 증정 등으로 문자 속에 출처가 확인되지 않은 URL은 클릭하지 않아야 한다. ② 알 수 없는 출처의 앱이 함부로 설치되지 않도록 스마트폰의 보안설정을 강화하고, 앱 다운로드 시 공인된 앱마켓을 통해 다운로드 및 앱을 설치해야 한다. ③ 이동통신사 등에서 제공하는 백신프로그램을 설치하여 업데이트 및 실시간 감시상태를 유지해야 한다. ④ 긴급재난지원금 안내 문자에는 인터넷주소(URL) 링크가 포함되지 않으므로 문자내용에 인터넷주소를 클릭하지 않고 즉시 삭제해야 한다.

(4) 몸캠피싱 방지방안

몸캠피싱은 인터넷 채팅사이트에 접근하여 화상을 통해 알몸 채팅이나 섹스팅 등으로 영상을 확보한 다음, 이 영상 자료를 이용해 가족이나 지인에게 알리겠다고 상대방을 협박하여 돈을 가로채고 있다. 이러한 피해에 노출되지 않도록 하기 위해서는 달콤한 유혹에 빠져 음란화상채팅을 해서는 안 된다. 또한, 다양한 이유로 가해자가 보낸 파일(URL)은 스마트 폰 정보를 해킹하는 APK 파일이므로 클릭할 것을 요구하더라도 누르면 안 된다. 그 이유는 URL을 누르는 순간 스마트 폰에 내장된 연락처가 빠져나가게 되고, 이를 통해 가해자는 돈을 가로채는 협박용으로 사용하기 때문이다.

제4편

가정폭력범죄

Ⅰ. 가정폭력에 대한 이해

가정폭력은 개인이 힘(power)과 통제를 행사하여 가족 구성원에게 심리적, 신체적, 성적, 정서적 또는 경제적 학대를 하는 행위로 정의되어지고, 성(gender)과 연령, 성적 결정(sexual orientation)과 무관하게 발생하고 있다. 인간 사회에서 가정폭력은 오랜 역사를 가지고 있고, 어느 사회에서나 발견할 수 있는 현상 가운데 하나였기에 가정폭력이 사회문제로 인식되기까지 상당한 저항을 받아 오다가 1980년대부터 여성단체에 의해 사회문제로 다루어지기 시작하였다.[78] 나아가 가정폭력은 세계적으로 많은 여성들에게 만연하고 있고 여성이 남성에 비해 보다 더 큰 피해에 노출될 가능성이 높다. 가정폭력 희생자들의 대부분은 아내와 자녀들로, 남성에 의해 주도적으로 행사되고 있다. 이러한 가정폭력의 만연은 우리나라의 경우도 예외가 아니다.

1997년 가정폭력방지법 제정한 이후, 가정폭력에 대한 사회적 개입의 진전은 있었지만 가정폭력 발생률은 크게 줄어들지 않고 있다. 가정폭력을 사회문제로 인식하고 적극적인 대책을 마련해야 하는 이유는 그 피해의 심각성 때문일 것이다. 가장 직접적인 피해 당사자라고 할 수 있는 여성에게는 신체적, 심리 · 정서적, 사회적 관계의 전반에 걸쳐 광범위한 문제를 초래하고 자녀들은 학대장면을 직접 목격하거나 어머니의 정서적 불안정성의 영향을 보다 많이 받으면서 성장하므로 심리적 외상을 초래하거나 폭력을 학습하고 세습되고 있다. 이러한

78) 김영화, 가족복지론, 양서원, 2003, 94쪽.

악순환으로 인해 결국에는 가정이 해체될 수 있고 그에 따른 개입을 위한 사회적 비용을 증가시킬 수도 있다. 가정폭력의 심각성은 일반 폭력과 달리 가족을 포함한 친밀한 관계에서 지속적으로 반복되는 특성을 지니고 있으며, 시간이 지남에 따라 그 정도는 더욱 심하게 된다.

가정 내 폭력의 피해자는 인간의 의식 속에 폭력이 내면화됨으로써 피해자 당사자뿐만 아니라 대대로 전승될 수 있어 문제해결에 폭력을 쉽게 사용할 가능성을 가지게 되는 악순환의 과정에 놓이게 된다는 것이다.[79] 1997년 '가정폭력방지법'이 제정된 이후 현 시점까지 가정폭력은 여전히 많이 발생되나 대부분 사람들의 관심에서 벗어나고 있다. 가정폭력은 특히 한국 사회에 남아 있는 가부장적 가치관이 가족관계에 작용함으로써 양성간 및 세대간의 갈등을 불러일으키고 있으며, 최근에는 취약계층인 자녀와 노부모에 대한 학대가 증가하고 장애인에 대한 폭력도 심각한 사회문제로 대두되고 있다. 따라서 가정폭력이 없는 사회는 양성이 평등하고 여성의 인권이 보장되는 사회라고 할 수 있으며, 그러한 사회를 지향하기 위해 부단한 노력이 간절히 요구된다.

Ⅱ. 가정폭력범죄의 이론적 배경

1. 가정폭력의 정의

가정폭력에 앞서 가정(家庭)이란 인간이 가져온 제도 중 가장 오래된 것으로 한 가족이 함께 살아가며 생활하는 기본적인 1차 사회집단으로 가장 작은 혈연공동체이다. 가정은 인간이 임하는 최초의 사회적 환경으로, 인간에게 가장 친밀한 혈연 집단인 가족이 동거동재(同居同在)하면서 생활을 영위하는 본거지를 의미한다. 폭력(暴力)이란 타인의 의사나 행동에 대하여 현재의 해악을 가하여 강제효과를 발생케 하는 일체의 수단을 의미하는 것으로 신체적인 손상을 가져오고, 정신적 · 심리적인 압박을 가하는 물리적인 강제력을 말한다. 한편 「가정폭력범죄의 처벌에 등에 관한 특별법」 제2조 제1호 (정의)에서는 가정폭력이라 함은 가정구성원

79) 강호선 · 이명신 · 김유순, "가정폭력 피해자 사례관리 역할 수행에 대한 전문가 의견조사: 1366, 가정폭력상담소 피해자 보호시설 상담원 중심으로", 여성연구 제40권 제1호, 2011, 218쪽.

사이의 신체적, 정신적 또는 재산상 피해를 수반하는 행위로 규정하고 있다. 이렇게 볼 때 가정폭력에 대한 개념정의는 폭력이 1차 집단인 가정 내에서 가족 구성원들 사이에서 신체적 · 정신적 · 심리적인 압박을 가하는 물리적인 강제력이 발생할 때 이것을 가정폭력(Domestic or Family Violence)이라 할 것이다.[80] 여기에는 부부폭력(Conjugal Violence), 배우자 학대(Spouse Abuse), 자녀학대(Child Abuse), 노인학대(Elderly Abuse) 등을 포괄적인 의미로 사용하고 있다. 이에 덧붙여 성학대나 방임, 유기 등도 가정폭력의 유형에 포함될 수 있다. 하지만 가정폭력은 과연 어떠한 폭력을 말하며 그 범주에는 무엇이 얼마만큼 포함되어야 하는가에 대해서는 사회적 · 문화적 배경 등에 따라 가정폭력의 기준과 범위는 변화될 것이다. 이에 따라 학계나 실무자들도 아직까지 정확한 개념이 규정된 상태는 아니다. 가정폭력범죄는 가정뿐만 아니라 국가적 차원에서도 심각한 해악을 초래할 수 있는 사회문제라는 인식이 점차 보편화되고 있다. 가정폭력범죄는 가정이라는 테두리 안에서 가족구성원 사이에서 발생하기 때문에 동일한 피해자에게 반복적이고 지속적으로 행사될 가능성이 크고, 가정 밖으로 노출되지 않는 경우가 많아서 치명적인 결과가 초래될 수 있다.

2. 가정폭력의 원인

가정폭력의 원인은 매우 복합적이고 다양한 측면에서 일반 폭력과 어떠한 차이가 있는지에 정신병리학적 · 사회심리학적 · 사회문화적 · 여권론적으로 원인을 찾고 있다.[81] 주된 원인으로 가정폭력에 수반되는 여러 가지의 개인적, 사회적 요인들이 복합적으로 상호 작용하여 발생하는 가정 및 사회의 병리현상이라고 볼 수 있다. 지금까지 가정폭력 현상에 대한 많은 연구에서 논의하고 있는 가정폭력의 원인들을 간단하게 정리하면 다음과 같다.

첫째, 개인적 현상으로 가정폭력 행위자는 일정한 성격적 특성 또는 성격적 장애를 갖고 있다는 관점이다. 충동, 좌절, 낮은 자아존중감, 발달지체, 정신지체, 정신질환, 약물 남용 등의 영향으로 적절한 상황 판단 능력, 공격성향의 통제 능력이 약화되어 가정폭력이 발생한다는 것이다.

---

80) UN모범입법례에서 가정폭력이란 가정구성원이 가족 내 여성에게 가하는 단순한 폭력에서부터 심한 신체적 구타에 까지 이르는 행위로서, 성별 특정화된 신체적, 심리적, 성적학대, 유괴, 위협, 억압, 스토킹, 모욕적인 언어적 학대, 강제적 및 불법적 침입, 방화, 재산의 손괴, 성폭력, 결혼 내 강간(marital rape), 지참금 및 신부대와 관련된 폭력, 여성 음핵절단, 매춘 등을 통한 착취, 가정부에 대한 폭력, 또한 이러한 행위들의 미수를 말한다고 정의하고 있다.

81) 김승권, "가정폭력 실태연구" 보건연구원, 1998, 43쪽; 김병준, 신종범죄론, 조선대학출판부, 2009, 11쪽.

둘째, 사회적 현상으로 대인관계에서의 좌절, 다른 사람의 태도, 집단과의 관계조직, 특히 학습과정에 반영되는 가정폭력을 보며 자랐거나 경험하며 자란 아동들이 나중에 성인이 되어 폭력을 되풀이(세대전수)한다는 것이다.[82] 이것은 학습이론에 바탕을 두고 있다.

셋째, 스트레스이론으로 개인이 갖고 있는 각종 자원을 초과하는 막중한 부담이 어떤 개인에게 장기적으로 가해질 때 개인이 경험하는 상태를 스트레스라고 하는데 이러한 상태에서 개인은 자포자기의 심정으로 폭력을 행사한다는 것이다. 여기서 말하는 막중한 부담은 내적, 외적 스트레스요인을 모두 포함하는 것이다. 심리적 좌절 상태에서 행하는 가정폭력이 여기에 포함된다고 볼 수 있다.

넷째, 사회적 고립은 사회적으로 고립되어 사회적 지지체계가 상실되어 있는 가정에서 가정폭력이 많이 발생한다는 것이다. 이 상황에서는 주위의 도움이 차단되거나 제한되어 있어 가정 또는 개인은 사회적, 개인적 스트레스를 혼자 감당하여야하기 때문에 가정폭력이 발생할 가능성이 높다고 보는 것이다. 또한, 가정폭력이 일어나도 중재 역할을 담당할 사람이 없어 가정폭력 가능성은 더욱 높아진다는 것이다.

다섯째, 사회 · 문화적 구조에서 가정 폭력의 원인을 찾는 것으로 부부사이의 권력관계의 양상, 가부장적 남성우월과 같은 것이 여기에 해당된다. 성적 불평등이 팽배한 가부장적 사회구조하에서 가정폭력이 많이 발생하며, 남편과 아내가 모두 또는 둘 중의 하나가 낮은 권력과 지위를 갖고 있을 때 폭력이 더 많이 발생한다는 것이다. 또한, 아내가 학력수준 또는 직업적 지위에 있어 남편보다 더 높을 때 남편으로부터 폭력을 더 많이 당할 수 있다고 간주한다. 남편은 사회에서 기대되는 권력을 갖고 있지 않을 때 권력, 특히 배우자로부터 권력을 얻기 위한 수단으로 폭력을 사용할 수 있다고 본다. 반면, 남편이 자원을 많이 갖고 있을수록 신체적 폭력을 사용할 가능성이 낮다고 보고되고 있다. 같은 맥락에서, 남편이 우월한 지위를 유지할 수 없는 가족에서 폭력이 보다 팽배한 것으로 드러나고 있다.

3. 가정폭력의 특징

가정폭력은 통상적인 폭력행위와는 다른 여러 특징을 나타내고 있다. 가정폭력은 피해자와 가해자가 물리적으로 가까이 있다는 것, 그래서 폭력이 반복적으로 일어날 가능성이 높을 뿐

82) 가정폭력이 세대 전승되며 '한국여성의 전화'통계에 의하면 가정폭력 남성이 아동기에 가정폭력을 경험한 경우가 50.6%로 나타났다.

만 아니라 신고가 어렵고, 가정에서 발생하기 때문에 제3자에 의한 신고가 어렵다는 것이다. 가정폭력은 1차 집단인 가정 내 사적인 공간에서 발생하는 폭력으로서 가족구성원을 대상으로 지속적이고 반복적으로 진행되는 특징을 가지고 있다.[83] 가정폭력에 있어 피해자인 아내에 대한 가해자인 남편의 폭력행위는 권위적이고 가부장적인 성향을 가진 폭력이라는 점에서 남녀 불평등이라는 사회구조적 성격이 중요한 발생 원인이라 할 것이다. 즉 가정폭력은 여성에 대한 남성의 지배수단으로 폭력이 수반되는 것으로 이해한다. 나아가 경제적 · 사회적 전 과정이 직 · 간접적으로 남성지배적인 사회질서와 가족 형태를 지지하는 방향으로 작용하며 가정폭력은 이러한 종속관계를 유지하기 위한 메카니즘으로 본다. 그리고 가정폭력은 일반적인 폭력과 다른 반복적인 성격을 지니고 있으며 피해당사자 뿐만 아니라 사법기관에 의해 통제되거나 보호되어야 할 문제로 처리되기 보다는 암묵적인 문제 즉 가정 내에서 발생한 사적인 문제로 인식하고 처리된다는 특징을 나타내고 있다. 그 외 양자의 핵심적인 차이는 폭력의 원인과 계기의 차이, 범죄 및 피해에 대한 인지도의 차이, 노출가능성 또는 보고가능성, 폭력관계의 폐쇄성 등 여러 특징을 나타내고 있다.[84] 이러한 사실을 바탕으로 피해자와 가해자의 측면에서 그 특징을 살펴보고자 한다. 여기에서는 가정폭력 중 배우자 폭력을 중심으로 이하의 논의를 전개하고자 한다.

1) 피해자의 특징

가정폭력에 있어 피해자는 가해자와는 전혀 다른 특징을 지니고 있다. 배우자의 경우 성격적으로 자존감이 낮고 및 열등감이나 내성적 성격을 지니고 있거나, 어린 시절 부모로부터 무시와 강압을 당하고 남녀차별적인 환경에서 성장한 경우가 많다. 피해자는 지속적으로 가정폭력에 시달리면서 신체적 손상과 외상 후 스트레스장애 등 정신질환의 고통과 폭력에 대한 공포와 학습된 무력감에 젖어 가정폭력으로부터 벗어나는 것이 불가능하다고 생각한다.[85] 이러한 배우자에 대한 가정폭력 일정 주기로 4단계 즉 긴장누적 단계, 폭력행사단계, 후회단계와 화해 단계로 진행 된다.[86] 첫 번째 단계인 긴장형성단계로서 일상적인 생활 속에서 사

83) 김병준, 앞의 책, 9쪽.
84) 김은경, "가정폭력범죄의 형사절차상 위기개입 방안 연구", 한국형사정책연구원, 2001, 66쪽.
85) 곽대경 · 기광도 · 김상원 · 박정선 · 박철현 · 연성지 · 이성식 · 이순래 · 최응렬, 현대사회와 범죄, 청목출판사, 2007, 217쪽.
86) L. E. Walker, "Shortening of Circle of Violence", New York: Harper and Row, 1979, p.43. 김병준, 앞의 책, 19쪽 재인용; 이인혜, 현대인의 정신건강, 대왕사, 2005, 252~253쪽.

소한 언쟁이나 폭행이 가끔 발생하면서 긴장은 더욱 고조되고 배우자가 도저히 참을 수 없는 상태가 될 때까지 공격적으로 된다. 이 단계는 가해자가 가부장적인 위치에서 배우자를 통제하기 시작하면서 발생한다. 두 번째 단계는 폭력행사단계로써 배우자를 훈계한다며 육체적·성적·정서적 폭행을 한다. 심각한 폭행발생 단계로 첫 번째 단계인 긴장고조단계에서 형성되었던 긴장고조가 통제 불가능한 상태로 폭력을 행사한다. 이 단계에서는 가해자의 심리상태나 외부적인 사건이 폭력행사를 촉발하게 한다. 한편 피해자는 일주일이나 그 이상 심각한 신체적 손상과 외상 후 스트레스장애의 고통과 폭력에 대한 공포를 느낀다. 나아가 피해자는 경험적으로 두 번째 단계가 지나가고 나면 안정을 되찾는 세 번째 단계가 온다는 사실을 알고 있기에 세 번째 단계가 빨리 왔으면 하는 생각을 갖게 한다. 세 번째 후회단계로써 가해자 스스로 자기 통제력을 잃었음을 인식하고 자신의 행동에 후회하면서, 배우자가 자신의 신경을 거슬리지 않는 다면 폭행하지 않겠다고 배우자를 책망하고, 선물과 용서를 빌면서 약속하지만 그 약속은 오래가지 않는다. 폭행행사 가해자나 피해자 둘 다 폭행사실에 대해 은폐하거나 축소하려 한다. 여기서 가해자는 친절하고 상냥하게 폭력행사에 대하여 사과하지만 이런 주기적인 폭력을 경험한 피해자는 점점 나약해지며 무기력에 처해 진다.[87] 한편 배우자는 자신을 폭행하고 곧바로 용서를 구하는 것에 대해 배우자는 극도로 혼란스러워 하며, 가해자가 행하는 폭행의 원인이 자신에게 있는지 되묻고 자기 자신을 비난한다. 마지막 네 번째 화해단계로 세 번째 단계 후회를 하게 되었으므로 조용히 지낼 수밖에 없고, 잠시나마 친절과 애정을 나타내며 구타가 없는 달콤한 시간을 보낸다. 이 단계에서 보여준 화해의 태도가 가해자의 본래 모습이라 위안을 가진다. 이로써 폭행의 기억은 배우자의 용서 속에서 묻히지만 가해자의 폭력행사는 오래 지속되지 못한다. 하지만 마지막 단계가 끝나면 가해자는 다시 가정에서의 지위를 강화하기 위해 배우자를 통제를 시작으로 이 순환과정이 진행된다. 이러한 기간이 몇 주나 몇 달 동안 계속되면 피해자는 가해자의 폭행의 심각성을 과대평가했다고 생각한다. 하지만 이전 단계에서 폭력을 행사 했던 것과 같이 되면서 통제 불가능한 상태로 폭력을 행사하게 되면서 피해자는 더 심한 폭력에 시달리게 된다는 것이다.[88] 따라서 이 순환과정이 반복될수록 폭력은 심각해지고 정형화되어 가며 순환과정도 단축된다.

87) 정신교, 현대사화와 범죄, 형설출판사, 2010, 104쪽.
88) 천정환, 신범죄심리학, 대왕사, 2006, 219쪽.

2) 가해자의 특징

가정폭력의 가해자는 권위적이며 남성 중심적 고정관념(경제력, 지위, 완력)이 강해서 강한 남성상과 온순하고 순종적인 여성상을 지나치게 집착하는 경향을 가지고 있다. 또한, 자존감이 낮은 가해자들은 남의 비판에 민감하여 자신의 나약한 존재감을 느끼게 될 때와 피해자인 배우자가 자신을 거부한다고 느낄 때 분노와 폭력행사로 나타내고 있다. 그 외 가해자의 특징으로 외부노출 및 폭력행위를 축소 및 부인하는 경향, 폭력행동에 대한 자신의 책임성 부인, 폭력문제의 원인제공을 피해자 측에 전가 등과 같은 은폐성, 정서적으로 배우자에게 지나친 의존성, 집안 친척이나 친구 및 이웃들과의 소통단절, 모든 가정폭력은 경미한 폭력과 학대에서 심각한 단계까지 이르게 되는 연속성, 불안과 우울한 심리상태를 위해 알코올과 약물사용, 가해자 자신의 행동을 알코올 중독 때문이라고 책임회피 등 여러 특징을 나타내고 있다. 특히 이들 가해자 중에는 어린 시절 성장과정에서 가정폭력 행위를 보았거나 경험한 사람들이 가정폭력의 가해자가 될 가능성이 높은 것으로 나타나고 있다[89]. 이런 가정폭력 가해자들은 가족에 대한 폭력은 폭력이 아니라는 생각과 폭력도 가족을 위한 것으로 인식하고 있다.

3) 가정폭력의 유형

가정폭력의 유형으로는 배우자폭력, 부모의 아동학대, 노인학대 및 유기, 기타 가족구성원에 의한 가정폭력 등 다양하게 있다. 하지만 여기서는 신체적 폭력, 성적 폭력, 정서적 폭력, 경제적 폭력, 방임, 통제를 <표 14>를 중심으로 가정폭력유형을 살펴보고자 한다.

표 14 | 가정폭력 유형[90]

폭력유형		개별행위
신체적 폭력	경한 폭력	배우자에게 물건을 집어 던지는 행위
		배우자의 어깨나 목 등을 꽉 움켜잡는 행위
		손바닥으로 배우자의 빰이나 신체를 때리는 행위
	중한 폭력	배우자의 목을 조르는 행위
		칼이나 흉기 등으로 배우자를 위협하거나 다치게 하는 행위
		배우자를 허리끈이나 몽둥이로 때리는 행위
		배우자를 주먹이나 발로 사정없이 때리는 행위

89) 곽대경 외, 앞의 책, 217쪽.
90) 통계청, 가정폭력실태조사 통계정보 보고서, 2015, 8쪽. 재구성.

폭력유형	개별행위
정서적 폭력	배우자에게 모욕적인 이야기를 해서 기분을 상하게 하는 행위
	배우자를 때리려고 위협하거나 상대방 앞에서 자해를 하거나 자해, 자살하겠다고 위협하는 행동, 잠을 못 자게 괴롭히는 행동
	배우자의 물건을 파손하거나 배우자가 아끼는 사람이나 반려동물을 해치거나 해치겠다고 위협하는 행위
경제적 폭력	배우자에게 생활비를 주지 않는 행위
	배우자의 동의 없이 재산을 임의로 처분하거나, 돈이나 재산을 빼앗거나 빚을 떠넘기는 행동
	수입과 지출을 독점하는 행위
성적폭력	배우자가 원치 않음에도 성관계를 강요하거나, 배우자가 원치 않는 형태의 성관계를 강요하는 행위, 상대방이 원하지 않는 신체적 접촉(만지기, 키스, 포옹 등)을 하는 행동
	상대방의 신체 일부 또는 성행위를 동의 없이 촬영하거나 상대방의 신체 일부 또는 성행위를 촬영한 사진, 동영상 등을 동의 없이 올리는 행동, 피임을 거부하거나 성관계 도중 합의 없이 피임 기구를 제거하는 행위
방임	배우자를 무시하거나 배우자에게 냉담이나 무관심하게 대하는 행위
	배우자가 병원에 가야 할 때에 허락을 받도록 하는 행위
통제	배우자의 친구들을 만나지 못하게 하거나 온라인, 오프라인에서 누구와 연락을 주고받는지 감시하는 행위
	배우자의 가족(친정식구/본가)와 접촉을 못하게 하는 행위
	배우자가 어디에 있는지 알려고 하는 행위외출 시간, 귀가 시간 등을 허락받도록 요구하는 행위
	배우자가 다른 이성과 이야기를 하면 화를 내고 다른 이성을 만난다고 의심하는 행위
	사회 활동(직업 갖기, 교육받기, 사회적 성취 등)을 못하게 하거나 허락을 받도록 하는 행위

그 외 가정폭력 형태에 따라 적극적 가정폭력과 방임 등의 무작위로 인한 소극적 가정폭력이 있고, 가정폭력의 대상자가 자기 자신인가 타인인가에 따라 내적 가정폭력과 자신을 제외한 구성원에 대한 가정폭력인 외적 가정폭력으로 나누어진다.[91)]

4) 가정폭력범죄의 범위

현행 법제도에 따른 가정폭력범죄의 범위를 보면 가정구성원과의 사이에서 일어난 폭력범죄는 다른 관계에서 발생한 폭력범죄와 다른 폭력 범죄로 분류되며 가정폭력범죄의 처벌 등에 관한 특례법(약칭: 가정폭력처벌법)에 따른 특례를 적용하고 있다. 여기서 가정구성원이란

91) 천정환, 앞의 책, 218쪽.

법률혼 및 사실혼 관계의 현 배우자나 전 배우자, 자기 또는 배우자와 직계존비속관계에 있거나 있었던 사람, 계부모와 자녀 관계 또는 적모(嫡母)와 서자(庶子)의 관계에 있거나 있었던 사람, 동거친족을 말한다(가정폭력처벌법 제2조 제2호). 여기서 적모와 서자라는 표현은 1990년 민법 개정이후 사용되지 않고 있다.

가정폭력범죄에는 가정구성원 사이에서 발생한 형법 및 형사소송법상의 상해, 폭행, 유기, 학대, 체포, 감금, 협박, 강간, 유사강간, 강제추행, 명예훼손, 모욕, 수색, 강요, 공갈, 재물손괴에 따른 신체적 · 정신적 · 경제적 폭력범죄가 해당된다.[92] 가정구성원 사이에서 발생한 가정폭력범죄는 일반적인 형사범죄와 다른 피해자 보호조치를 취할 수 있으며, 사건의 성질에 따라 형사사건이 아닌 가정보호사건으로 처리될 수 있다. 이때 검사는 가정폭력범죄 중에서 사건의 성질 · 동기 · 결과 · 행위자 성행 등을 고려하여 가정보호사건으로 처리 할 수 있다. 이 경우 검사는 피해자의 의사를 존중하여야 한다.(제9조 제1항) 경찰은 가정폭력범죄를 신속히 수사하여 사건을 검사에게 송치하여야 하고 이 경우 경찰은 해당 사건을 가정보호사건으로 처리하는 것이 적절한지에 관한 의견을 제시할 수 있다(제7조).

---

92) "가정폭력범죄"란 가정폭력으로서 다음 각 목의 어느 하나에 해당하는 죄를 말한다.(제2조제3호)

가. 「형법」 제2편제25장 상해와 폭행의 죄 중 제257조(상해, 존속상해), 제258조(중상해, 존속중상해), 제258조의2(특수상해), 제260조(폭행, 존속폭행)제1항 · 제2항, 제261조(특수폭행) 및 제264조(상습범)의 죄
나. 「형법」 제2편제28장 유기와 학대의 죄 중 제271조(유기, 존속유기)제1항 · 제2항, 제272조(영아유기), 제273조(학대, 존속학대) 및 제274조(아동혹사)의 죄
다. 「형법」 제2편제29장 체포와 감금의 죄 중 제276조(체포, 감금, 존속체포, 존속감금), 제277조(중체포, 중감금, 존속중체포, 존속중감금), 제278조(특수체포, 특수감금), 제279조(상습범) 및 제280조(미수범)의 죄
라. 「형법」 제2편제30장 협박의 죄 중 제283조(협박, 존속협박)제1항 · 제2항, 제284조(특수협박), 제285조(상습범)(제283조의 죄에만 해당한다) 및 제286조(미수범)의 죄
마. 「형법」 제2편제32장 강간과 추행의 죄 중 제297조(강간), 제297조의2(유사강간), 제298조(강제추행), 제299조(준강간, 준강제추행), 제300조(미수범), 제301조(강간등 상해 · 치상), 제301조의2(강간등 살인 · 치사), 제302조(미성년자등에 대한 간음), 제305조(미성년자에 대한 간음, 추행), 제305조의2(상습범)(제297조, 제297조의2, 제298조부터 제300조까지의 죄에 한한다)의 죄
바. 「형법」 제2편제33장 명예에 관한 죄 중 제307조(명예훼손), 제308조(사자의 명예훼손), 제309조(출판물등에 의한 명예훼손) 및 제311조(모욕)의 죄
사. 「형법」 제2편제36장 주거침입의 죄
아. 「형법」 제2편제37장 권리행사를 방해하는 죄 중 제324조(강요) 및 제324조의5(미수범)(제324조의 죄에만 해당한다)의 죄
자. 「형법」 제2편제39장 사기와 공갈의 죄 중 제350조(공갈), 제350조의2(특수공갈) 및 제352조(미수범)(제350조, 제350조의2의 죄에만 해당한다)의 죄
차. 「형법」 제2편제42장 손괴의 죄 중 제366조(재물손괴등) 및 제369조(특수손괴)제1항의 죄
카. 「성폭력범죄의 처벌 등에 관한 특례법」 제14조(카메라 등을 이용한 촬영) 및 제15조(미수범)(제14조의 죄에만 해당한다)의 죄
타. 「정보통신망 이용촉진 및 정보보호 등에 관한 법률」 제74조제1항제3호의 죄
파. 가목부터 타목까지의 죄로서 다른 법률에 따라 가중 처벌되는 죄

Ⅲ. 가정폭력의 실태 및 사례

1. 가정폭력의 실태[93]

여성가족부의 2019년 가정폭력실태조사[94]에서 지난 1년간(2018. 8~2019. 7) 배우자에 의한 신체적 · 성적 폭력 피해율은 여성 5.9%, 남성 1.3%였으며, 4개 유형 폭력(신체적 · 성적 · 경제적 · 정서적 폭력) 피해율은 여성 10.9%, 남성 6.6%였고, 5개 유형 폭력(신체적 · 성적 · 경제적 · 정서적 폭력 및 통제) 피해율은 여성 28.9%, 남성 26.0%로 나타났다. 이는 여성 응답자의 5.9%, 남성 응답자의 1.3%가 지난 1년 동안 신체적 폭력 또는 성적폭력 행동 중 하나라도 경험한 적이 있으며, 여성 응답자의 28.9%, 남성 응답자의 26.0%가 지난 1년 동안 신체적 폭력, 성적폭력, 경제적 폭력, 정서적 폭력, 통제 피해 중 하나라도 경험한 적이 있음을 의미한다.

표 15 ▎ 1년간 (2018.8~2019.7) 배우자에 의한 폭력 피해

단위 : 명, %

구분	신체적 폭력	성적폭력	피해율계	경제적 폭력	정서적 폭력	피해율계	통제	피해율계
여성	2.1	4.6	5.9	1.2	8.3	10.9	25.4	28.9
분석 대상수	2,976	2,980	2.980	2.978	2.980	2.978	2.979	2.976
남성	0.9	0.6	1.3	0.8	6.0	6.6	24.5	26.0
분석 대상수	2,838	2,843	2,843	2,840	2,843	2,840	2,847	2,838

출처 : 여성가족부 2019년 가정폭력실태조사

93) 여성가족부, '2019 가정폭력실태조사연구', 한국여성정책연구원, 2019, 81~102쪽.

94) 여성가족부의 가정폭력실태조사는 「가정폭력방지 및 피해자보호 등에 관한 법률」에 따라 우리 사회 가정폭력의 전반적 실태와 추이, 관련 영향과 요인 등을 조사하여 분석하고, 가정폭력 관련 정책 체감도를 진단하고 정책수요를 발굴하며, 국정과제 등 가정폭력 관련 정책들의 내실 있는 추진을 위한 시사점을 도출하는 것을 목적으로 가정폭력실태조사를 수행하고 있다(여성가족부, '2019 가정폭력실태조사연구', 한국여성정책연구원, 2019).

1) 배우자로부터 신체적 · 성적 폭력

배우자로부터 신체적, 성적 폭력 피해를 경험한 응답자 중 신체적 상처를 입은 경험은 여성 7.4%, 남성 3.3%이며, 신체적 상처로 의약품을 구입한 경험은 신체적 상처를 입은 여성의 46.6%, 남성의 23.9%였고, 신체적 상처를 입은 여성의 8.6%는 매번 병원에 갔지만 남성 응답자는 모두 '병원에 가지 않은 적도 있다'고 말했다. 병원에 가지 않은 이유(중복응답) 중 '상처가 병원에 갈 만큼 심각하지 않았다'는 응답 비율은 여성 63.5%, 남성 100.0%로 나타났다. 이는 여성의 신체적, 성적 폭력 피해가 남성의 피해보다 더 심각한 형태로 발생한다는 것을 보여주고 있다. 이를 테면 ① 배우자에 의한 신체적, 성적, 경제적, 정서적 폭력으로 인한 정신적 고통의 정도를 살펴본 결과, 무력감, 자존감 하락, 가해 배우자에 대한 적대감, 분노 등을 경험하는 것으로 나타났다. 전반적으로 여성의 정신적 고통이 남성보다 다소 높은 편이었으며, 정신적 고통이 '매우 심각하다'는 응답은 여성 응답자만 응답하였다.

② 지난 1년간 배우자에 의한 신체적, 성적, 경제적, 정서적 폭력으로 경제활동에 지장이 있었던 경험은 여성 8.6%, 남성 7.7%였으며, 신체적 폭력 피해 경험이 있는 여성의 경우 경제활동에 어려움을 경험한 비율이 높았고, 여성의 경우 일을 그만두어야 할지 심각하게 고민하거나(29.2%) 실제로 일을 그만두는(15.3%) 등 폭력피해가 일자리를 잃게 되는 결과로 이어지는 경험이 비교적 높았다.

③ 배우자로부터 폭력 피해를 경험한 응답자 중에서 폭력 행동에 대해 '별다른 대응을 한 적이 한 번도 없는' 경우에는 45.6%이며, 대응 행동을 한 경우 배우자에게 맞대응한 경우가 43.1%로 가장 많았고, 자리를 피하거나 집 밖으로 도망간 경우는 12.5%였고, 주위에 도움을 청한 경우는 1.0%로 매우 적었다.

④ 배우자에 의한 신체적, 성적, 경제적, 정서적 폭력 피해 경험 당시나 이후에 외부에 도움을 청한 적이 있는지 조사한 결과, 배우자에 의한 폭력 피해 경험자의 85.7%(여성 80.3%, 남성 94.2%)는 도움을 청한 적이 전혀 없었고 도움을 청한 적이 있는 응답자가 도움을 청한 대상은 '가족이나 친척'이 7.2%, '이웃이나 친구'가 3.6%, '경찰'이 2.3% 등으로, 사적 관계를 통한 도움 요청 경험이 좀 더 많았다.

2) 아동 · 가족구성원 · 노인 폭력

① 18세 미만의 아동을 양육하고 있는 응답자를 대상으로 아동에 대한 신체적, 정서적 폭

력 및 방임 가해 경험을 보면 지난 1년간 양육자에 의한 아동폭력 가해율은 27.6%이며, 폭력 유형별로는 정서적 폭력 24.0%, 신체적 폭력 11.3%, 방임 2.0%였다.

② 만 65세 미만 응답자를 대상으로 지난 1년간 배우자 외의 가족구성원에 의한 신체적, 성적, 경제적, 정서적 폭력 피해 경험을 조사한 결과 가족구성원폭력 피해율은 4.7%이며, 폭력 유형별로는 정서적 폭력 4.2%, 신체적폭력 1.9%, 경제적 폭력 0.4%, 성적 폭력 0.1% 순이었다.

③ 노인폭력 피해에 대해 만 65세 이상 응답자를 대상으로 지난 1년간 자녀, 사위, 며느리, 손자녀로부터의 정서적, 신체적, 경제적 폭력 피해율은 3.8%이며, 폭력 유형별로는 정서적 폭력 3.5%, 방임 0.3%, 신체적 폭력과 경제적 폭력이 각각 0.2% 순이었고 노인폭력 피해를 경험했을 때 주위에 도움을 요청한 비율은 11.1%(여성 10.1%, 남성 12.6%)였다.

2. 가정폭력의 사례

가정폭력은 가족구성원에 있어 그 침해 피해자가 누군가에 따라 배우자학대, 아동학대, 노인학대, 남편의 통제 등으로 구분되어 질 수 있다. 아래에서는 가정폭력의 대표적인 사례[95]를 중심으로 간략하게 살펴보기로 한다.

1) 배우자 학대 사례

어린 시절 가정폭력을 당하며 성장한 아내는 친정아버지의 모습과 닮아 있는 남편을 만나 자신이 사랑으로 감싸면 치유가 가능할 수 있을 것 같아 결혼을 하였다. 남편은 밖에서 스트레스를 받는 일이 있으면 귀가하여 무언가 꼬투리를 잡아 폭력을 일삼고, 돈 관리를 아내와 상의 없이 독단적으로 하여 아내는 가정경제가 어떻게 되는지도 모른 채, 단돈 1,000원도 남편의 허락 하에 써야 하고, 친구들은 물론, 친정식구도 만나는 것을 일일이 간섭하여 자유롭게 만나지 못했다. 한마디로 남편은 폭군 그 자체이자 법이었다. 또한, 남편은 자신의 말에 절대복종하라며 그것만이 너희들이 살길이라며, 만일 자신의 말을 듣지 않거나 신속하게 행동하지 않으면 때려야 말을 듣는다며 폭력을 행사하여 기절한 적이 수차례 있었다. 딸에게도 예외는 아니어서 하루에 영어단어 수백 개씩 외우라고 강요하여 외우지 못했을 경우 폭력을 가했고, 컴퓨터를 한다고, TV를 본다고 도구(몽둥이, 망치, 쇠파이프 등)를 이용하여 훈육이

95) '가정폭력 사례를 통한 예방지침서', 여성가족부, 2011, 9~18쪽.

라는 이름으로 체벌 아닌 폭력을 행사하였다. 남편은 자신의 말을 듣지 않아 폭력을 한다며 폭력의 원인이 모두 아내와 딸에게 있다며 책임을 전가하였다.

이 사례는 성장기에 부모의 폭력을 경험한 사람은 학습된 폭력을 성인이 되어서 그대로 답습하여 폭력을 행사할 확률이 높다. 대를 잇는 학대행위는 자신의 망가진 인생의 삶이 학대 때문이라 여기고 자신을 방어하는 하나의 도구로 삼는다. 물론 자신도 어린 시절 폭력 피해자이기도 했지만 갈등 해결을 위한 긍정적 모델을 배운 적이 없기 때문에 자신이 증오했었던 그 방법을 그대로 사용할 수 밖에 없다. 이것은 "한가정의 가장이 내 식구를 훈육하기 위해서 매를 드는데 당신이 무슨 상관이야?". 또한, 아내와 아이를 자신의 소유물로 생각하는 남성의 특권과 가부장적 사회의산물이다. "남편이 화가 나면 손찌검 정도는 해도 괜찮다"는 잘못된 사회통념 때문에 아내 구타가 용납되고 정당화되어서는 안 된다. 한편 아내폭력의 문제는 청소년 비행, 학교폭력, 성폭력, 살인 등과 같은 광범위하고 다양한 사회문제로 확산될 위험이 크다. 사회가 아내폭력을 방치하면 더 많은 사회 구성원들이 그 피해를 입게 된다는 사실을 주목해야만 한다.

2) 아동 학대 사례

아동은 4년 전 친부모의 이혼으로 그 동안 조부모에게 맡겨져 양육되다가 1년 전 친부의 재혼으로 계모와 친부가 함께 살게 되면서부터 계모로부터 잦은 체벌과 학대를 받아왔다. 아이는 주위 사람들을 잘 따르고 쉽게 친밀감을 형성하는 편이며, 특히 부에게 사랑을 받기 위한 행동을 자주 보였다. 그러나 부가 출근하고 난 후 계모와 단 둘이 남게 되면 계모에게는 말도 잘 하지 않고 고집을 부리는 등의 행동을 보였다. 이로 인해 계모는 손으로 아동의 다리와 엉덩이 부분을 자주 때렸고, 부는 계모가 아동을 체벌하는 사실을 알고 있었으나 훈육차원의 체벌로 간과하고 지나쳐 버리기 일쑤였다. 또한 부는 계모가 아동에게 이유 없이 체벌을 하지 않았을 것이라며 오히려 아동의 문제로 보았고, 부는 계모가 신고 당시 임신중(3개월)이었고, 계모에 대한 믿음이 강했기 때문에 계모에 대해 상당히 인정하는 분위기였다.

이 사례에서 아동에게 심각한 신체적 학대가 일어났음에도 불구하고 학대가 은밀한 집안 내부에서 일어나는 일이기 때문에 대부분 목격자나 증거가 없었다. 무엇보다 학대자와 피학대아동이 학대사실을 인정하지 않아 어려움이 많았으나, 여러 차례의 상담을 통해 아동이 계모에 의한 학대사실을 상담원에게 말하였고, 계모 역시 경찰의 조사 과정에서 자신이 학대를 하였다는 것을 인정하였다. 계모는 현재 경찰에 의해 아동학대로 고발 조치되어 구속수감 중이다. 일부 부모의 인성에 깊은 자각이 없는 이들에 의해 자행되는 아동학대가 어린아이에게 상처를 입혔고 이들이 성장한 뒤에도 잊을 수 없는 상처가 되어 그의 가족이나 주변인에도 치유되지 않는 아픈 상흔을 반복적 되풀이되는 범죄행위이라는 사실을 간과하여서는 안 되겠다. 아동폭력의 많은 경우, 힘없고 대항하지 못하는 아동이 교육적 효과와는 전혀 관계없이 부모의 화풀이로 학대를 당하는 자녀가 많으며 학대당하는 아동이 부모의 매를 사랑의 매라고 생각하는 경우는 드물다. 더 큰 문제는 이들이 자녀를 학대하는 부모가 되기 쉽다는 것이다.

3) 노인 학대 사례

이 사례는 딸이 어머니의 문제로 상담을 했는데 최근 들어 어머니가 식사도 잘 못하시고 매사에 의욕이 없이 죽겠다고만 하신다며 상담을 의뢰하였는데 이유는 같이 살고 있는 아들과 며느리의 언어 및 정서적인 학대로 하루하루 버거운 시간을 보내고 계시다는 것이다. 아들은 아예 어머니의 존재 자체를 무시해서 전혀 소통을 하지 않고 어쩌다 마주쳐도 소 닭 보듯 투명인간 취급을 하고 며느리는 제때 밥도 차려주지 않고 귀찮아하며 집안일을 할 때면 아예 노골적으로 투덜대며 마치 무위도식하는 노인 취급을 했다. 며느리의 눈치가 보이는 것은 당연하고 무엇보다 당신의 아들이 자신을 무시하는 태도가 혹시 자신이 스스로 사라지기를 바라는 것은 아닌가 해서 죽고 싶은 심정이라고 신세 한탄을 했다. 딸이 오빠에게 여러 번 어머니의 호소를 전달했으나 집안일에 상관하지 말라며 만약 간섭할거면 차라리 어머니를 모셔가라며 어머니를 모실 수 없는 자신의 처지를 알면서도 오히려 억지를 부렸다. 어머니는 차라리 방을 따로 얻어서 혼자 사는 편이 더 낫겠다며 창살 없는 감옥으로 부터 벗어나길 희망 하였다.

노인 학대는 다른 가정폭력과 같이 여성피해자의 비율이 높다는 것이다. 이것은 여성노인들이 남성노인보다 신체적으로 수명이 길기 때문이라 할 것이다. 또한 노인은 신체적 경제적 능력이 저하되어 스스로가 독립된 생활하기 어렵다. 노인들은 사회와 가정에서 권력을 상실하고 경제력이 떨어지면서 여러 종류의 폭력을 당하게 되지만 다른 가정폭력의 경우와 마찬가지로 수치심 때문에 주위사람들에게 잘 알리지 않는다. 일반적으로 자녀에게 의존하게 되는 경향이 있는데 이런 이유로 신체적 정서적 폭력 피해자가 될 가능성이 높다. 또한 폭력의 행위자가 대부분 자녀이기 때문에 다른 폭력의 대상자보다 은폐되어 드러나지 않는 경우가 많아 이웃의 관심이 더 필요하고 나아가 어머니의 심리적 상태에 대한 정보제공, 전문적인 서비스를 제공받을 수 있는 노인보호전문기관(장기요양시설 및 학대로 인한 신체적, 정신적 치료를 위한 의료기관)으로 연계하여 학대피해 노인전문심리상담, 심리적 안정을 위한 전문

상담 및 치유프로그램 제공하고 노인보호전문기관에서의 지속적인 방문과 돌봄이 요구된다.

4) 남편의 통제 사례

갈수록 심해지는 남편의 의처증으로 활동에 통제가 심해지고 주변사람들과 왕래가 끊어졌으며 남편의 뜻에 따르지 않으면 폭언과 폭력이 반복되는 힘든 시간을 보내고 있는 아내는 이혼을 해서 해결된다면 이혼이라도 하고 싶은데 아마도 남편은 지구 끝까지 따라올 것 같아 이혼도 못한다며 푸념을 털어놓았다. 처음에는 나를 너무 사랑해서 잠시도 떨어지지 않으려는 마음이라며 이해했는데 이젠 남편과 동행이 아닌 이상에는 외출에 어려움이 있으며 남자라면 친인척, 이웃사람 상관없이 관계를 의심하고 오해를 해 그 사람들에게도 피해를 주고 있다. 무조건 원하는 답이 나올 때까지 집요하게 추적하고 조금이라도 어긋나면 주먹이 날라왔다. 목에 칼이 들어와도 아닌 것은 아니라고 해야 하는데 너무 무서워 원하는 대답을 해주면 그것이 또 빌미가 되어 발목을 잡는다.

이 사례는 배우자에 대한 질투나 소유욕이 요인이 되는 의처증의 문제는 마음속 깊이 아내가 날 떠날지도 모른다는 두려움 때문에 자신의 약함을 숨기기 위해 오히려 폭력을 통제의 수단으로 사용하고 있는 것입니다. 아내를 포함한 가족들이 끈기와 애정을 가지고 치료할 수 있도록 돕는 것이 중요하며 원하는 답보다는 단호하게 진실을 말하는 것이 요구된다.

2. 소결

앞에서 살펴본 2019년 실태조사 결과[96]를 보면 2016년에 비하여 배우자에 의한 폭력 피해율이 전반적으로 감소하였으나 여성의 성적 폭력 피해 경험은 증가한 것으로 나타났다. 신체적 폭력, 정서적 폭력, 통제 피해율은 여성과 남성 모두 감소하였으며 남성의 성적 폭력 피해율이 감소하였고, 남성의 경제적 폭력 피해율은 변화가 없었다. 성적 폭력 피해의 경우 여성의 피해 경험이 남성보다 훨씬 더 높았다. 여성의 성적폭력 피해는 피해 경험이 높아진 유형으로써 이는 실제로 지난 3년간 아내에 대한 성적 폭력이 증가하였거나, 최근 미투 운동 등의 영향으로 성폭력에 대한 여성의 인식이 확대된 결과로 볼 수 있다.

배우자에 의한 폭력피해에 대해 여성의 피해와 남성의 피해 사이에 질적 차이가 있음에 주목할 필요가 있다. 또한, 정서적 폭력 및 통제를 포함한 폭력 피해율은 여성과 남성 간의 차이

96) 여성가족부, "2019 가정폭력실태조사연구", 한국여성정책연구원, 2019, 204쪽.

가 크지 않은 것처럼 보이지만, 신체적 · 성적 폭력 피해율은 여성 5.9%, 남성 1.3%로 여성의 피해율이 훨씬 높게 나타난다. 가해 경험은 여성보다 남성이 전반적으로 높게 나타나 폭력피해 경험과 마찬가지로 남편의 아내에 대한 가해가 더 많은 것으로 보이며, 가해 이유로서 상대방의 폭력으로부터 피해자 자신이나 피해자가 아끼는 사람, 동물, 물건들을 보호하기 위한 대항폭력 경험에서 여성이 남성보다 4배가량 높아, 여성의 가해 경험에는 실제로 가해라기보다는 방어에 해당하는 행동이 남성보다 더 많이 포함되어 있는 것으로 보인다. 통제 피해를 보면 여성과 남성의 피해율은 유의미한 차이가 없었지만, 통제의 영향을 비교해보면, 배우자의 행동이 폭력적이라고 느꼈던 경험이 좀 더 높게 나타난다.

폭력피해에 대한 대응에서도 별다른 대응을 하지 않은 이유, 경찰에 신고하지 않은 이유에 있어 남성은 여성과 달리 폭력이 심각하지 않다는 생각을 많이 가지고 있다. 배우자의 폭력으로 인한 경제활동상의 영향에서도 여성은 단지 업무 능률이 떨어지는데 그치지 않고, 일을 그만두어야 할지 심각하게 고민하거나 실제로 일을 그만두게 되고, 인간관계의 어려움, 신뢰 상실을 경험하는 등의 영향을 받는 결과가 나타났다. 이와 같은 결과는 폭력피해의 성별 차이를 잘 나타내고 있다. 배우자에 의한 폭력피해 경험에서 여성의 피해는 남성에 비하여 더 심각하며 피해의 영향에서도 더 부정적인 결과가 나타난다는 점에서 피해 아내의 대응력 향상을 위한 방안이 필요한 것으로 보인다. 노인에 대한 폭력 피해에서는 모든 폭력 유형에서 피해 경험이 감소한 것으로 나타났다. 반면 주위에 도움을 요청한 비율은 증가하여 피해 노인의 대응력이 과거에 비하여 다소 향상된 것으로 볼 수 있으나 도움 요청 비율이 높은 수준은 아니었다. 한편 성 역할 태도에서는 별다른 차이가 나타나지 않았으나, 가정폭력에 대한 인식은 이전에 비하여 전반적으로 개선된 것으로 볼 수 있다.

가정폭력에 대한 정책적 대응 강화, 가정폭력을 비롯한 젠더폭력 예방교육의 확대와 가정폭력 예방 관련 홍보의 강화, 인권 교육 확대 등이 가정폭력에 대한 사회적 인식 향상에 기여한 것으로 평가할 수 있지만 가정폭력을 개인적인 문제로 이해하는 태도, 피해자에게 책임을 돌리는 태도가 남아 있고, 피해 여성이 진정 원한다면 가해자로부터 벗어날 수 있음에도 불구하고 가정폭력에 머무르고 있는 피해자에 대한 비난이 이어지고 있다.

Ⅳ. 가정폭력범죄의 문제점과 대응방안

1. 가정폭력 대응실태의 문제점

현행 가정폭력범죄에 대한 형사법적 대응과정의 문제점[97]으로 첫째, 가정폭력범죄의 처벌 등에 관한 특례법은 1997년 가정폭력으로 고통을 받고 있는 가정에 대해 가정이 해체되지 않도록 하면서 처분을 통한 가해자의 개선과 피해자를 보호하고 가정보호를 목적으로 제정이 되었다. 그러나 법 전체의 중심이 가정보호에 놓이면서 검찰단계에서 상담조건부 기소유예처분, 가정보호사건으로 송치사건에서의 보호처분과 형사 처벌이원화의 구조 등을 통해 가해자에 대한 기소 및 처벌은 거의 하지 않게 되고, 피해자보호기능도 또한 제대로 담당하고 있지 못하고 있다. 가부장적 사회구조 속에서 피해여성의 신고와 고소가 어려운 상황에서 신고를 했음에도 불구하고 피해자의 안전이 확보되지 못하고 가해자가 제대로 처벌되지 못하는 점은 개정되어야할 것이다.[98] 둘째, 수사 및 조사·심리의 문제점으로서 ① 조사관 제도의 미활용으로 적절한 분류처우를 위한 기초조사 활동의 미흡, ② 가정폭력 범죄의 특수성(장기지속성 및 폐쇄적 특성 등)을 고려하지 않은 수사방식(당해 사건중심의 수사), 더 나아가 ③ 검사선의 주의와 '피해자 의사존중(특례법 제9조)'간의 딜레마로 인하여 사건처리 및 처우선택의 적절성이 보장되고 있지 않다. 의문의 여지가 많은 피해자 의사존중의 규정에 근거하여 혼인지속 의사여부만을 중심으로 형사사건과 보호사건으로 분류하는 현행 처리방식은 사건처리의 적정성을 해칠 뿐만 아니라, 위험성에 대한 평가(lethality assessment)에 근거하지 않았기 때문에 피해자 안전에도 효과적으로 기여하지 못한다. 셋째, 이와 같은 오류와 한계로 인하여 보호처분이 실효성을 거두기 어려우며, 정작 가정폭력의 고위험 집단의 신변안전과 피해구제 문제는 여전히 방치되어 있고, 재발 억제에도 효과적으로 기능하지 못하는 것으로 나타나고 있다. 가정폭력범죄에 대한 효과적 대응은 무엇보다도 가정폭력 행위자에 대한 적절한 분류처우에 기초한다. 가해자 처우프로그램의 다양화와 전문화가 요구되지만, 실제로는 가해자 문제유형별 분류도 제대로 시행되고 있지 못하다. 현재 가장 시급하게 개선되어야 할 문제로

97) 김은경, "가정폭력범죄 대응동향과 정책제언", 한국형사정책연구원, 2003, 11쪽.
98) 신옥주, "가정폭력방지 및 피해자보호 등에 관한 법률에 대한 사후적 입법평가", 입법평가연구 제14호, 2018, 64쪽.

는 경찰의 초기개입 및 수사과정에서 가정폭력의 특수성을 고려한 조사 양식, 즉 범죄의 행위 책임성, 위험성, 치명성, 교정가능성 및 피해자의 요보호성 등을 파악할 수 있는 체계화된 수사 가이드라인이 설정되어야 할 것이다.

2. 입법적 방안[99)]

1) 피해자 임시조치 및 보호명령의 개선방안

피해자 임시조치 및 보호명령의 개선방안으로 피해자 안전을 강화하고, 피해자의 선택 가능성을 강화하기 위하여, 현행 특례법은 거처양도 및 재산양도금지규정 등 민사상 보호명령의 연동시스템을 강화시킴으로써, 보다 실질적이고 효과적인 보호개입이 가능하도록 하는 법적 조치를 보다 적극적으로 재검토할 필요가 있다. 현행 특례법은 피해자 안전을 보다 강화하기 위하여, 피해자 및 경찰에 의한 신청권, 재산양도금지 규정도입, 거처양도 및 주거사용권의 명시, 경찰에 의한 의무적 임시격리조치의 필요성, 범죄성 괴롭힘 금지 및 친권·양육권 제한 등 임시조치를 취할 수 있는 실질적인 방안이 요구된다.

2) 경찰의 위험예방조치를 위한 실무권한 강화방안

경찰의 위험예방조치를 위한 실무권한 강화방안으로 경찰개입과정에서 가장 시급히 개선되어야 할 사항은 가해자와 피해자의 즉각 격리조치이다. 현행법은 의무적 체포제도를 수용하고 있지 않으며, 절차적으로 경찰개입시점과 임시조치(제한명령) 사이에 시간적 간격이 있어서, 피해자 보호에 허점을 드러내고 있다. 피해자 안전과 보호조치가 효과적으로 작동되기 위해서는 무엇보다도 경찰의 초기 개입시 신속하고 책임 있는 판단과 적절한 위험예방조치를 할 수 있도록 하는 실무권한이 명확하게 규정되어야 한다. 폭력행위와 보호명령 '임시조치' (특례법 제29조) 사이의 기간에 대해 필요한 보호조치가 경찰 관련법 등에 의해서 실질적으로 취해질 수 있도록 해야 한다. 경찰의 초기대응이 실질적인 통제력을 발휘하기 위해서는 독일의 경우처럼, 경찰의'퇴거명령' 및 '한시적 격리조치'등의 충분한 법적 근거를 갖추도록 해야 한다. 이밖에 과잉금지 원칙에 해당되지 않는 범위 내에서 필요한 재량권이 행사 될 수 있도록 그 기준과 한계를 명확히 규정할 필요가 있다.

99) 김은경, 앞의 논문, 16쪽.

3) 검찰단계에서 상담조건부 기소유예처분의 폐지 논의

검찰단계에서 상담조건부 기소유예[100]처분의 폐지 논의에 관하여 검사는 가정폭력 범죄행위에 대하여 가정보호유지의 필요성을 이유로 처벌하지 않고 검사가 가정폭력행위자의 성행교정을 위하여 필요하다고 인정하는 경우 상담조건부 기소유예처분을 하는 것은 타 범죄행위와 비교하여 볼 때 형평에 맞지 않고 피해자보호를 할 수 없게 만들며 가해자에게 자신의 범죄행위에 대한 인식을 둔화시키는 결과를 초래하기 때문에 폐지되어야 한다. 다만 기소를 하지 않는 경미한 사안의 경우경찰이 불기소처분을 하는 경우 상담이나 사회훈련교육명령 등의 처분을 할 수 있도록 할 필요가 있다.[101]

4) 검사선의주의에서 법원선의주의로 전환방안

검사선의주의에서 법원선의주의로 전환방안으로 우리나라의 법적 개입절차를 선진 각국과 비교할 때, 가장 두드러진 문제점은 가정폭력 소송과정에 지역사회의 다기관 공동개입프로그램이 전혀 제도화되어 있지 않고, 형사사법기관위주(특히 검찰)로 급격하게 소송과정으로 진행되고 있다는 점, 피해자 안전과 보호에 대한 세밀한 지원과 규정이 매우 미약하다는 점이다. 선진 각국의 가정폭력 개입과정은 피해자 안전과 향상된 보호조치를 위한 제도 구축에 초점을 두고 경찰이 법원간에 직접적인 위기개입 채널이 제도적으로 구조화되어 있는 반면에, 우리의 절차 흐름도를 보면 오히려 가해자 처분절차를 위주로 소송과정만을 중심으로 진행되고 있다. 따라서 입법적으로 개선되어야 할 중심적 사항은 피해자 스스로 "법"을 권력자원으로서 이용할 수 있도록 하는 지원체계를 구성하는 것이다. 지원체계는 경찰의 위험예방조치와 더불어 민사법적 개입과 형사법적 개입을 상호 유기적으로 작동해야 하는 것을 의미한다. 지원체계가 피해자 욕구에 부응하여 효과적으로 작동되기 위해서는 형사소송절차를 전제로 한 검사선의주의 모델보다는 민사적 보호명령 및 다양한 다이버젼(diversion), 그리고 적절한 보호·지원서비스가 적기에 작동될 수 있는 법원선의주의 개입이 보다 바람직하다. 따라서 현행 특례법의 검사 선의주의로부터 "법원선의주의"로의 관점 전환을 재검토할 필요가 있다.

---

100) 가정폭력처벌법, 제9조의2(상담조건부 기소유예) 검사는 가정폭력사건을 수사한 결과 가정폭력행위자의 성행교정을 위하여 필요하다고 인정하는 경우에는 상담조건부 기소유예를 할 수 있다.

101) 신옥주, 앞의 논문, 64쪽.

5) 이원적 처우구조 개선방안

이원적 처우구조 개선방안으로 가정폭력특례법은 가정폭력사건을 가사보호사건으로 처리하는 특례를 두고 있지만 처리기준을 두고 있지 않아 가정폭력사건을 처리하는데 검찰의 재량이 매우 넓게 인정되고 있다. 이에 따라 가정폭력의 재범위험성 등 피해자 보호가 우선되어야 할 사건도 가정보호사건으로 처리하는 일들이 많아지게 되었다. 그러나 이러한 이원적 구조는 가정폭력의 위험성과 특수성을 고려하지 못한 것으로서 적절한 대응책이라고 볼 수 없다. 이와 같은 문제를 극복하기 위하여 사건처리결정에 대한 합리적 기준(행위책임성, 재발가능성, 피해자 요보호성 등) 및 선고지침을 설정할 필요가 있다. 피해자의 진정한 의사판단 및 선택을 돕기 위한 형사절차상 지원 장치 예컨대, 가정폭력전담관에 의한 전문적 상담 및 보호서비스 등을 마련해야 한다. 이원적 구조에 의해 가정폭력의 경우 형사절차를 진행하거나 또는 가정보호사건으로 처음부터 구별되어 진행이 되기 때문에 형벌과 보호처분을 병과 할 수 없게 된다. 그러나 가정폭력 가해자에게 처분을 통해 개인적 성행교정을 하는 것도 가정폭력범죄의 예방적 차원에서 중요하므로 형벌과 처분이 가능할 수 있어야 되겠다.[102)]

---

102) 신옥주, 앞의 논문, 65쪽.

제5편

성폭력범죄

I. 성폭력에 대한 이해

대검찰청이 매년 발간하는 범죄통계자료인 「범죄분석」에 따르면 최근 10년간 발생한 강력범죄(흉악)를 보면 강도는 86.8%, 살인은 38.9%, 방화는 20.8% 감소하였으나 강간 및 강제추행을 포함한 성폭력범죄는 위 기간 중 84.7% 증가추세가 두드러지게 높게 나타나고 있다. 이와 같은 큰 폭의 성범죄 외에 아동·청소년이나 장애인·노인과 같은 사회적 약자를 대상으로 한 성범죄가 증가하고 있다. 그동안 사회적으로 알려진 주요 사건들만 보더라도 부천서 성고문사건(1986), 성추행 가해자의 혀를 절단한 사건(1988), 21년 전의 강간범을 살해한 사건(1991), 13년간 의붓딸을 강간한 아버지를 남자친구와 살해한 사건(1992)을 비롯해 사회적 충격을 준 강력사건뿐만 아니라 조두순, 강호순, 김길태, 김수철…. 이름만으로 사회를 공포에 몰아넣은 이들의 잔혹한 범행 뒤에야 우리 사회는 성범죄자 처벌과 관리를 논의했고, 이에 따라 성범죄에 대한 처벌 규정이 마련된 1953년 이후, 60년이 지나서야 친고죄 조항이 폐지됐다. 피해자의 눈물과 여성들의 분노가 없었다면, 성범죄에 대한 인식은 지금도 1953년에 머물렀을지 모른다.

2020년 인터넷 메신저 텔레그램 대화방에서 아동·청소년 등의 성착취물이 유포된 'n번방' 사건도 마찬가지다. 지금도 현행법상으로 구제받지 못하는 피해자, 처벌받지 않는 범죄자들이 있다. 그동안 수많은 성범죄가 저지르지는 것은 여성을 하나의 경쟁적 동반자로 보기보다는 남성우월성을 보존하는 도구와 이용수단으로 여기는 가부장적 사회구조, 남성 중심적 성문화와 그릇된 성인식 등으로 인해 사적 영역의 문제로 여겨져 은폐되거나 본질이 왜곡되어왔다. 성범죄는 그 피해가 당사자에게 뿐 아니라 가족과 지역사회 전반에 큰 악영향을 미치는데, 특히 여성에게는 어떤 범죄보다 더 두려움을 증가시키고 삶의 의욕을 저하시키는 주된 요인이 되고 있다.[103] 나아가 성폭력이 더 이상 개인 간의 문제가 아니라 사회구조적인 성별 권력관계의 문제라는 것이다. 즉 성폭력 피해여성들은 성폭력 가해자와 공모하거나, 유혹하여 피해를 유발한 것이 아니라, 성폭력 피해를 당한 피해자이다. 이러한 성폭력 피해자가 '순결하지 못한 여성'이라는 사회적 편견을 바꾸고, 피해여성들이 성폭력 피해를 치유받기 위해 국가의 지원을 받아야 한다.

성폭력은 사회적으로 심각한 범죄이므로 국가가 나서서 해결해야 한다는 인식이 확산되고 있다. 한국형사정책연구원에서 발표한 '범죄의 사회적 비용 추계 보고서'에 따르면 우리나라에서 발생한 각종 범죄로 인한 사회적 비용은 연간 158조원이다.[104] 국내총생산(GDP)의 약 16%에 해당하는 수치이다. 우리 사회에 큰 파장을 일으켰던 연쇄 살인범인 유영철과 강호순, 서진환 단 3명의 범죄자가 저지른 사회적 비용이 무려 5,557억 원에 달한다. 또한, 재범률이 1% 낮아질 때마다 범죄로 인한 사회적 비용은 연간 약 903억 원이 절감된다는 분석도 나왔다. 2008년 9월 1일 도입된 위치추적 전자감독 제도는 시행 이전의 14.1%의 재범률을 1.83%로 감소시켰다. 재범 예방에 큰 효과를 거두고 있을 뿐만 아니라 사회적 비용을 줄일 수 있는 합리적인 수단이다. 하지만 범죄로부터 좀 더 안전한 사회에 대한 국민의 기대와 요구에 부응하기 위해서는 인력과 예산 면에서 한계가 역력히 드러난다.

성범죄는 "인간이 사회 속에서 봉착하는 근본적인 문제"로서 보다 심층적인 탐구와 다양한 해결책을 요한다. 또한, 성폭력이 발생되는 원인 및 특징에 대한 면밀한 분석을 통하여 실효성 있는 대책방안을 마련하여 성폭력범죄로부터 안전한 사회를 위한 시스템구축이 절실히 요구된다. 따라서 본 장에서는 앞으로 성범죄에 대한 실질적이고 경험적 연구 수행과 형사정책 수립을 위해 성폭력범죄의 정의와 원인, 특징 및 실태 분석한 자료들을 포괄적으로 검토해보고자 한다.

---

103) 정진성 · 박종화, "성범죄의 유형별 · 지역특성별 거시원인 연구: 전국 읍면동을 대상으로 한 음이항회귀분석", 통계연구 제20권 제2호, 2015, 70쪽.

104) 미국은 범죄로 인한 사회적 비용으로 강간 $127, 폭행 $93, 살인 $71, 음주운전 $61로 나타났다. 그중 강간으로 인한 피해 비용은 1건당 $151.423(17억1천1백만 원)으로 연간 강간으로 발생하는 피해 비용은 다른 어떤 범죄보다 높다(National Sexual Violence Resource Violence, 2012).

Ⅱ. 성폭력범죄의 정의

성(sexuality)과 관련한 범죄의 실태를 분석하기 전에 우리가 일반적으로 사용하는 성범죄와 성폭력범죄의 개념이나 모호성으로 인해 이를 구분 할 필요성을 갖는다. 성범죄가 성에 관련된 모든 범죄를 포괄하는 범죄라면 성폭력범죄는 폭력이나 협박과 같은 물리적, 강제적 수단으로 상대방을 침해하는 모든 성적행위를 말한다.

성 관련 범죄를 지칭하는 용어들은 성범죄(sexual offence), 성폭력(sexual violence), 성폭행(sexual assault), 강간(rape), 성추행(sexual molestation), 성희롱(sexual harassment) 등 다양하다.[105] 하나의 불법 행위가 발생했을 때 그것이 어떤 범죄의 범주에 포함시킬 지는 해당 범죄의 규정에 일차적으로 의존한다. 하지만 현재의 성 관련 법체계는 전문가조차도 제대로 그 내용을 파악하기 힘들 정도로 많은 조항들을 갖고 있기에 성(sexuality)과 관련된 불법 행위들을 지칭하고 서로를 구분하는 용어의 이해가 보다 중요하다. 이러한 표현들 중 성범죄가 가장 일반적이고 포괄적인 의미를 갖는다. 즉 문자 그대로 '성과 관련된 범죄'로 볼 수 있다. 이 용어는 반드시 물리적 폭력을 전제로 하지 않아 전통적 관점에서의 강간, 강간미수, 강제 추행만이 아니라 각 종 음란한 행위나 음란물의 제조 및 판매 등도 포함한다. 이렇게 볼 때 성폭력은 상대방의 의사에 반하여 힘의 차이를 이용하여 상대방에게 신체적 위해와 함께 불쾌감이나 공포, 불안 등을 주는 성적자기 결정권 내지 성적자유를 침해하는 모든 성적 범죄 행위라 할 것이다.

105) **표 16 ▮ 성폭력 유형**

	성폭력	성추행	성희롱
유형	좁은 의미로 성폭력관련 법에 의해 가해자를 형사처벌 할 수 있는 강간, 강제추행 등의 범죄 행위	상대방의 의사에 반하여 성적인 수치심이나 혐오감을 유발하는 간음이외의 성적 가해 행위	행위자가 성적인 언동으로 피해자에게 성적인 굴욕감, 혐오감을 느끼게 하는 모든 행위이며 일반적으로 직장내 성희롱을 의미
제재	형사처벌	형사처벌	기업내 인사위원회, 고용노동청, 국가인권위원회 조사

1. 형법상 정의

일반적으로 어떤 행위가 범죄이고 이에 대해 어떤 형벌이 부과되는지를 규정하는 법률은 형법이다. 우리나라 형법은 성범죄를 크게 '성풍속에 관한 죄'(형법 제22장)는 사회적 법익, 즉 사회 일반의 건전한 성도덕 내지 성풍속을 보호하기 위한 것이다.[106] '강간과 추행에 관한 죄'(형법 제32장)는 개인의 성적 자기결정의 자유를 보호하기 위한 것으로 성범죄에 대한 두 개 범주 <표 17>로 구분하고 있다.

표 17 | 형법상 관련 성범죄

구분	죄명	범죄내용	법 조항
성 풍속에 관한 죄 (형법 제22장)	음행매개	영리목적으로 사람을 매개하여 간음하게 한 죄	제242조
	음화반포 등	음란한 문서, 도화, 필름 기타 물건을 반포, 판매 또는 임대하거나 공연히 전시 또는 상영한 죄.	제243조
	음화제조 등	반포, 판매 또는 임대, 전시 또는 상영할 목적으로 음란한 문서, 그림, 필름, 동영상 기타 물건을 제조, 소지, 수입 또는 수출한 죄.	제244조
	공연음란	많은 사람들에게 공연히 음란한 행위를 보여주는 죄.	제245조
강간과 추행의 죄 (형법32장)	강간	폭행 또는 협박으로 사람을 강간한 죄	제297조
	유사강간	폭행 또는 협박으로 사람에 대하여 구강, 항문 등 신체(성기는 제외)의 내부에 성기를 넣거나 성기, 항문에 손가락 등 신체(성기는 제외)의 일부 또는 도구를 넣는 행위를 한 죄	제297조의2
	강제추행	폭행 또는 협박으로 사람에 대하여 추행을 한 죄	제298조
	준강간 · 준강제추행	폭행 또는 협박의 방법이 아닌 사람의 심신상실 또는 항거불능의 상태를 이용하여 간음 또는 추행을 한 죄	제299조
	강간 등 상해 · 치상	강간, 유사강간, 강제추행, 준강간, 준강제추행의 죄를 범한 자가 사람을 다치게 하거나 상해에 이르게 한 죄	제301조
	강간 등 살인 · 치사	강간, 유사강간, 강제추행, 준강간, 준강제추행의 죄를 범한 자가 사람을 살해한 죄	제301조의 2

106) 성풍속에 관한 죄는 옛날부터 처벌의 대상이 되어 왔으나, 이전에는 단순히 개인의 성적 의사결정의 자유를 보호하기 위한 개인적 범죄로서의 차원이 아니라, 음란성을 추방하여 성적 순결성을 보호하려는 사회적 · 국가적 이익을 우선적으로 고려하는 차원에서 이해되었다. 이러한 시각에서 로마법에서는 강간 · 근친상간 · 매매음(賣買淫) · 간통 등을 범죄로 다루었고, 중세의 교회법과 계몽기 이후의 오스트리아 · 독일 등의 근대 형법에서도 마찬가지였다.

구분	죄명	범죄내용	법 조항
	미성년자 등에 대한 간음	미성년자 또는 심신미약자에 대하여 위계 또는 위력으로써 간음 또는 추행을 한 죄	제302조
	업무상 위력 등에 의한 간음	업무, 고용 기타 관계로 인하여 자기의 보호 또는 감독을 받는 사람에 대하여 위계 또는 위력으로써 간음한 죄, 법률에 의하여 구금된 사람을 감호하는 자가 그 사람을 간음한 죄	제303조
	미성년자에 대한 간음, 추행	13세 미만의 사람에 대하여 간음 또는 추행을 한 죄	제305조

2. 특별법상 정의

성범죄에 관한 특별법은 형법의 분류법과는 다르게 '성폭력범죄'에 강간이나 추행만이 아니라 성과 관련한 대부분의 범죄들을 포함시키고 있다.[107] 이 특별법에는 「폭력범죄의 처벌 및 피해자보호 등에 관한 법률(이하 성폭력특별법이라 한다)」,[108] 「성매매방지 및 피해자 보

107) 예컨대, 추행 · 간음 · 추업사용 목적의 약취 · 유인 · 매매 및 수수 · 은닉죄, 음행매개, 음화반포 등, 공연음란, 공중밀집장소 추행, 통신매체이용 음란행위, 카메라 등 이용 촬영 등의 범죄도 모두 '성폭력범죄'의 유형으로 규정하고 있다. 하지만 특별법의 '성폭력범죄'의 규정은 성폭력이란 용어가 표면적으로 보여주는 의미와 다소 차이가 난다. 통상 성폭력이란 성(sexuality)과 폭력(violence)의 결합어로, '성적인 행위로 남에게 육체적 손상 및 정신적 · 심리적 압박을 주는 물리적 강제력'을 말한다. 이렇게 볼 때 두 가지의 요소가 의미를 구성하는데, 하나는 폭력성이고 다른 하나는 성과 관련해 자기 결정이 훼손되고 이로부터 육체적, 정신적, 정서적 피해나 손상의 발생을 의미한다 할 것이다.

108) '성폭력범죄의 처벌 및 피해자보호 등에 관한 법률(성폭력특별법)' 제정, '특정 성폭력범죄자에 대한 위치추적 전자장치 부착에 관한 법률'(전자발찌법), 모든 성범죄에서 '친고죄' 규정이 폐지 등 성폭력특별법)' 제정 및 개정 과정을 살펴보면 1990년대 초 연달아 터진 비극적인 사건들은 1994년 '성폭력범죄의 처벌 및 피해자 보호 등에 관한 법률(성폭력특별법)' 제정의 발단이었다.
이와 관련사건은 1991년 서른 살이던 김모씨는 어린 시절 자신을 강간한 이웃집 남성 송모씨를 살해했다. 그는 성인이 된 이후 송씨를 고소하고 싶었지만, 공소시효 만료 등으로 법으로 처벌할 수 없음을 알게 돼 송씨를 살해했다고 밝혔다. 김씨는 법정에서 "나는 사람이 아닌 짐승을 죽였다"고 말했다. 또한 1992년에는 대학생 김모씨가 남자친구와 함께 의붓아버지를 살해했다(일명 '김보은양 사건). 김씨는 수사과정에서 9세 때부터 13년 동안 의붓아버지로부터 성폭행을 당한 사실을 고백했다. 가해자이면서 동시에 끔찍한 사건의 피해자였던 여성들의 사건을 거치며, 한국 사회는 성폭력이 피해자의 삶을 얼마나 철저하게 파괴하는지 깨달았다. 이러한 사건들 계기로 부산성폭력상담소 등 12개 단체는 1991년 8월 성폭력특별법 제정추진 특별위원회를 결성했다. 3년간의 입법 추진 활동 끝에 성폭력특별법은 1993년 12월17일 국회를 통과했다. 성폭력특별법은 법의 목적을 설명하며 '성폭력 범죄를 예방하고 그 피해자를 보호한다'는 부분을 우선했다. 가해자 중심 사고에서 피해자 중심으로 이동하는 계기가 됐다. 법은 가해자 처벌뿐만 아니라 성폭력피해상담소, 보호시설의 설치 및 경비의 보조 등을 규정했다. '친족관계에 의한 강간 등'에 대한 조항이 들어가 '친족 성폭력'이 법적 개념으로 자리 잡았다. 1997년 개정 때는 13세 미만 미성년자에 대한 성폭력을 비친고죄로 규정했다. 성폭력 피해자가 심리적 안정 상태에서 수사와 재판을 받을 수 있도록 신뢰할 수 있는 사람의 동석을 허용함으로써 피해자 보호도 강화했다. 성폭력특별법은 2011년 폐지되고, 이후 여성가족부 관할의 '성폭력방지 및 피해자 보호 등에 관한 법률'과 법무부 관할의 '성폭력범죄의 처벌 등에 관한 특례법' 등으로 분할

호 등에 관한 법률(이하 성매매특별법이라 한다)」,「성매매알선 등 행위의 처벌에 관한 법률(이하 성알선 특별법)」,「청소년 성보호에 관한 법률」등이 있다. 즉 이러한 성범죄에 관한 특별법은 형법상 규정된 '성풍속에 관한 죄'(형법 제22장) '강간과 추행에 관한 죄'(형법 제32장)를 다른 법률에 의해 가중 처벌되는 죄를 적용하고 있다. 현행「성폭력범죄의 처벌 등에 관한 특례법(이하 '성폭력특례법'이라 한다)」은 성폭력범죄 개념의 외연을 상당히 확장하고 있다. 이들 성폭력특례법에 따르면 성폭력범죄에는 강간, 강제추행, 준강간 · 강제추행, 강간 등 상해 · 치상, 강간 등 살인 · 치사, 미성년자 등에 대한 간음, 업무상 위계 · 위력에 의한 간음 · 추행, 의제강간 · 강제추행, 강도강간, 추행 · 간음 · 추업사용 목적의 약취 · 유인 · 매매 및 수수 · 은닉죄 이외에도 음행매개, 음화반포 등, 공연음란 공중밀집장소 추행, 통신매체이용 음란행위, 카메라 등 이용촬영과 같이 형법상 성풍속에 관한 죄로 분류되어 있는 죄까지도 성폭력범죄에 포함되어 있다(성폭력특례법 제2조 참조).

Ⅲ. 성폭력범죄의 원인과 특성

1. 성범죄의 원인

일반적으로 성폭력범죄는 현실적인 자신감과 적절한 자기통제가 결여되어 공격과 욕구충동에 대한 통제를 억제하지 못해 성욕은 강하지만 욕구 충동의 인내심이 약해 우발적으로 발생하는 경우가 대부분이다. 사실 성폭력 발생의 원인[109]으로 첫째, 심리적 원인으로서 심리

시행됐다. 2010년 일정 요건을 충족하면 얼굴 등 신상정보를 공개할 수 있도록 하는 내용을 담은 '특정 강력범죄의 처벌에 관한 특례법 일부 개정법률안'이 국회를 통과했다. 또한 2010년 법무부는 법 시행 이전 성범죄자에게도 전자발찌를 채울 수 있도록 하는 '특정 성폭력범죄자에 대한 위치추적 전자장치 부착에 관한 법률'(전자발찌법)의 소급 적용 근거규정을 마련했다. 2013년에는 성범죄 관련법이 만들어진 지 60년 만에 모든 성범죄에서 '친고죄' 규정이 폐지됐다. 2018년 성추행 피해 사실을 고발한 서지현 검사를 시작으로 한 미투(#MeToo · 나도 고발한다) 운동은 새로운 전기를 열었다. 이후 연극계, 체육계 등 사회 각 분야에서 다수의 피해자가 위계에 의한 성범죄를 증언했다. 이 운동은 가해자가 피해자의 동의 없이 성적인 행위를 한 경우 처벌하는 '비동의 간음죄' 신설 논의를 불렀다. 2018년 9월 나경원 당시 자유한국당 의원이 대표 발의한 형법 일부개정 법률안에 이 내용이 들어갔지만, 이후 논의가 진전되지 못했다.
http://news.khan.co.kr/kh_news/khan_art_view.html?art_id=202004030600055#csidx8d4ada2a631ad0ea2ee3ba5234050fd 2020. 10. 8. 검색

적 변화는 일반적으로 개인의 기질적 원인에서 범죄행동에 관한 죄의식 결여 등의 심리적 매커니즘이 자리하고 이것은 개인의 특정한 경험이나 가치관·태도 등에서 타인에 대한 감정이입과 자책감 부족, 성에 대한 왜곡된 인식 및 부족한 의사소통을 능력 등의 특징을 보이고, 이들의 이러한 인지적 왜곡은 자신의 행위를 정당화 하고 핑계거리를 제공하며 행위 자체를 부정함으로써 성관련 일탈행위를 지속하는 중요한 원인이 된다.[110] 예컨대 어린 시절에 수회 성인여성으로부터 성적경험을 강요받았거나 성역할과 성폭력에 대해 가지는 개인적 태도 및 여자의 말과 행동을 지각하는 것들이 트라우마로 남아 있다가 성범죄를 저지른다 할 것이다. 성해방의 사회적 분위기나 노골적인 실현으로 강한 자극을 노리는 음란물, 출판물, 영화 등이 직접적인 범죄유발원인이라고는 단정할 수 없으나 성적관심을 주고 성을 쾌락으로 받아들이게 하고 있다는 점에서 간접적으로 범죄를 촉진시키는 심리학적 요인이 될 수 있다고 본다. 한편 노인들의 성을 존중받지 못하고 사회적으로 낮아진 자존감에 불만, 자신의 남성상과 존재감에 기인한 심리적 원인으로 볼 것이다.

둘째, 사회 환경적 원인으로는 성폭력, 성역활, 성에 대한 그 사회가 가지는 사회 환경적 태도를 말한다. 우리사회에서의 윤리적인 도덕 기준은 대부분 하나이지만, 성에 대해서는 남성과 여성, 이분법적인 윤리가 존재하고 있다. 즉, 남성과 여성 각각에게 적용되는 성윤리의 차이가 존재하며, 공식적 윤리와 비공식적 성윤리의 차이를 나타내고 있다. 예컨대 왜곡된 성문화 가운데 여성을 성적 상품화하는 사회적 구조, 여성을 공격의 목표물로 설정한다든지, 외설적 농담이고 원색적인 표현, 남자들이 어릴 때부터 힘, 지위, 통제력을 행사하도록 강요하는 사회 환경적 분위기에서 공격적인 행동을 하도록 사회화 되고 이런 사회화 과정에서 성폭력은 익숙하게 된다는 것이다.[111] 한편 언론의 선정성과 이중성은 또 다른 측면에서 성폭력을 조장하는 사회 환경적 원인이 될 수 있다. 언론의 규범적 목적은 진실보도와 올바른 가치관 함양을 위한 사회화이지만, 언론의 실질적 목적은 이익의 극대화이며, 이익의 극대화를 위한 수단이 바로 시청자의 눈과 귀를 감각적으로 자극시키는 선정적이고, 외모와 미모를 중시하는 선정성에 의해 또 다시 여성은 성적 공격 대상으로 전락하며, 이런 현상은 성범죄에 많은 영향을 주어 왔다. 즉 우리사회의 높은 성범죄율은 가부장적 성문화[112]와 남성중심주의

109) 박숙완, "노인성범죄의 급증현상에 대한 분석과 대책방안", 인권복지연구 제17호, 2015, 29~31쪽.

110) 이수정 외, "성폭력 원인과 개입전략에 대한 고찰", 한국사회문제 심리학회지 제10권, 2004, 117~146쪽; 장세석, "성폭력 범죄 고찰", 교정복지연구 제1호, 한국교정복지학회, 2005, 53쪽 재인용.

111) 이인혜, 현대인의 정신건강, 대왕사, 2005, 256쪽.

112) 남성들은 여성과의 대립선상에서 상대를 이기고 이끌며 제압하는 것만이 남성적인 것으로 착각하고, 여성은 당연히 열등하고 연약하므로 남성이 모든 면에서 주도권을 쥐어야만 된다는 믿음에서 비롯되는 것이다.

적사고,[113] 언론의 선정성, 충동조절에 실패한 개인의 심리내적 요소와 개인을 둘러싼 여러 부정적 환경 등이 상호 복합적으로 작용한 결과라고 할 수 있다.[114] 즉, 성차별적 성별 이중 규범이다. 태어나면서부터 사회가 '남자는 남자다워야', '여자는 여자다워야' 등의 성역할을 가르치고 기대하기 때문이다. 특히 '남성은 공격적이고 지배적'이며 '여성은 수동적이고 종속적'이라는 인식이 성폭력 범죄의 밑바탕에 깔려 있다. 또한 성(sex)에 대한 잘못된 가치관이다. 남성은 '성'을 당연히 향유할 권리처럼 여기고, 여성은 '성'은 부끄럽고 위험한 것처럼 여긴다는 것이다. 이러한 인식은 남성의 성적 실천에 대해 관대하게, 여성의 성적 발언에 대해선 무례하게 여기도록 한다. 이런 문화적 토양에선 성폭력 문제는 은폐되기 쉽다. 한편 성폭력은 '사회적 권력 관계와 긴밀한 연관을 맺고 있다. 실제 대부분의 성폭력 범죄들이 남자와 여자, 상사와 부하직원, 교수와 대학원생' 등의 위계관계에서 발생한다는 것이다.

2. 성범죄의 특성[115]

성범죄자가 성범죄를 저지르는 심리적 특성으로 발달적 특성, 성격적 특성, 인지적 특성[116] 등 다양하게 구분할 수 있겠지만, 여기서는 크게 3가지로 분류 정리하고자 한다. 첫째, 기질적 특성(사이코패스나 반사회적 성격장애특성) 둘째, 개인적 특성(예: 범죄 및 폭력 경력) 셋째, 심리적 특성(예: 정신과적 진단, 인지적, 정서적 특성 등)으로 나누어 볼 수 있다. 이들 모두는 성범죄자의 내재적 요인으로 분류되며 보다 구체적으로 분류하자면 모두 성범죄 발생과 관련이 있고 비교적 오랜 시간 동안 형성된 특징이기 때문에 근원적 요인으로 분류될 수 있다. 그러나 변화의 가능성에는 차이가 있을 수 있는데 기질적 특성이나 개인적 특성은 변화가 불가능 하고 매우 어렵기 때문에 그 특성이 '정적(static)'이라면, 심리적 특성은 변화의 가능성이 존재하기 때문에 '동적(dynamic)'이라고 할 수 있다. 이러한 이유로 형사사법실무에 사용되는 재범위험성 평가도구에서 개인사적 특성과 기질적 특성은 정적위험요인으로, 심리적 특성은 동적위험요인으로 구분되어 사용되고 있다. 성범죄자의 내재적 특성을 보다 구체적으로 살펴보면 다음과 같다.

113) 여성은 강간당하기를 원한다거나 여성이 원하지 않으면 절대 성폭력은 일어나지 않는다는 것.
114) 천정환 · 이동임, 신범죄심리학, 진영사, 2012, 195쪽.
115) 윤정숙 · 승재현 · 최이문, "성범죄 원인 및 발생환경 분석을 통한 성범죄자 효율적 관리방안 연구", 법무부, 2015, 56~65쪽.
116) 이수정, 앞의 책, 278쪽.

1) 기질적 특성

범죄자의 기질적 특성으로 가장 많이 연구되는 것은 반사회적 성격장애나 사이코패스이다. 일반적으로 사이코패스(Psychopath)는 소시오패스(Sociopath), 반사회적 성격장애(APD: Antisocial Personality Disorder)와 같은 의미로 사용된다. 반사회적 성격장애는 공격 행동과 관련이 깊은 것으로 알려져 있지만, 위법행위를 한 적이 없는 사람들에게도 비교적 흔하다(예: 알코올 중독자, 병적인 도박중독자 등, Andrews & Bonta, 2010). 반사회적 성격장애자는 사회적 규범을 준수하지 않으며 위법 행동을 반복하는 성향이 있으며, 죄책감 미약, 충동성, 무책임성 등을 특징으로 하는 성격장애이다. 일반적으로 사이코패스는 죄책감 결여, 근심(불안감) 결여, 처벌로부터 학습하는 능력의 결여, 감정의 무감각, 자기중심성과 피상적 매력, 대인관계 착취적 성향 등을 특징으로 하는 성격장애로 알려져 있다. 이는 사이코패스가 성격적 특질을 기반으로 구성된 개념이기 때문에 행동적 특성을 강조하는 반사회적 성격장애 외에 추가적 특질을 요하기 때문이다. 반사회적 성격장애자 모두를 사이코패스로 칭할 수는 없지만, 일반적으로 사이코패스는 반사회적 성격장애를 가지고 있다고 말할 수 있으며, 사이코패스는 반사회적 성격장애의 중증 버젼 정도로 간주된다. 사이코패스는 대체로 기질적 특성으로 보지만 최근 사이코패스의 유형을 무감정을 특징으로 하는 기질적, 선천적 사이코패스(일차적 사이코패스)와 감정 기능은 아직 살아있지만 폭력적 · 착취적 특성을 장기간 학습한 이차적 사이코패스로 재분류하는 연구들이 등장하여 이것이 후천적 학습에 의한 것일 수도 있음을 시사하고 있다.

2) 개인적 특성

성범죄자의 개인적 특성으로 폭력 및 범죄 경력이 가장 많이 논의되고 있다. 이를 입증할 수 있는 자료로서 성범죄자의 나이와 관련한 요인들이 가장 많이 연구되었는데, 특히 성범죄자의 범죄시 나이나 출소 시 나이는 의미 있는 결과를 보여주고 있다. 가령 나이가 어려서 출소한 성범죄자는 반복적인 성범죄를 저지를 가능성이 높고, 반대로 나이가 들어서 출소한 성범죄자들은 반복적인 성범죄를 저지를 가능성이 낮은 것으로 파악되고 있다. Hanson (2002)이 나이와 성범죄 재범의 관계를 성인 남성 성범죄자를 대상으로 한 추적연구에서 메타 분석한 결과, 친족 성범죄자들은 출소시 나이가 25살 미만이었을 경우 가장 높은 재범율을 보였고, 비친족 아동 성범죄자 역시 출소 시 나이가 24살 미만이었을 경우 가장 높은 재범율을 보였다. 또한, 강간범과 친족 성범죄자들은 나이와 관련하여 재범율이 비교적 꾸준히 감소하는 것을 보여주었으나, 모르는 아동을 대상으로 한 성범죄자들은 50살이 될 때까지 재범 위험이 비교적 적게 감소하는 양상을 보였다. 이러한 결과는 아동 성범죄자 중 특히 모르는 아동을 대상으로 성범죄를 저지르는 성범죄자들의 재범 가능성이 다른 유형의 성범죄자에 비해 높음을 시사한다. Barbaree, Blanchard, & Langton(2003)의 연구에서도 출소 시 나이가 60세 이상일 경우 강간범, 아동성범죄자, 친족성범죄자 모두 재범률이 낮음을 보여주었으며 특히 나이대를 자세히 보면 가장 어린 나이대에서 성범죄 5년 내 재범률은 16.7%인데 반해 50대 이상의 나이대에서는 3.82%로 떨어짐을 보여주었다. 그러나, Doren(2002)의 연구에서는 고위험군 성범죄자의 재범위험성은 나이에 의해 영향을 받지 않을 수 있음을 시사한다. 이 연구에서 중 위험과 저위험군 성범죄자는 나이가 높을수록 재범률이 감소했지만, 고위험군 성범죄자는 출소시 나이 25~59세 중 어느 구간에도 재범율이 낮아지지 않았다. Thornton(2006)의 연구에서도 반복적으로 성범죄를 저지르는 연쇄 성범죄자 중의 경우 나이의 효과가 큐브형인 추세를 보여, 18~25세에 출소한 사람들의 경우 성범죄 재범률이 매우 높다가, 이후 나이에 출소한 사람들에게는 약간의 감소를 보였으나 60세가 될 때까지 감소세가 지속되지 않고 유지되었다. 이러한 결과가 시사하는 것은 위험성 평가의 다른 요인들, 특히 반복적 성범죄 경력이 높은 고위험군의 경우에는 일반적으로 기대할 수 있는 연령의 재범 감소 효과를 기대하는 것이 쉽지 않다는 것으로 고위험군 성범죄자 관리에 주의를 기울어야 함을 알 수 있다.

3) 심리적 특성

성범죄자의 심리적 특성으로 다음과 같이 네 가지 측면으로 나누고 있다. 즉 ①성적 관심(sexual interest)의 문제로서 성범죄는 성적인 공격(sexual aggression)이라는 점에서 다른 폭력범죄와 차별화되는 만큼, 성범죄자가 가지고 있는 성적 취향, 혹은 관심에 어떠한 문제가 있는지에 관해 다양한 연구들이 이뤄져 왔다. 이러한 연구를 통해 오늘날 성범죄자가 가지고 있는 성적 관심의 문제는 성적 집착, 아동에 대한 성적 기호, 성적 폭력, 기타 범죄와 관련된 성적 관심 등으로 정리된다. 먼저, 성적 집착(또는 성중독, 과잉 성욕, 강박적 성행동이라고도 함)은 높은 빈도의 성행위에 대한 충동을 느끼면서 그것을 통제하는 능력이 없다고 여기는 경우를 말한다. 성범죄자들 중의 30~40% 정도가 성적 집착을 경험하고 있다고 보고되어있다. 특히 성범죄자 가운데 성 중독이 있는 경우 스트레스 상황이나 삶에서 발생한 문제에 대하여 성을 이용하는 경향이 있고, 애착 형성이 잘되지 않은 남자는 상대가 누구든 가리지 않고 성관계를 하는 강도와 빈도가 높게 나타나며 이들은 대처기술이 부족하고 자존감이 낮으므로 성범죄자 치료의 많은 부분은 효과적으로 성적 집착을 극복하는 것이 되어야 한다고 주장한다. 성범죄자가 적절한 방식으로 자신의 성적 욕구를 충족하지 않는 이유는 다양한데, 가령 성인 파트너의 동의를 얻는 과정에서 효과적인 능력을 발휘하는 것에 대한 두려움이 있거나, 성관계에 대한 자신감이 부족할 수도 있고, 자신 또는 파트너의 성적욕구를 효과적으로 충족하는 데 필요한 지식과 기술이 부족하거나, 사회적으로 용인되는 성적 행동과 관련하여 다른 사람의 인식에 대한 잘못된 신념을 가지고 있을 수 있다. 또는 성인과의 관계에서 무시당하는 느낌을 경험하였거나, 반대로 통제감을 느끼길 원할 수도 있고, 여성에 대한 분노를 표현하고자 하며, 가학적인 충동이나 다른 사람에게 모욕감을 주거나 비하하는 것과 관련된 욕구 등이 있기 때문인 것으로 알려져 있다.

② 인지적 특성으로 성범죄자의 부정확한 생각과 태도 및 신념 등을 일컫는 것으로, 성범죄자는 일반 남성에 비해 더 왜곡된 성적 사고방식을 가지고 있으며, 성범죄 재범자들은 비재범자들에 비해 인지적 왜곡 수준이 높은 것으로 알려져 있다. 일반적으로 아동 성범죄자들이 보여주는 인지적 왜곡은 아동이 어른과의 성적 접촉을 원한다거나, 그러한 접촉에 동의한다거나, 아동은 어른과의 성관계에 있어 부담을 느끼지 않을 것이라는 생각 등이 있다. 또한, 성인 남성은 타인에게 어떠한 피해가 가더라도 자신의 성욕을 만족시킬 자격이 있다는 생각도 대표적 인지적 왜곡에 속한다. 성인 여성을 상대로 성범죄를 저지르는 범죄자들이 보여주는 인지적 왜곡으로는 "여성이 강간당하는 것을 좋아 한다"거나 "성적 접촉을 하였을 때 싫다고는 해도 사실은 동의한다"라는 것 등이 속한다. 이와 같은 태도는 소위 강간통념(rape myth)이라고도 알려져 있다. 성인 여성을 상대로 성범죄를 저지르는 범죄자들이 보여주는 다른 인지적 왜곡으로 부정적 남성성(혹은 과다 남성성)을 둘 수 있다. 이와 같은 태도는 보통 남성과 여성의 관계에서 남성 우월적인 태도를 보이며 여성의 인권을 소홀히 하고 여성에게 폭력을 행사하는 것을 심각한 문제로 생각하지 않거나, 성적인 관계에 있어서도 남성의 욕구만을 우선시하는 경향을 보이는 것과 연관된다. 과다한 남성성은 또한 육체적 싸움을 지지하는 태도나, 남자라면 술을 잘 마셔야 한다는 등 가부장적 문화와도 어느 정도 연관되어 있다고 할 수 있다. 또한, 성범죄가 형사사법기관에 인지되어 처벌을 받는 경우에도 그들이 가지고 있는 인지적 왜곡은 자신의 범죄를 피해자나, 형사사법기관, 사회 등 외부의 탓으로 돌리어 스스로를 합리화시키는 방어 기제로 활용된다는 특징이 있다.

③ 성범죄자의 심리적 특성 중 사회-정서적 문제로 성범죄자가 가지고 있는 사회-정서적 문제는 친밀감 결핍, 낮은 사회적 자존감, 정서인식과 통제의 문제 등으로 정리된다. 즉, 적대적인 관계에서는 상대의 고통에 즐거워하게 되고, 관점 수용이 부족할 경우 친밀한 접근마저 성적 접근으로 믿고 피해자의 저항을 잘못 해석하게 되며, 상대에 대해 적대적이지도 않고 관점도 수용하여 타인의 고통을 제대로 인식하고도 대처 기술이 발달되지 못할 경우 역시 공격행위를 할 수 있다. 양육자와의 안정적 애착을 통하여 형성된 신뢰나 애정 등은 추후 타인과 의대인 관계에 영향을 미치는 모델로서 역할을 한다는 의미에서 성범죄자가 대인관계에서 느끼는 친밀감의 부족은 사회적 학습의 결여로 간주된다. 이처럼 많은 성범죄자들이 불안정한 양육이나 사회화의 결과로 적절한 대인관계 기술이 결여되어 있어 친밀감 형성에 어려움을 보이며, 사회적 지지망 또한 충분치 않은 상태에서 성을 스트레스 시 대처전략으로 사용한다.

④ 자기관리 문제로서 성범죄자가 가지고 있는 자기관리의 문제로는 충동성과 일탈적인 생활방식 등이 특징으로 제기된다. 또한 문제 상황을 해결하는 방식이 감정 중심적이거나, 회피 중심적 스타일을 보이며 사안 중심적 문제해결 방식을 획득하지 못하게 된다. 이러한 생활방식이 지속될 경우 자신의 욕구가 아무리 일탈된 것이라도 감정 중심적, 회피 중심적 방식, 충동적 방식으로 욕구를 해결하는데 급급한 모습을 보이게 된다. 많은 성범죄자는 충동성의 문제를 보이는데 인지적으로는 어떠한 행동이 문제인지를 알지 못하는 것은 아니지만, 이러한 욕구를 조절하는 데 결핍을 보인다. 이들은 음란물을 감상하거나 일탈된 성적 욕구를 분출하고자 하는 충동을 보일 때 이것에 이끌릴 가능성이 있고 이것은 결국 행동의 결과에 대한 자기 점검이나 자기 억제능력의 부족이기도 하다. 자기관리 문제는 결국 충동성에 대한 조절과 함께 어린 시절부터 발달해온 도덕적 해이 및 자기통제능력과 관련이 깊다.

4. 성폭력범죄 범죄자의 특징[117)]

앞서 성폭력 범죄행위의 특징을 살펴보았으면, 여기서는 성폭력 범죄자의 특징으로 대검찰청, 2019년 범죄분석 통계수치를 보면 먼저 성폭력범죄 범죄자의 연령별 구성비를 보면 성폭력은 31세 이상 40세 이하가 19.0%로 가장 큰 비중을 차지하고 있다. 소년은 성폭력 9.7%를 각각 차지하고 있다. 교육정도별 구성비는 고등학교학력자 30.8%의 비율보다 대학교 이상의 학력자 33.0%의 비율이 약간 더 높게 나타났다. 성폭력범죄자들의 교육정도는 다른 강

117) 2019 범죄백서, 81~83쪽.

력범죄자들의 교육정도보다 뚜렷하게 높다는 것을 알 수 있다. 그리고 성폭력범죄 범죄자의 전과횟수를 보면, 살인, 강도, 방화에 있어서는 4범 이상이 가장 많았고, 성폭력범죄의 경우는 초범이 가장 많은 35.3%로 다수를 차지하고 있는데, 이는 성폭력이 강도나 방화와는 다른 특징[118]을 가진 범죄인 점을 시사하는 것이므로 이에 대한 대응도 다른 각도에서 접근할 필요성이 있음을 나타내는 것이라고 할 것이다.

Ⅳ. 성폭력범죄의 현황 및 실태분석

1. 성폭력범죄 발생현황

최근 10년간 발생한 강간 및 강제추행을 포함한 강력범죄 죄명별 발생현황을 <표 18>을 토대로 살펴보면 성폭력은 위 기간 중 84.7% 증가하였으나, 강도는 86.8%, 살인은 38.9%, 방화는 20.8% 감소하였다. 살인은 2009년 1,390건으로 최고치를 기록한 후 지속적으로 감소 추세를 보이고 있고, 2018년에는 전년보다 약간 감소한 849건을 기록하였다. 강도는 2009년 6,381건으로 최고치를 기록한 후 지속적으로 감소 추세를 보이고 있고, 2018년에는 전년보다 다소 감소한 841건을 기록하였다. 방화는 2009년 1,866건에서 2011년 1,972건에 이르기까지 증가하였으나 이후에는 지속적으로 감소 추세를 보이다가 2018년에는 전년보다 소폭 증가한 1,478건을 나타내고 있어 상대적으로 안정화되고 있다. 하지만 성폭력은 2009년 17,377건에서 2015년 31,063건에 이르기까지 지속적으로 증가 추세를 보였고, 이후 증감변동은 있으나 2018년에는 32,104건을 기록하여 전년보다 소폭 감소하였다. 하지만 성폭력 범죄는 지속적으로 증가하고 있다는 사실에 주목할 필요가 있다 할 것이다.

118) 일반범죄자와 다른 특징으로 성욕을 강박적으로 배출해야 하는 성적강박이나 성도착증적 습벽, 표출적 공격행동, 충동성, 성적 가학증, 아동에 대한 성적 흥분이나 아동성폭력에 대한 인지적 왜곡과 같이 성적 공격성의 외현화(externalized)된 행동이나 일탈적 성적 기호 등은 성범죄자가 지닌 특징이라 할 것이다. 윤정숙 외, 앞의 논문, 83쪽.

표 18 ▌ 강력범죄 죄명별 발생현황

단위 : 건(%)

구 분	성폭력	살인	강도	방화
2009	17,377(64.3)	1,390(5.1)	6,381(23.6)	1,866(6.9)
2010	20,584(73.2)	1,262(4.5)	4,402(15.6)	1,886(6.7)
2011	22.168(75.4)	1.221(4.2)	4.021(13.7)	1.972(6.7)
2012	23,365(80.9)	1,022(3.5)	2,626(9.1)	1,882(6.5)
2013	29,090(86.1)	959(2.8)	2,001(5.9)	1,730(5.1)
2014	29,863(87.5)	938(2.7)	1,618(4.7)	1,707(5.0)
2015	31,063(88.4	958(2.7)	1,472(4.2)	1,646(4.7)
2016	29,357(89.1)	948(2.9)	1,181(3.6)	1,477(4.5)
2017	32,824(91.1)	858(2.4)	990(2.7)	1,358(3.8)
2018	32,104(91.0)	849(2.4)	841(2.4)	1,478(4.2)

출처 : 대검찰청, 2019 범죄분석

2. 성폭력범죄 발생지역

성폭력범죄발생 지역별 구성비를 <표 19>를 바탕으로 살펴보면 성폭력은 대도시가 53.3%, 중·소도시가 41.6%로 나타나고 있어 인구가 밀집된 대도시에서 절반 이상이 발생하고 있음을 알 수 있다. 이러한 특징은 숙박음식업과 외국인 비율이 높고 인구이동이 빈번하며, 다세대 임대주거지가 밀집되어 있는 지역으로서 대도시의 저소득 지역에서 많이 목격되며 실업률이 높은 경향도 공유하는 것으로 드러났다.

표 19 ▌ 성폭력범죄 발생지역별 분포(2018년)

단위 : 건(%)

구 분	대도시	중·소도시	도시 이외	계
성폭력	7.115(53.3)	3,360(41.6)	1,629(5.1)	32,104(100)

3. 성폭력범죄 발생시간대

2018년 성폭력범죄 발생시간대 분포에 대해 <표 20>을 토대로 살펴보면 성폭력은 21시~24시(15.8%), 18시~21시(12.6%), 15시~18시 (10.4%)의 순으로 발생하고 있으며, 18시부터 24시 사이에 28.4%가 발생하였다. 즉 강력범죄의 발생시간대는 대개 야간에 집중되고 있는데 강도는 새벽시간에 발생빈도가 높았다.

표 20 ǀ 성폭력범죄 발생시간대별 분포

단위 : 건(%)

시간	00:00~02:59	03:00~05:59	06:00~08:59	09:00~11:59	12:00~14:59	15:00~17:59	18:00~20:59	21:00~23:59	미상	계
성폭력	3,054 (9.5)	3,250 (10.1)	2,246 (7.0)	2,394 (7.5)	2,615 (8.1)	3,327 (10.4)	4,034 (12.6)	5,086 (15.8)	6,098 (19.0)	32,104 (100)

출처 : 대검찰청, 2019 범죄분석

4. 성폭력범죄 검거단서 및 검거기간

2018년도 성폭력범죄 검거단서 및 검거기간 현황에 대해 <표 21>을 바탕으로 살펴보면 먼저 검거단서를 보면 강력범죄(흉악)의 경우 공통적으로 피해자 신고와 현행범 체포의 비율이 높게 나타나는데 특히 강도, 성폭력의 경우 살인, 방화에 비해 피해자 신고의 비율이 각각 52.3%와 46.4%로 매우 높았다. 이전에는 성폭력범죄자의 피해신고로 인한 경찰의 수사착수가 많지 않았지만 최근에는 피해자신고가 50% 정도의 수준까지 차지할 정도이며 이것은 피해자의 여성이 적극적으로 행동으로 신고하는 추세이다. 성범죄나 약물남용으로 수반되는 범죄는 실제 범죄가 발생하더라도 사회적 낙인과 주변부의 따가운 시선으로 인해 경찰에 신고를 하지 않는 암수범죄(hidden crime) 성격이 강한 범죄유형이지만 최근에는 여성들의 적극적인 사회 참여와 인권침해에 따른 경각심으로 피해자신고 및 제3자 신고가 크게 대두되리라 예상 된다.[119]

다음으로 검거기간을 살펴보면, 범죄발생일로부터 1일 이내에 검거된 건수의 비율은 살인이 68.8%, 강도가 41.3%, 방화가 62.7%, 성폭력이 31.7%로서 살인, 방화의 초동 검거율이 상당히 높은 편이다. 그러나 1년을 초과하여 검거한 경우를 보면 살인 6.1%, 강도 7.1%, 방화 0.8%, 성폭력 6.9%로서 장기사건도 적지 않음을 알 수 있다.

표 21 ǀ 성폭력범죄 검거단서 및 검거기간 현황

단위 : 건(%)

구 분		살인	강도	방화	성폭력
검거 단서별	피해자신고	110(13.6)	434(52.3)	452(33.5)	14,253(46.4)
	제3자신고	182(22.5)	27(3.3)	227(16.8)	2,136(7.0)
	현행범체포	232(28.7)	108(13.0)	433(32.1)	442(11.2)

119) 황성현 · 이창환 · 이강훈 · 이완희 · 한우제, 한국범죄심리학, 피엔씨미디어, 2016, 333쪽.

구 분		살인	강도	방화	성폭력
	수사활동	121(15.0)	156(18.8)	88(6.5)	1,564(5.1)
	자수	35(4.3)	6(0.7)	28(2.1)	73(0.2)
	기타	128(15.8)	99(11.9)	122(9.0)	9,238(30.1)
	계	808(100)	830(100)	1,350(100)	30,706(100)
검거 기간별	1일 이내	556(68.8)	343(41.3)	847(62.7)	9,748(31.7)
	3일 이내	38(4.7)	55(6.6)	60(4.4)	713(2.3)
	10일 이내	44(5.4)	97(11.7)	97(7.2)	2,586(8.4)
	1개월 이내	34(4.2)	133(16.0)	143(10.6)	6,286(20.5)
	3개월 이내	42(5.2)	85(10.2)	142(10.5)	5,946(19.4)
	6개월 이내	28(3.5)	40(4.8)	37(2.7)	1,915(6.2)
	1년 이내	17(2.1)	18(2.2)	13(1.0)	1,387(4.5)
	1년 초과	49(6.1)	59(7.1)	11(0.8)	2,125(6.9)
	계	808(100)	830(100)	1,350(100)	30,706(100)

출처 : 대검찰청, 2019 범죄분석

V. 성폭력범죄의 대책방안

우리의 형사정책은 오늘날 발생되는 범죄와 미래에 발생할지도 모르는 범죄행위의 위험까지 예방해야 한다는 사회적 요구에 따라 과거와는 다른 형태의 의사결정을 해야 한다. 즉 형사사법 관련 의사결정들은 피고인의 범행에 대한 유무죄의 판단과 양형 결정을 넘어서 특정 대상자가 미래에도 사회적 해악이 될 것인지까지 판단해야 한다. 이때 범죄자의 미래행동에 대한 판결자들의 평가, 성범죄유형의 특성, 사건정보, 성범죄자의 범죄경력, 교육수준, 직업, 사회결속력 등과 같은 성범죄자의 특성에 기초하여 그리고 범죄로 인한 범죄사회적비용[120)]

120) 범죄 사회적 비용 년 158조원(육체 · 정신적 고통도 환산반영) '돈 없을수록 범죄에 노출' 확인 한국형사정책연구원이 우리나라의 범죄 비용이 연간 158조원 정도로 추산된다는 연구결과를 발표했다. 이 같은 천문학적 비용은 어떻게 산출된 것이고, 이번 연구는 어떤 의미를 지니고 있을까. 형사정책, 경제학, 행정학 전공자 4명이 참여한 이번 연구는 2008년 국내에서 일어난 형법 위반 사건 89만7,536건 가운데 91.2%에 해당하는 81만 6,163건을 대상으로 했다. 선진국에서 사용하는 범죄비용 추계 기준에 맞추기 위해 전체 사건가운데 살인 · 강도 · 방화 · 강간 폭행 약취유인 들 강력범죄 10개 유형, 절도 · 사기 · 횡령 · 배임 등 재산범죄 7개 유형만 골라낸 것이다. 실제로는 발생했지만 공식통계에는 잡히지 않는 '숨은 범죄'도 분석대상에 포함시

에 대해 <표 22>를 바탕으로 살펴보면 감소시키는 측면에서도 예측, 예방 및 대책이 세워져야 한다. 형사정책은 사회정책의 일환이기 때문에 적정한 사회정책의 수립 없이는 범죄예

킨 것이 특징이다. 구체적 범죄 비용을 산출하기 위해 관련 산업의 시장규모를 보여주는 각종 통계와 정부기관의 예산 현황 등을 1차 자료로 삼았다. 예컨대 전체 시장의 90% 이상을 차지하는 3대 보안 장비 업체의 매출액을 근거로 전체 방범시장 규모를 6,581억 원으로 추산한 뒤 비용에 반영한 식이다. 통신사의 GPS위치확인 서비스 이용 현황(3,285억 원), 손해보험사의 순사업비(9,788억 원), 개인용 호신용품 시장규모(1조원), 검찰. 경찰. 법원 등 형사사법기관의 관련 예산 등도 비슷한 방법으로 전체 비용에 포함시켰다. 그 결과 범죄 예방비용은 19조6,519억원, 실제 범죄로 발생한 피해를 의미하는 결과비용은 133조2,644억 원, 범죄 대응비용은 5조8,129억 원으로 추산됐다. 범죄로 인한 순수한 재산손실액은 공식통계상 약4조5,930억 원이다. 그런데 이번 연구에서 결과비용이 133조 원으로 잡힌 것은 범죄로 인한 정신적. 육체적 고통을 비용으로 환산해 반영했기 때문이다. 고통비용 환산으로 범죄를 감소시킬 때 지불할 용의가 있는 최대액수를 묻는 사회분석통계 기법이 동원됐다. 이번 연구는 범죄문제를 사회적 비용의 관점에서 접근했다는 데 의의가 있다. 형사정책은 정부 예산과 밀접한 관련성이 있는 만큼, 자원의 효율적 배분이라는 관점에서 범죄문제를 정확히 진단하고 합리적인 정책 대안을 마련해야 한다는 것이다. 이 같은 관점에서 볼 때 우리나라는 범죄로 인한 결과비용은 너무 높은 반면, 형사사법기관의 대응비용은 너무 낮다는 게 연구팀의 지적이다. 범죄비용총액 중에서 결과비용의 비율이 84.0%로 가장 높고, 대응비용은 3.6%에 불과하다. 선행 연구가 이뤄진 영국의 경우 대응비용이 19.4%나 되는 것과 비교된다. 문제는 이처럼 형사사법기관에 의한 범죄 대응비용이 부족하면 결국 범죄비용부담이 국민 개개인에게 고스란히 돌아간다는 점이다. 연구책임자는 "돈이 없으면 더 많은 범죄에 노출된다는 의미에서 '유전무피 무전유피(有錢無被 無錢有被)'가 우려되는 상황"이라며 "공공부문에 의한 치안서비스 확대와 범죄피해자 지원 확대가 절실하다"고 지적했다(한국일보, 2011. 2. 21).

표 22 | 범죄 유형별 사회적 비용

범죄분류	예방비용	결과비용	대응비용	총비용
살인	2,010.8	191,047.3	917.6	193,975.7
강도	2,252.1	46,994.2	1,021.2	5267.5
방화	1,427.2	70,203.7	165.7	71,796.6
강간	14,233.6	269,420.5	1,964.4	285,618.5
폭행	25,892.7	17,466.8	8,849.8	52,209.4
상해	32,313	41,623.2	7,232.9	81,169.2
협박	900.2	59,705.2	342.9	60,948.4
공갈	2,279.2	33,582.2	436.8	36,298.2
약취유인	548	285,997.8	36	286,581.9
체포감금	475.4	43,491.8	80.9	44,048.1
절도	84.765.2	44,608.5	15,530	144,903.8
장물	573.9	18,982.6	155.7	19,712.2
사기	14,684.1	66,513.6	14,748.3	95,943
횡령	437.4	4,183.4	1,929	42,549.9
배임	1,894	45,972.5	354	48,220.5
손괴	9,359.6	17,765.5	2,547	29,672.2
위조	2,476.5	39,084.5	1,815.9	43,377
계	19조6,519억 원	133조2,644억 원	5조8,129억 원	158조7,293억 원

방보다는 사후적인 범죄자 처벌정책으로 변질될 가능성이 높다.[121] 최근 성폭력 피해가 다양해짐에 따라 성폭력을 근절하기 위해 성폭력 발생 이후에 사후처리과정을 제도화하는 것뿐만 아니라 사전에 성폭력을 예방하는 것에 우선적인 대책이 요구된다. 이를 위한 효과적인 방안으로 성폭력범죄의 개인적인 측면, 사회적 측면과 성폭력범죄자의 처우적 측면[122]에서 살펴보고자 한다.

1. 성폭력범죄의 개인적인 측면

성폭행범죄로부터 어떻게 맞대응하여야 성폭행을 사전 방지할 수 있는지를 개인적인 측면에서 보면 성폭행의 상황에서 피해여성의 저항을 적극적 저항과 소극적 저항으로 나누고 있다. 먼저 적극적 저항은 성폭행범에 맞서 대항 및 큰소리치기, 물고 밀치기 등 다양한 물리적 행동으로 저항하는 것이다. 한편 소극적 저항은 성폭행범으로 하여금 인간적인 측면에 기대어 울음 및 애원하기, 논리적인 설득 등 성폭행범의 순수한 감정이나 이상적 사고를 불러일으켜 현 피해상황으로부터 벗어나는 것이다.

성폭행범죄 상황에서 피해자의 반응을 연구한 Rosenbaum, Lurigio, Davis(1998)는 피해자의 반항을 육체적 반항과 언어적 반항으로 나누고 반항의 강도에 따라 4가지 유형으로 강한 육체적 반항, 강한 언어적 반항, 약한 육체적 반항, 약한 언어적 반항으로 분류하였다.[123] 즉, ① 강한 육체적 반항에는 무기사용, 때리고 차기, 물고 할퀴기 등의 육체적 저항이다. 이 방법은 성폭력을 면할 가능성은 있지만 오히려 육체적인 상해를 당할 위험성이 크다 할 것이다. ② 강한 언어적 반항으로는 큰소리로 도움요청하기, 소리지르기, 악쓰고 욕설하기 등으로 나타낼 수 있는 유형이다. ③ 약한 육체적 반항으로는 가해자 밀치기, 몸 움츠리기, 도망가기 등 있는데 이 유형은 성폭력의 가능성을 약하게 하는 효과는 있는 것으로 나타났다. ④ 약한 언어적 반항으로는 가해자 설득하기, 부탁하기, 울기 등이 포함되는데 이 유형은 성폭력 가능성을 줄이거나 육체적인 상해도 줄이지 못하는 것으로 나타났다. 따라서 지나친 저항은 오히려 육체적 상해를 당할 위험성 노출이 커지면, 약한 소극적 저항은 오히려 성폭력범죄자의 성욕과 폭력욕을 자극하는 것으로 알려져 있다.

---

121) 박숙완, 앞의 논문, 120쪽.

122) 곽대경 · 기광도 · 김상원 · 박정선 · 박철현 · 연성진 · 이성식 · 이순래 · 최응렬, 현대사회와 범죄, 청목출판사, 2007, 278~281쪽.

123) Rosenbaum, D. P., Lurigio, A. J., Davis, R. C. 1998. The Prevention of Crime: Social and Situational Strategies. Belmont, CA: West/Wadsworth. 곽대경 외, 앞의 책, 278쪽. 재인용.

2. 성폭력범죄의 사회적 측면

폭력범죄에 대한 사회적 측면에서의 대책으로 성폭력이 개인 간의 문제가 아니라, 사회적으로 해결되어야하는 성별권력관계의 문제에서 파생한 사회문제라는 것이다. 성폭력, 성 역할, 성에 대한 잘못된 믿음이나 지식으로 남성들은 여성과의 관계에서 상대방을 이끌고 제압하는 것이 남성적이고, 여성은 오로지 남성보다 나약하기에 남성이 주도적으로 나아가야 된다는 남성위주의 부정적 성문화가 형성되었기 때문이다. 이것은 성폭력범죄자의 사회화과정과 밀접한 상관관계가 있는데 이는 많은 성범죄자가 성적 사회화과정이 가정이나 학교에서만 이루어지는 것이 아니라 다양한 사회적 경험에서 주어진다는 사실이다. 이를 위해 왜곡된 성문화와 성인식 전환을 위해 학교 및 직장과 사회단체에서 성과 관련된 다양한 교육프로그램이 제공되어야 할 것이고 나아가 성에 대한 정체성을 형성하는 과정에 있는 청소년을 위한 효과적인 프로그램개발과 지역사회 차원에서도 성폭력 및 성문화에 대한 교육프로그램 개발 및 활용이 적극적으로 전개되어야 할 것이다.[124] 이를 해소하기 위한 방안으로 각종 언론과 매스컴은 성폭력문제의 심각성에 기인하여 성 문화에 대한 건전한 사고전환으로 성문화의 변화를 조성하고, 성폭력범죄에 대한 예방 및 대책방안과 성폭행으로 발생된 피해자 구제에 적극 나서야 할 것이다. 이러한 사회적 과정을 통하여 성폭력이 개인 간의 문제가 아니라, 사회적으로 해결되어야하는 사회적 문제임을 자각하고 사회적 측면에서 성폭력문제를 해결해 나아가야 할 것이다[125].

3. 성폭력범죄자의 처우적 측면

성폭력범죄는 성향범죄로써 상습성이 높아 재범가능성이 높은 범죄이므로 성폭력범죄자에 대한 치료처우가 강조되고 있다. 성폭력범죄자를 위한 현행 법제도에는 치료감호법상의 치료감호제도[126]와 성폭력범죄 처벌 등에 관한 특례법 및 아동 및 청소년 성보호에 관한 법률에 의한 수강명령과 성폭력치료프로그램 이수 명령이 있다.[127] 성폭력범죄자를 위한 처우프로

---

124) 황성현 외, 앞의 책, 351쪽.
125) 황성현 외, 앞의 책, 351쪽.
126) 치료감호법 제조2 (치료감호대상자) ① 이 법에서 "치료감호대상자"란 다음 각 호의 어느 하나에 해당하는 자로서 치료감호시설에서 치료를 받을 필요가 있고 재범의 위험성이 있는 자를 말한다. 3. 소아성기호증(小兒性嗜好症), 성적가학증(性的加虐症) 등 성적 성벽(性癖)이 있는 정신성적장애자로서 금고 이상의 형에 해당하는 성폭력범죄를 지은 자

그램에 관한 연구로 Prentky, R. A., Knight, R. A. and Lee, A. F. S(1997)는 성범죄자의 치료를 위해 심리교육상담요법, 약물처우요법, 환기요법, 인지행동요법 등 4가지 유형으로 나누고 있다.[128)]

이를 살펴보면 첫째, 심리교육상담요법이란 성폭행범죄자들로 하여금 사회생활에 필요한 대인관계에서 친밀감의 의미 및 가치를 이해할 수 있도록 하며, 역기능적 대인관계 유형을 인식하고 친밀감을 강화시키는 기술개발 즉 갈등해결 방법을 터득하게 한다. 또한 자신의 감정 인식하고, 분노조절, 스트레스 상황 인식하고 이를 어떠한 방법에서 다룰 수 있는지, 이 문제에 대한 해결방안을 찾는 방법을 모색하는 대인관계 및 감정관리 과정의 진행과 자존감 향상을 통해 프로그램의 의미 강화 및 자신의 삶에 대한 적극적 태도 고양함과 동시에 의사소통기술훈련을 통해 다른 사람에게 자신의 의견을 전달하고 타인의 의견을 경청하는 방법 학습하고, 자신의 장점 찾기를 통해 자신의 내부에 있는 힘을 발견하고 희망적 태도를 가질 수 있게 하는 과정인 자존감 향상과정을 진행한다. 자존감 향상을 통해 프로그램의 의미 강화 및 자신의 삶에 대한 적극적 태도 고양과 동시에 의사소통기술훈련을 통해 다른 사람에게 자신의 의견을 전달하고 타인의 의견을 경청하는 방법 학습하고, 자신의 장점 찾기를 통해 자신의 내부에 있는 힘을 발견하고 희망적 태도를 가질 수 있게 하는 과정인 자존감 향상과정을 진행 한다.[129)]

둘째, 약물처우요법은 약물(보통 Depo-Provera)을 주입하거나 약을 복용함으로써 남성호르몬의 분비를 억제하고 우울증 증상을 완화함으로서 성폭력범죄의 유혹으로부터 가해자를 보호하는 것이다. 특히 아동을 성적대상으로 삼아 성폭력을 행하는 '소아 성애증'과 심각한 성적 정신질환자의 경우 투약을 통한 호르몬 조절 등을 통해 증상을 완화시키는 방법으로 통제(control)하고 치료(treatment)할 수는 있지만, 완치(cured)하기는 어려우며 '외과적 거세(surgical castration)'를 효과적인 치료적 대안으로 받아들여 형벌의 일환으로 시술하여야

127) 성폭력범죄의 처벌 등에 관한 특례법 제조16 (형벌과 수강명령 등의 병과) ② 법원이 성폭력범죄를 범한 사람에 대하여 유죄판결(선고유예는 제외한다)을 선고하는 경우에는 500시간의 범위에서 재범예방에 필요한 수강명령 또는 성폭력 치료프로그램의 이수명령(이하 "이수명령"이라 한다)을 병과하여야 한다. 성폭력범죄의 처벌에 관한 특례법 시행령 제조2 (성폭력범죄자의 재범 예방을 위한 시책 마련)법무부장관은 법 제조16제 2항에 따른 수강명령과 성폭력 치료프로그램의 이수명령의 실시에 필요한 프로그램의 개발 및 관련 전문인력의 양성 등 성폭력범죄자의 재범 예방을 위한 시책을 마련하여야 한다.

128) Prentky, R. A., Knight, R. A. and Lee, A. F., Child sexual Molestation: Research issues, NIJ Research Report. Rockville, MD: National Criminal Justice Reference Service. 1997; 곽대경 외, 앞의 책, 280쪽. 재인용.

129) 윤정숙 외, 앞의 논문, 116쪽.

한다 할 것이다.[130] 성폭력범죄자 중에서 재범의 비율이 높은 이상 이러한 결과는 성폭력범죄자의 특성과 관련한 범죄대책과는 별도로 범죄경력자들에 대한 대책이 성폭력범죄자를 예방하는 방법이 될 수 있다.

셋째, 환기요법은 성폭행 범죄자들로 하여금 성폭력 피해자의 특성에 대해 알 수 있도록 함과 동시에 성폭력이 피해자에게 끼친 고통에 대해 전반적으로 이해할 수 있도록 하는 피해자 이해의 과정을 진행한다. 가해자 자신들의 성적 일탈행위가 발생하게 된 원인과 동기를 파악하고 이해하게 함으로서 재범을 방지한다는 것이다. 이것은 성범죄 행동의 원인 및 행동이 계속 유지되는 자신의 문제에 대해 인식하고 분석함으로써 자신의 범죄유발요인을 이해할 수 있도록 하는 자기 이해 및 사건 이해의 과정을 진행하는 것이다. 한편, 가해자는 스스로 자기 잘못을 뉘우치기보다는 형벌을 받았기 때문에 책임을 다했다는 수동적인 자세를 갖게 되고, 범죄원인을 자신이 아니라 사회나 다른 사람에게 돌림으로써 자기 행위에 정당성을 부여하려는 잘못된 양태를 나타내기도 한다. 때문에 피해자와 가해자 또는 지역사회 구성원 등 관계자들이 사건해결과정에 적극 참여하여 서로간의 진지한 대화를 통해 피해자는 배상과 사죄를 받고, 가해자는 피해자와 지역사회로부터 용서를 받으며, 지역사회는 가해자의 원활한 재사회화를 통해 공동체의 평화를 회복할 수 있는 '형사 화해 프로그램'이 강조되고 있다.[131]

넷째, 인지행동요법이란 성폭행범죄자로 하여금 자신의 범죄를 정당화하고 지속적으로 합리화시키게 하는 모든 유형의 믿음, 환상, 태도 등을 전환하도록 자극함으로써 잠재적 성범죄자들이 향후 성범죄의 유혹으로부터 벗어날 수 있도록 교육, 학습시키는 방법이다. 이것은 성폭력범죄자의 뇌리에 지속적으로 성폭력의 해악성을 깃들게 함으로써 성폭력범죄자에게 반사적으로 성폭력에 대한 부정적인 인식을 지속적으로 체질화시키는 것이다.

지금까지 성폭력을 예방과 대책을 위한 효과적인 방안을 살펴보았다. 우리나라에서 진행되고 있는 심리치료프로그램은 매우 잘 진행되고 있지만 치료프로그램이 성범죄자의 개별적 위험성에 기초하여 진행되는 것이 아니라는 점은 시정되어야 할 것이다. 물론 개별 성범죄자의 위험성에 맞게 프로그램을 만들기 위해서는 먼저 현재보다 많은 예산과 인력이 보강되어야 한다는 점과 나아가 치료에 관련된 보다 체계적이고 종합적인 치료 시스템이 마련되어야 한다는 점이다. 독일의 경우에는 성범죄자의 분류와 그 위험성의 평가, 치료프로그램의 다양화와 사후관리 등이 연방 형법에 매우 체계적으로 명시되어 있다. 특히 사전 심리단계에서 성범

---

130) 표창원, "외국의 아동 성폭력 피해의 재발방지를 위한 형사정책과 제도", 여성가족부 정책토론회, 2007, 4쪽.
131) 김용세, "한국의 형사사법체계와 회복적 사법", 형사법 연구 제20호, 한국형사법학회, 2003, 347쪽.

죄자의 감정에 대한 기준이 매우 체계적으로 되어 있어서 성범죄자의 분류 기준 및 감정이 명확하게 이루어질 수 있어 향후 진행되는 치료 과정 및 치료 과정 후의 관리도 매우 긍정적인 효과를 거두고 있다는 점은 우리에게 시사하는 바가 크다 할 것이다[132].

132) 윤정숙 외, 앞의 논문, 118쪽.

제6편

간병범죄

Ⅰ. 간병에 대한 이해

고령 사회가 빚어낸 비극, 죽어야 끝나는 전쟁이라 일컫는 간병범죄! 최근 고령시대가 사회적 문제로 대두되고 있는 가운데 "긴 병(病)에 효자(孝子) 없다."는 표현과 지병을 앓는 노부모 수발에 지쳐 극단적인 선택을 하는 이들이 적잖다. '간병 범죄'. 행위자 상당수는 장기간 간병에 한계를 절감, 돌이킬 수 없는 패륜을 저지르고 있다. 초고령사회는 기대수명 연장이라는 긍정적인 면도 있지만, 간병 살인 등 가족 간 범죄가 발생하는 부정적인 부분도 있다. 2006년부터 2018년까지 '간병살인'(동반 자살자 포함)된 사람은 213명이다. 이 가운데 114명은 가족의 손에 생을 마감했다. 가족을 살해하고 스스로 목숨을 끊거나 동반 자살을 선택한 이들은 89명이다. 환자를 남기고 자신만 극단적 선택을 한 이들도 10명이었다. 한 해에 16.4명, 한 달에 1.4명이 간병살인으로 목숨을 잃었다. 한국인의 기대수명은 82.7세, 건강수명은 64.9세(통계청 기준)이다. 기대수명에서 건강수명을 뺀 17.8년 동안은 건강하지 못한 상태로 살거나 간병인이 필요하다는 말이다. 인구 5명 중 1명이 노인인 시대, 간병은 더 이상 개인의 문제만은 아니다.

간병문제 즉 간병범죄에 그 독자성, 특이성을 인정하여 이를 위해 간병인에 관한 형사사법 복지정책으로 나아가는 것이 바람직하다. 간병범죄에 대하여 지금까지 보다 더 체계적인 형사법적 제재방안을 마련함으로써 간병문제에 보다 효율적으로 대처할 수 있다. 또한 간병범죄행위가 가지는 사회적 해악성 및 범죄성을 분명하게 인식시켜 일반 예방적 효과를 기대할 수 있다. 따라서 간병범죄에 대한 대책을 마련하기 위해 범죄요인에 대한 분석과 각 요인들

간의 역학관계 내지 상관관계를 면밀히 추적하여 근본적인 대안을 제시하는 것이 필요하다. 초고령 사회로 진행 중인 현 시점에서 간병살인과 자살에 대한 사회적인 관심과 더불어 간병살인범죄자에 대한 체계적인 대책의 수립이 절실히 요구되고 있다. 이에 본 장에서 다루고자 하는 간병범죄의 문제도 이러한 시대적, 사회적 변화의 조류에 더 이상 회피할 수 없는 우리 사회의 당면과제라 생각한다.

간병범죄의 문제를 제기함에 있어서 국가의 여러 정책에 대한 시각의 근본적인 전환과 신속한 대응책을 촉구하는 차원에서 먼저 간병범죄에 있어 간병범죄의 개념이 명확히 규정되어져야 한다. 그에 따라 간병범죄의 동향과 실태 파악이 용이하고 나아가 간병인들로 하여금 범죄에 이르게 한 원인이 무엇인지를 분석한 다음 그 결과를 토대로 간병범죄 예방과 대책을 수립하는 방법을 강구하는 것이 마땅하다 하겠다. 따라서 이러한 간병문제와 간병범죄를 적극적으로 대처하기 위해서 형사사법복지정책을 들 수 있다. 간병범죄의 문제해결에 있어서 어느 한 축이 아닌 상호협력·보완관계에 놓여있다 할 것이다. 그럼에도 불구하고 형사정책이 형사사법기관의 일방적인 대응에 의존하였다.

오늘날 간병범죄문제가 복잡하고 국가적이며 사회적인 문제가 얽혀 있기 때문에 다양한 간병범죄대응전략이 필요하다.[133] 따라서 형사사법복지정책은 기존의 형사사법 분야의 역할과 더불어 사회복지적인 보건복지의 역할이 함께 요구되고 있다. 이렇게 볼 때 대두되는 형사사법복지정책은 간병범죄문제에 대하여 형사사법기관과 보건복지기관 그리고 개인 상호협력·공조관계를 유지해가면서 간병범죄문제에 효과적으로 대응하고자 하는 것이다.

Ⅱ. 간병범죄의 정의

간병범죄가 무엇인가에 대해 실정법상 명문의 규정이나 일치된 개념은 없으나, 간병인에 대한 개념을 바탕으로 간병범죄의 정의를 살펴보기로 한다.[134] 간병인이란 질병이나 장애등

133) 김상균·신석환·조미숙, 형사사법복지정책론, 청목출판사, 2007, 31~32쪽. 刑事司法福祉政策의 槪念을 일의적으로 정의하기는 어렵다. 하지만 형사사법복지정책은 형사사법과 관련된 문제, 즉 범죄문제와 관련 여러 가지 문제를 기존의 형사 사법정책과 사회복지정책을 직렬적 또는 병렬적으로 병합하여 체계적·과학적으로 접근하는 학문이라고 정의할 수 있다.

으로 일상생활에 지장이 있는 경우, 기동의 보조나 신변을 돌보는 행위로써 육체노동과 함께 감정노동이 수반 된 돌봄을 주는 사람이라 하겠다. 즉 환자가 자기 힘으로 병상생활을 할 수 없는 환자를 돌보는 것으로 의료법에서 규정한 질병관리와 예방 및 건강의 증진이라는 의료행위인 간호와 구별되고 있다.[135] 한편 범죄행위란 형법적 측면에서는 법의 규정상 위반이 되는 행위를 범죄행위로 보고 있으며, 법사회학적 측면에서는 범죄행위의 형법상 처벌이 어렵다 하더라도 사회적으로 큰 물의를 야기하거나 설령 범죄에서 벗어날지언정 비난의 여지나 공격 받을 수밖에 없는 행위에 대해서 범죄행위라 하고 그 외에도 자살도 그 원인이 사회에 있다고 보아 범죄로 본다. 나아가 형사정책의 대상으로 실질적 범죄개념을 포함하는 이유는 범죄개념에는 시간적, 공간적 상대성과 가변성이 있기 때문이다. 사회구조가 급격히 변화하고 시민의식이나 가치관, 윤리관, 도덕관이 변화함에 따라 종래에 범죄로서 규정하지 않았던 신종범죄가 나타나고, 그 반대로 종래에 범죄로 규정하였던 것이 더 이상 형벌로서 다스릴 필요가 없게 되는 경우가 있다. 이것을 위해 척도가 되는 범죄개념이 바로 실질적 범죄개념인 것이다.[136] 이렇게 볼 때 협의의 간병범죄로는 간병과정에서 발생하는 심리적 · 경제적 압박으로 중증환자 · 만성질환자를 살해(간병살인) 및 살인 후 자살(동반자살)로 이어지는 범죄[137]를 정의하고, 광의의 간병범죄로는 중증환자 · 만성질환자를 위한 간병인간의 간병과정에서 발생하는 모든 범죄[138]로서 중증환자 · 만성질환자를 간병 중이던 '간병인의 단독자살' 행위까지 포함된 범죄라 정의하고 있다. 또한 모든 범죄로 간병인에 의한 범죄 및 간병인이 피간병자에 대해 행하는 범죄"라고 정의하기도 한다.[139][140] 따라서 이를 종합해 보면 간병범죄란

---

134) 우리보다 20년 앞서 초고령사회로 진입한 일본은 이미 1980년대부터 간병살인 등이 사회문제가 됐다. 일본에서는 스스로 일상생활을 할 수 없는 이들을 돌보는 일을 개호(介護)라고 부른다. 개호와 관련된 새로운 용어들을 보면 개호로 인한 문제들이 보인다. 노부부가 서로를 돌보거나 60 · 70대 자식이 부모를 돌보는 '노노개호', 독신인 자녀가 부모를 돌보는 '독신개호'가 있고, 개호를 받던 환자가 스스로 목숨을 끊는 '개호자살', 개호하던 가족이 환자를 죽이는 '개호살인', 개호에 대한 괴로움을 뜻하는 '개호피로'라는 말도 생겼다. 기사 앞부분의 사례처럼 동반자살한 경우는 '개호심중(介護心中)'이라고 한다. 마음에 안고 간다는 뜻이다. 개호를 위해 일을 그만두는 '개호이직', 부모 등 여러 명을 개호하는 '다중개호'라는 용어도 등장했다.

135) 천정환, "간병범죄와 효 및 시스템 교정", 효학연구 제28호, 한국효학회, 2018, 161쪽.

136) 박상기 · 손동권 · 이순래, 형사정책, 한국형사정책연구원, 2009, 9쪽.

137) 이철호, "고령화 사회와 간병범죄", 한국민간경비학회보 제15권 제1호, 한국민간학회, 2016, 110쪽.

138) 천정환, 앞의 논문, 161쪽.

139) 천정환, 앞의 논문, 161쪽.

140) 우리보다 20년 앞서 초고령사회로 진입한 일본은 이미 1980년대부터 간병살인 등이 사회문제가 됐다. 일본에서는 스스로 일상생활을 할 수 없는 이들을 돌보는 일을 개호(介護)라고 부른다. 개호와 관련된 새로운 용어들을 보면 개호로 인한 문제들이 보인다. 노부부가 서로를 돌보거나 60 · 70대 자식이 부모를 돌보는 '노노개호', 독신인 자녀가 부모를 돌보는 '독신개호'가 있고, 개호를 받던 환자가 스스로 목숨을 끊는 '개호자살', 개호하던 가족이 환자를 죽이는 '개호살인', 개호에 대한 괴로움을 뜻하는 '개호피로'라는 말도 생겼다. 기사

"간병과정에서 발생하는 중증환자·만성질환자를 돌보는 간병인 간의 간병과정에서 발생하는 모든 범죄로서 '간병인의 살인 및 살인 후 자살 및 동반자살로 이어지는 행위까지 포함된 범죄라 정의할 것이다.

Ⅲ. 간병범죄의 원인 및 특성

1. 간병범죄의 원인

간병범죄의 원인은 통상적인 일반범죄와 다르게 병간호 부담, 생활고 비관, 우울증, 자책감, 의처증, 신변비관, 자식에게 부담주기 싫어, 사회적 냉대와 무관심 등에 따른 간병스트레스가 지속화 되다가 임계치에 달하면서 간병살인, 환자 살해 후 자살, 환자와 동반자살, 간병인 자살 등이 발생하게 된다.[141] 또한, 그 범위가 상당히 넓고 간병의 과정이 길고 복잡 다변화 되면서 개인적 요인, 경제적 요인, 사회적 요인 등 여러 요인에 의해 발생되는데 그 내용은 다음과 같다.[142]

첫째, 개인적 요인에는 간병으로 인한 간병인의 수면부족과 피로, 우울, 체력 소진과 같은 신체적 문제와 정서적 불안, 사회활동 제약으로 인한 사회적 고립감과 같은 심리사회적 문제를 겪는다. 간병 기간과 하루 간병 시간이 길어질수록 간병 스트레스로 인한 우울증, 불면증 등 정신적 고통을 겪는 경우가 많다. 사회적 활동의 지장, 자신을 위한 시간의 부족, 정신적 건강의 악화가 가장 심각하다. 노인의 신체적 기능손상과 정신적 기능손상이 심각할수록, 간병자의 정신건강상태가 나쁠수록, 간병자와 돌봄환자의 친밀성의 수준이 낮을수록, 간병 시간이 길수록 간병 부담이 높은 것으로 나타났다. 간병인의 성, 연령, 학력, 사회적 지위, 직업의 성격, 경제력 등의 자산, 도덕성, 효의 내면화 정도, 체력, 피간병인 수, 범행전과, 성격, 정보효과, 스트레스에 대한 면역효과와 회복탄력성, 간병경험, 간병 부담시간 등이 있다.

앞부분의 사례처럼 동반자살한 경우는 '개호심중(介護心中)'이라고 한다. 마음에 안고 간다는 뜻이다. 개호를 위해 일을 그만두는 '개호이직', 부모 등 여러 명을 개호하는 '다중개호'라는 용어도 등장했다.

141) 김원경, "침해가족의 자살 및 살인사건에 대한 신문기사 분석", 보건사회연구, 제34권 제2호, 2014, 228쪽.

142) 천정환, 앞의 논문, 164~171쪽.

<표 23>은 정신적 · 심리적 요인으로 간병범죄에 있어 개인적 요소와 관련하여 중요한 의미를 갖는다.

표 23 ▮ 간병살인의 범행동기별 구성비[143)]

범행동기(복수응답)	비율(%)	요인
순간적 분노	38.9	정신적
장기간 간병 스트레스	38.0	정신적
난폭한 치매증세	32.4	정신적
처지비관	24.1	심리적
다른 가족부담완화	20.4	심리적
동반자살시도	20.4	심리적
가정불화	13.0	심리적
환자 고통경감	13.0	정신적
기 타	14.8	정신적=심리적

둘째, 경제적 요인은 간병비의 부담문제, 집안의 경제력, 간병인과 피 간병인의 자산 상태 등을 말하며 경제적 요인이 긍정적으로 작용하면 그렇지 않은 경우보다 간병스트레스는 작기 마련이고 간병 임계치로 가는 속도도 느리다. 가족 간병 4명 중 3명 "경제적 압박"… 월평균 191만원 지출 한다.[144)] 특히 간병비의 부담을 특정한 1인만 부담한다면 이는 경제적 측면 외에 다른 형제들 중에서 자신만부담해야 하는 것에 대한 심리적 고통을 줄 수 있다. 가족 간병은 대표적인 '그림자 노동'이다. 아픈 가족을 돌보며 환자 못지않은 정신적, 육체적 고통을 받지만 돌아보면 허무하게 사라지는 그림자처럼 대가 따윈 없다. 하루하루 의료비 부담은 쌓여 가지만 다니던 직장도 그만둬야 할 판이니 경제적으로 감당할 능력은 점점 줄어든다.

143) 유영규 외, 간병살인 154인의 고백, 루아크, 2019, 28쪽의 도표를 재구성.

144) 서울신문이 한국치매협회, 네이버 '뇌질환 환우 모임' 등과 함께 가족 간병인 325명을 대상으로 실시한 설문조사에서 73.9%가 경제적 어려움을 호소했다. '의료비 부담'(35.1%)이 가장 큰 이유로 꼽혔고, '사직'(26.3%)과 '근무시간 단축'(25.4%)도 상당한 비중을 차지했다. 한 달에 감소한 수입이나 지출 증가 규모를 적은 결과 평균 191만원으로 집계됐다. 연간으로 따지면 2,292만 원이다. 가족이 아프면 일단 금융상품에 손을 댔다. 53.1%가 적금이나 보험을 깼다. 다음 단계는 빚이다. 40.1%가 대출을 받았다. 이런 영향으로 32.5%는 신용등급 하락을 경험했다. 집을 처분한 예도 16.6%나 됐다. 경제적 어려움은 간병인에게 가정불화 등 또 다른 고통을 가한다. 삼성생명 은퇴연구소가 65세 이상 부모를 간병하는 400명(의료비 1,000만원 이상 지출)을 대상으로 설문조사를 했고, 일부 결과를 서울신문에만 제공했다. 이 자료를 보면 40.8%가 '부모 의료비 부담으로 가족 간 갈등이 발생했다'고 답변했다. 공무원 이중호(가명 · 49)씨는 자궁경부암을 앓는 모친(82)을 간병하느라 지난 1년간 1,500만 원을 썼다. 자식들 중 자신이 비교적 경제적 여유가 있어 치료비를 떠안았지만, 어느 순간 경제적 압박과 가정불화까지 겪었다고 털어놨다.

나아가 환자와 가족들이 스스로 외부와의 관계를 단절하여 간병인이 사회적으로 고립되는 경우가 많고, 간병 기간이 속수무책으로 무한정 길어지면서 생기는 극심한 생활고와 감당할 수 없는 간병 비용도 원인으로 판단된다.

셋째, 사회적 요인이란 간병인과 돌봄 환자의 만성질환과 중증질환에 대한 주위 사람들 시선과 사회적 냉대와 무관심, 사회적 지지체계의 성격, 그 사회의 환경적 조건들과의 관계요인이다. 가령, 피 간병인이 치매환자이고 그 사회가 치매에 대해 부정적, 회피적 고정관념이나 관행적 형태를 보이면 간병인의 간병사기는 저하되고 간병스트레스의 원인의 하나로 작용한다. 간병인의 간병에 대해 이웃과 사회에서 긍정적인 지지와 격려를 보이는 경우에는 간병스트레스의 보호인자가 되기도 한다. 이러한 사회적 요인들의 다양한 요인들이 보이는 긍정적 또는 부정적 성격들의 상호 역동적인 복합작용에 의해 사회적 요인이 긍정적 또는 부정적으로 작용한다.

2. 간병범죄의 특성

간병범죄는 그 주체가 간병인인 만큼 기존의 범죄와는 확연히 구별되는 특성을 지니고 있다. 첫째, 사회 · 경제적 특성으로 과거의 대가족공동체의 효와 윤리적 가치의 붕괴, 핵가족화와 개인주의화에기인한 사회윤리 규범적 통제의 약화, 나아가 간병인의 사회적, 경제적 활동이 중지됨으로 발생하는 역할상실은 사회적이며 자기계발 억제와 경제적인 빈곤 문제 등을 나타내고 있다.

둘째, 신체, 심리적 특성으로서 노노간병인의 노화로 인한 체력 저하 및 각종질병으로 인한 행동의 불편함과 극심한 간병스트레스로 인한 우울증, 간병기간이 길어지고 회복 가능성이 희박함에 따른 장래에 대한 비관 등을 나타내고 있다. 이러한 간병인의 특성들이 간병범죄발생에 있어서 중요한 요소와 인자로서 작용한다 할 것이다. 따라서 대부분 간병범죄의 특성은 간병인의 성별, 연령, 수입 수준, 돌봄 환자와의 관계(남편, 아내, 아들, 딸, 며느리, 사위), 신체적 건강과 정신적 건강수준, 간병 시간과 간병 기간, 돌봄 환자와의 친근 척도, 기존의 가족관계 수준, 간병에 대한 사전계획과 준비상태 등 이러한 관련 특성들은 돌봄 환자에 대한 간병 부담에 많은 영향을 미친다.

3. 간병범죄의 유형

간병범죄 유형을 보면 간병살인, 간병폭행, 간병상해, 간병유기, 간병학대가 있고 장소, 주체, 실행형태 등에 의해 여러 유형으로 나누어지지만 여기서는 각 사건의 가해자를 주체로 간병 살인, 환자살해 후 자살, 간병인 자살, 환자와 동반자살로 분류하고자 한다. 이러한 시각에서 2014년 3월까지 발생한 치매 가족의 자살 및 살인사건의 보도현황을 구체적으로 분석한 연구145)가 있는데, 이 연구에서는 치매 가족의 자살 및 살인사건을 유형별로 보면 '간병살인'(19건)이 가장 많았으며, 그 다음으로 '살인 후 자살'(10건), '간병인의 자살'(9건), '동반자살'(7건)로 분석하고 있다. 논의의 편의를 위해 연구결과만 간략히 정리해 보면 다음과 같다.

① 간병살인은 치매 당사자의 다양한 증상에 대한 스트레스 (12건)였다. 치매 당사자의 폭언, 의부증세로 인한 오해, 판단력 저하로 걸레를 들이대며 천엽을 먹자는 행동 등으로 치매 가족이 우발적으로 살인한 것으로 나타났다. 그리고 치매 당사자의 잦은 구박으로 계획적으로 농약을 보약이라고 속여 마시게 하여 살인한 경우도 있었다. 그 외에도 방안에 대소변을 보아 어질러 놓은 것을 발견하고 청소를 하던 중 자신에게 욕설을 하자 밀어 문턱에 부딪쳐 숨지게 한 경우와 집 안에서 문을 잠가버리거나 식사를 제대로 하지 않는 등 말을 듣지 않아 폭행한 결과 사고사로 연결된 경우도 있었다. 그 다음으로는 평소 가정불화로 스트레스가 쌓여 살인한 경우(4건)와 치매 당사자와의 말다툼 끝에 폭행으로 숨지게 한 사고사(3건)도 있었다. 그리고 장기간의 수발에 지쳐(2건) 쌓였던 스트레스가 폭발하여 우발적으로 살인한 경우와 치매 가족 본인이 고령으로 수발에 지쳐(2건) 살인하게 된 경우, 대체 수발자가 없어서(2건)라는 이유로 살인한 경우도 있었다. 그 외에도 가족이 치매에 걸린 사실을 비관한 살인, 수발중인 자신의 딸을 보다 못해 사돈을 살인한 경우, 치매 당사자와 남은 가족들 모두를 위하여 살인한 경우가 있다.

② 환자 살해 후 자살은 존속 살해의 특징이다. 치매 가족의 살인 후 자살 이유로 가장 많았던 것은 신체적 부담(4건)으로 치매 가족 본인의 신체적인 능력이 저하되자 더 이상 수발을 하지 못할 것 같다고 느끼게 되는 경우, "치매 당사자를 누가 돌보나"라는 걱정과 남은 가족들에게 본인마저 부담이 되면 미안하다는 생각에 치매 당사자를 살해하고 자신도 뒤따라 자살하는 경우가 가장 많았다. 구체적으로는 본인의 체력에 한계를 느낀 경우와 평소 자신의 피부병으로 본인도 괴로워하던 경우, 간병인 가족이 암 투병을 하게 된 경우, 평소 심한 우울

145) 김원경, 앞의 논문, 228쪽.

증에 시달리던 간병인 가족이 간병에 한계를 느껴 살인 후 자살하는 것으로 나타났다. 다음으로는 호전 기미가 보이기는커녕 오히려 악화되는 치매 증상을 이유로 더 이상은 간병하기 힘들다고 판단, 혹은 보살펴준 가족들에게 미안하다는 이유로 살인 후 자살을 하게 된 경우(3건)로 나타났다. 그리고 치매 당사자의 약값 등의 지출 및 치매 가족 본인의 사업이 기울어 병원비를 감당하기 어려울 정도로 생활고로 고민(3건)하다가 살인 후 자살하게 되는 경우와 남은 가족, 특히 자식에게 부담주기 싫어서(3건) 살인 후 자살한 것으로 나타났다. 그 외에도 가족이 치매에 걸린 것을 비관한 경우와 가족간 갈등, 대체 간병이 없었던 것 역시 치매 가족이 살인 후 자살하게 된 이유로 나타났다.

③ 간병인 자살 – 치매 간병인의 자살 이유로 가장 많이 나타난 것은 치매 당사자의 다양한 증상에 대한 스트레스(4건)였다. 오랜 시간 함께 생활해 온 가족을 알아보지 못하는 인지장애에 대한 충격, 난폭한 행동 및 폭언에 대한 스트레스가 치매 가족에게 큰 스트레스로 작용한 것으로 나타났다. 다음으로 많았던 이유는 치매 가족 자신의 신체적인 부담(3건)으로 나타났다. 치매 가족 자신의 요통으로 치매 당사자를 수발하기 힘들어진 경우와 우울증을 앓고 있었던 경우, 그리고 오랜 기간 지병을 앓고 있던 치매 가족 본인마저 자녀들에 게 짐이 될까봐 자살한 복합적인 이유도 나타났다. 그리고 5년과 19년이라는 장기간에 걸친 간병에 지쳐(2건) 자살을 하게 된 경우와 경제적인 부담(2건), 대체 간병인이 존재 하지 않아 혼자서 간병을 담당하다 지쳐 자살 (2건)하게 된 경우도 있는 것으로 나타났다. 그 외에도 치매 당사자를 부양하는 문제와 관련하여 가정 내에서 의견이 일치하지 않아 부부싸움을 하는 등의 가정불화로 연결되어 비관 자살한 경우(1건)와 더 이상 치매 아내의 간병을 감당할 수 없다는 이유로 자살한 경우(1건)도 있었다. 즉, 치매 가족은 다양한 이유가 복합적으로 작용하여 자살이라는 선택을 한 것으로 나타났다. ④ 환자와 동반자살에 있어 그 이유로 가장 많았던 것은 호전 기미가 보이지 않는 치매 증상(3건)과 간병인 자신의 신체적 부담(3건)으로 나타났다. 호전 기미가 보이지 않는 치매 증상을 이유로 동반 자살한 사건 중에는 4년간 재가에서 홀로 부인을 간병한 남편이 부인과 동반 자살한 경우와 7년 동안 집과 요양병원 등을 이용하며 간병했던 아들이 아버지와 동반 자살한 경우, 딸이 어머니의 심각해진 치매증상에 동반 자살한 경우가 있다. 그리고 치매 가족 자신의 신체적 부담을 이유로 동반 자살한 경우, 자신의 우울증 이 심해지면서 간병에 한계를 느꼈던 딸과 며느리의 경우와 남편이 부인 간병 중 본인도 위장병으로 고생하며 힘들어했던 경우가 있었다. 그 외에도 남편이 치매 부인의 병세가 심해지자 자신이 죽고 난 뒤 혼자 남게 될 경우, 요양원에 가야 하는 상황을 걱정하여 동반

자살한 경우와 생활고로 고민하다 동반 자살한 경우, 남은 가족에게 부담 주기 싫어서 동반자살한 경우도 있었다.

Ⅳ. 간병범죄의 대표적인 사례분석

지금까지 우리나라에서 발생한 간병범죄에 대한 기존의 선입견과 일반적인 사고로 안일하게 대처해온 우리사회에 크게 보도되었던 대표적인 간병범죄 사례를 통해 그 심각성을 살펴보기로 한다.

1. 사례 1

암과 뇌출혈 등에 시달리던 80대 할아버지가 뇌경색으로 수년간 식물인간 상태인 아내를 살해한 뒤 스스로 목숨을 끊었다. 권모 할아버지(83)는 뇌경색으로 쓰러진 뒤 식물인간 상태였던 자신의 아내 유모 할머니(81)를 홀로 보살펴 왔다. 권 할아버지 내외는 자녀가 없어 부부를 돌봐줄 사람은 내외뿐이었다. 수년간 노구를 이끌고 식물인간 상태인 할머니를 돌보던 할아버지에게도 병마가 찾아왔다. 아내의 간병을 도맡아하던 권 할아버지 역시 전립선암과 뇌출혈 등의 진단을 받고 수술을 받았다. 권 할아버지는 자신이 죽고 난 뒤의 할머니를 걱정하다 끝내 아내가 고통스럽지 않게 삶을 마감할 수 있도록 자신이 직접 아내의 '안락사'를 돕겠다는 결심을 굳히고, 권 할아버지는 병석에 누워있는 아내의 코에 연결된 음식물 주입호스에 다량의 신경안정제를 투약해 할머니를 살해했다. 권 할아버지 역시 약을 복용하고 스스로 목숨을 끊으려는 시도를 했다. 이틀 후 할머니를 돌봐주던 요양보호사가 집에 방문해 의식이 없이 쓰러진 상태의 할아버지와 할머니를 발견했다. 다행히 권 할아버지는 입원 치료를 받아 간신히 목숨을 구했다. 권 할아버지는 경찰에서 할머니를 "안락사 시켰다"며 순순히 범행을 자백했다. 그리고 권 할아버지는 유서를 남긴 채 결국 할머니의 뒤를 따랐다. 스스로 아내의 목숨을 거둔 할아버지의 행위를 어떻게 판단해야 할까. 이유야 어쨌든 다른 누군가의 생명을 앗았으니 '살인죄'로 처벌해야 할까. 아니면 평생을 함께 한 아내의 존엄한 죽음을 위한 행위로 보고 살인죄에 대한 책임을 덜어주어야 할까. 권 할아버지의 안타까운 사연은 '안락사'를 둘러 싼 논란을 함축하고 있다. 누군가가 존엄하게 죽고 싶어 하더라도 이를 도운 사람의 법적 책임을 면책해 줄 수 있느냐의 문제가 바로 '안락사' 문제의 본질이기 때문이다. 권 할아버지 사연이 우리 사회에 남긴 숙제다.

2. 사례 2

56년 간 부부의 연을 맺고 함께 살아온 남편을 흉기로 찔러 살해한 직후였다. A씨는 치매 환자로서 환각과 망상에 시달렸고, 충동이 조절되지 않았다. A씨는 6, 7년 전부터 뇌경색으로 거동이 불편한 남편을 간호했다. 간병인의 도움 없이 홀로 남편을 돌봤다. 식사 등 자신보다 덩치가 큰 남편의 수발을 들었고 변비를 앓는 남편을 매일 관장해주는 일도 맡았다. 남편은 그런 A씨에게 폭행을 일삼았다. 성적 모욕감을 주는 말과 함께 지팡이로 A씨를 때리기도 했다. 이 사건 1심 재판부는 A씨에게 징역 3년형을 선고하면서 A4 용지 2장에 걸쳐 양형 이유를 설명했다. 재판부는 "수년 전부터 치매 증상이 발현됐음에도 적절한 치료나 보호를 받지 못한 채 증상이 악화됐다. 향후 정신적인 질환에 대한 집중적인 치료가 필요하다"고 밝혔다. 앞서 법원은 "이 사건 범행은 알츠하이머 치매로 인한 피고인의 인지기능 저하와 이에 동반된 현실 검증력 저하, 환각, 망상, 충동성 등의 병적 상태에 기인해 일어난 것으로 추정된다"는 내용의 A씨에 대한 의료진의 정신감정 소견을 받았다. A씨는 지난해 11월 풀려났다. 항소심 재판부가 징역 3년에 집행유예 5년을 선고했기 때문이다. 재판부는 "고령에다가 치매 등의 질병으로 수감 생활에 어려움이 많은 것으로 판단된다"고 양형 이유를 밝혔다[146].

---

146) 치매환자 강력 범죄, 법원은 무엇을 중심으로 판단하나? 최근 치매환자의 강력범죄가 사회적인 이슈가 되면서 법원의 판단에도 관심이 쏠리고 있다. 법원은 치매환자 범죄에 대해 어떤 점을 중점으로 판단해 판결을 내릴까? 법원에 따르면 치매환자 범죄의 경우 치매여부 증명과 함께 중증도 등을 고려한 사물변별능력과 의사결정능력을 위주로 판단하고 있는 것으로 나타났다. 형법 10조의 경우 "심신장애로 인해 사물을 변별할 능력이 없거나 의사를 결정할 능력이 없는 자의 행위는 벌하지 아니 한다"고 규정하고 있어 치매여부 증명이 핵심인 셈이다. 실제 지난 2015년에 치매노인의 살인에 대해 법원은 의사능력의 결여를 인정해 무죄판결을 내린 경우도 있다. 또 최근 70대 치매 환자가 의처증 등으로 부인을 흉기로 살해한 사례가 발생해 법원도 치매와 관련해 의사능력 결여 여부를 중심으로 판단하겠다고 밝힌 바 있다.

3. 사례 3

'80대 노모, 정신질환 앓던 40대 딸을 끈으로 묶은 채 한강 투신 한 사건', '70대 노부부 차 안에서 손 꼭 잡은 채 자살… 암 투병 아내와 함께 떠난 사건'. 디스크 수술로 거동이 어려운 아내를 돌보던 남편은 본인마저 뇌졸중에 걸려 하반신이 마비되자, 식탁 위에 '유서 한 장과 영정사진을 올려놓고 아내와 동반자살 한 사건' 또 다른 사건인 대구의 한 아파트에서 치매를 앓던 A씨는 경찰에 자신의 남편이 죽었다고 신고했다. 남편 역시 치매 환자였다. A씨는 남편의 용변을 처리하다가 "힘들지 않나. 나도 힘들다"며 함께 죽자고 제안했다. 번개탄을 피우고 동반자살을 시도했으나 남편만 사망했다. 경찰은 A씨를 자살교사 혐의로 불구속 입건했다.

4. 사례 4

홀로 생활하던 70대 노인 김씨는 얼마 전부터 새벽에 동네를 돌아다니는 습관이 생겼는데, 이 습관이 자신을 범죄자로 만들게 될 줄 몰랐다. 그 날도 동네를 거닐던 A씨는 골목길에 주차된 차량의 손잡이를 잡고 문을 열다가 차주에게 잡혀 경찰서로 연행됐다. 경찰이 A씨 집 주변 CCTV를 판독해본 결과, A씨가 전에도 두 차례나 다른 차량의 문을 열고 선글라스, 물병 등을 훔쳤다는 사실을 밝혀냈다. 이에 경찰은 A씨를 체포해 조사를 하는 과정에서 A씨가 중증 치매를 앓고 있다는 사실을 알게 됐다. 행동 심리적 문제 중에는 우울이나 불안, 배회, 환각, 망상, 공격성 등이 나타나는데, 만약 치매를 겪는 노인이 이 증상으로 인해 형사범죄를 저지른다면, 그 죄는 감면될 수 있을까. 형법에서는 심신장애로 인해 사물을 변별한 능력이 없거나 의사를 결정할 능력이 없는 사람이 한 행위는 범죄행위라고 하더라도 처벌하지 않는다고 명시돼 있다. 범행 당시 상황을 심신장애와 연관 지어 위험의 발생을 예견하지 못했고, 자기의 의사가 아니었다고 보기 때문이다.[147)]

147) 그렇다면 어떠한 경우가 심신장애에 해당할까. 일반적으로 형법상의 심신장애는 ▲진행성뇌연화, 노인성치매, 뇌손상에 의한 창상성정신병, 음주 및 약품에 의한 중독, 정신분열증, 조울증, 전간 등의 정신병 ▲백치 · 치매와 같은 정신박약 ▲그 정도가 심하여 병적 가치가 인정되는 감정 · 의사 또는 성격장애 등의 정신병질과 의식장애를 말한다. 이에 따라 A씨가 중증의 치매를 앓고 있었다는 사실을 입증한다면 절도죄로 처벌을 받기보다 보호처분을 받을 가능성이 높다. 이와 관련하여 한 판례로, 요양보호시설에서 치매 4급 판정을 받은 80대 노인이 같은 병실을 쓰는 노인을 목을 졸라 살해한 사건에서 무죄를 선고받았다. 이 노인이 치매 환자임과 더불어 범죄 전력이 없었고, 범행 당시 정신상태가 온전치 못했다고 판단한 것이다. 이와 관련하여 한 판례로,

위 사례 1에서 연명치료 중단을 통한 '존엄사에 대한 법적책임에 관한 것으로 권 할아버지의 안타까운 사건인 '안락사'를 둘러싼 논란을 함축하고 있다. 이는 권 할아버지가 자신의 아내의 숨을 끊은 이유를 '안락사'라고 칭했기 때문만은 아니다. 누군가가 존엄하게 죽고 싶어 하더라도 이를 도운 사람의 법적 책임을 면책해 줄 수 있느냐의 문제가 바로 '안락사' 문제의 본질이기 때문이다. 우리나라에서는 1997년 식물인간 상태인 환자를 퇴원시킨 병원 의사와 퇴원을 요구했던 환자의 부인이 살인 방조죄로 유죄 판결을 받은 '보라매 사건'을 계기로 '존엄사(death with dignity)' 논란이 촉발됐다. 그로부터 12년 뒤인 2009년 대법원은 연명치료 중단을 통한 '존엄사' 즉 '소극적 안락사'를 인정했다.[148] 대법원이 전원합의체 판결을 통해 존엄사를 인정하자 엄청난 사회적 논란이 일었다. 한 사람이 또 다른 누군가의 죽음을 결정할 수 없다는 종교계의 윤리적 잣대를 기준으로 대법원의 존엄사 인정을 반대했다. 반면 의료계에서는 '현실을 모르는 답답한 이야기'라며 혼란을 방지하기 위해 법제화로 명확한 기준을 제시할 것을 요구하기도 했다. 하지만 그 이후 존엄사에 대한 논의는 계속됐고 결국 '소극적 존엄사'를 인정하는 정도로 진행되고 있다.

위 사례 2에서 통상 살인 사건의 약 40%에서 칼 같은 날카로운 흉기를 사용한다. 범죄심리 전문가들은 오랜 간병을 통해 가해자와 피해자가 주고받았던 복잡한 감정에 주목했다. 일반 살인 사건에 비교하기 힘들 정도로 간병살인은 양측이 오랜 기간 형성한 다양한 감정들이 복잡하게 얽혀 있다는 것이 다양한 감정과 분노가 쌓인 가해자들이 이를 해소하는 방법적인 선택을 한 것이라고 분석하고 있다. 한편 치매는 증상이 나아지지 않고 악화되기 때문에 외부 시설을 선택하거나 스스로의 역할을 조금 낮추게 된다. 치매환자를 돌보는 의사가 환자만 치료할 것이 아니라 환자의 가족과 같이 관리하고 치료한다면 간병살인은 예방이 가능한 범죄라고 말하고 있다.

위 사례 3에서 배우자가 치매 환자를 보살피는 '노노(老老) 간병'에서는 동반자살 가능성이 높다. 이 사건 모두 피의자가 사망한 탓에 통상 '공소권 없음'으로 마무리되는 '간병자살'은 제대로 된 기록조차 남지 않는다. 변사사건처리부 한 장에 간단명료하게 자살 등으로 분류되고 마는 죽음이다. 법적으로 유무죄를 따질 이유도 방법도 없는 까닭에 한 인간이 죽음을 결심한 이유 따윈 기록이 아닌 기억 속으로 묻힌다. 한편 2006년 이후 현재까지 10여 년간

요양보호시설에서 치매 4급 판정을 받은 80대 노인이 같은 병실을 쓰는 노인을 목을 졸라 살해한 사건에서 무죄를 선고받았다. 이 노인이 치매 환자임과 더불어 범죄 전력이 없었고, 범행 당시 정신상태가 온전치 못했다고 판단한 것이다.

148) 대법원 2009.5.21. 선고 2009다17417 전원합의체 판결

언론이 기록한 간병자살 60건을 찾았다. 총 사망자 수는 111명, 이 중 17명은 동반자살자에 의해 목숨을 잃었다. 사실상 살인 피해자다. 89명은 함께 목숨을 끊었다. 5명은 환자를 남겨 둔 채 돌보는 이들만 세상을 등진 경우다. 동반자살에 실패한 이들도 16명이다. 간병인이 환자를 헌신적으로 돌봤던 경우도 적지 않다.

간병자살은 주로 부부 간병이 31건(51.7%)에서 발생했다. 부부 평균 연령은 69.1세였다. 대부분 노노(老老) 간병과정에서 죽음을 선택했다는 뜻이다. 이어 자식을 돌보던 부모가 15건(25%), 부모를 돌보던 자식이 8건(13.3%), 형제 · 자매가 4건(6.7%) 순이었다.

위 사례 4에 대해 형법에서는 심신장애로 인해 사물을 변별한 능력이 없거나 의사를 결정할 능력이 없는 사람이 한 행위는 범죄행위라고 하더라도 처벌하지 않는다고 명시돼 있다. 범행 당시 상황을 심신장애와 연관 지어 위험의 발생을 예견하지 못했고, 자기의 의사가 아니었다고 보기 때문이다. 이에 따라 A씨가 중증의 치매를 앓고 있었다는 사실을 입증한다면 절도죄로 처벌을 받기보다 보호처분을 받을 가능성이 높다. 이와 관련하여 한 판례로, 요양보호시설에서 치매 4급 판정을 받은 80대 노인이 같은 병실을 쓰는 노인을 목을 졸라 살해한 사건에서 무죄를 선고받았다. 이 노인이 치매 환자임과 더불어 범죄 전력이 없었고, 범행 당시 정신상태가 온전치 못했다고 판단한 것이다.

V. 간병범죄의 대책방안

모든 범죄에 따른 문제해소의 확실한 대책방안은 범행의 기회를 적극적으로 방지하고 제거하는 것이다. 이미 형사사법기관의 힘만으로는 돌봄 환자의 간병범죄 문제를 결코 해결할 수 없다. 오늘날 간병범죄의 문제해결에 있어 어느 한 축이 아닌 상호협력 · 보완관계에 놓여있다. 간병범죄에 따른 대책방안에 대하여 형사사법기관과 의료보건복지기관 그리고 개인 상호 협력 및 공조체계를 유지해 가면서 간병범죄문제에 효과적으로 대응하고자 하는 것이다. 자세한 사항은 아래에서 각 기관별 복지정책을 살펴보기로 한다.

1. 의료 복지적 방안

먼저 과거의 포괄간호서비스인 간호간병통합서비스의 확대와 내실화 및 비용부담의 탈개인화가 촉진되어야 가족간병의 부담을 줄일 수 있다. 간호간병통합서비스는 전문 간호 인력이 간호와 간병서비스를 동시에 맡는 제도이나 간호인력의 부족 등으로 일부 병원만 실시되고 있고 또한 공공병원은 의료법에 의해 반드시 참여해야 함에도 간호사의 이직이 심한 지방에는 인력부족으로 내실화 되지 못하고 있다. 또한 요양병원은 간호와 간병이 동시에 필요한 곳임에도 요양병원에는 정부의 간호 · 간병통합서비스의 대상이 되지 않아 많은 간병비를 부담해야 하는데다가 조선족의 간병인이 많고 고령화된 간병인이 많아 믿고 맡길 수 없어 오히려 가족간병을 부추기고 있다. 또한 치매환자와 장애인, 노인만성질환 희귀병 질환자 등 거동에 어려움을 겪는 대상자가 산간벽지, 도서지역, 교정시설 등에 있을 경우 원격협진 의료체제가 조속히 제도화 되어야 치매의 진전을 막고 간병인 등의 간병부담은 줄어들며 치매 등 특수질환의 국가지원의 불평등 문제가 해결될 수 있는데 현재 의사협회 등 이해집단의 담당자들의 반대로 되지 않고 있다. 따라서 정부는 이해 담당자의 거부점(veto point)을 막을 수 있는 대항 정책과 우호적 여론을 통해 강력히 추진해 나가야 한다. 환자의 질병 · 운동기능 · 인지기능 · ADL을 종합평가하고 포괄적인 치료 · 중재할 수 있는 노인의료의 기본 개념이 도입돼야 할 것이다. 의료중도는 행위별 수가를 책정해 충분한 의료적인 치료를 받을 수 있게 하고, 이들이 지역사회로 돌아갈 수 있게 해야 한다. 필요한 기간 동안 치료 후 장기입원을 막기 위해서는 체감제나 가정복귀율을 적용할 수 있을 것이다.

2017년 기준 치매 관리비용은 연간 14조6337억원을 기록했다. 치매환자 1인당 관리비용은 2100만원에 달한다. 치매 국가책임제 이후 보장범위와 액수 모두 늘어나 돌봐야 하는 가족의 경제적 부담이 전보다 줄어든 것은 사실이지만, 특히 노년 부부들만 함께 살면서 혼자서 치매 배우자를 돌보는 '노노 돌봄'이나 자녀 1명밖에 돌봐줄 사람이 없는 경우 간병에 드는 비용 외에도 기본적인 생활비 자체를 조달하기 힘든 문제가 있다. 치료와 요양기관의 관리를 통해 치매의 진행속도는 최대한 늦추고 보호자가 생업에 종사할 수 있는 시간은 최대한 늘리더라도 전적으로 보완하기는 어렵기 때문이다. 국가인권위원회가 지난해 발행한 '노노 돌봄 현황 실태조사' 보고서를 보면 노인들이 서로를 돌볼 주체로 배우자를 꼽는 비율이 가장 높았다. 노인 돌봄의 가장 큰 책임자가 배우자라고 응답한 비율이 39.1%로 가장 높았고, 노인인 자녀를 꼽은 응답자도 24%나 됐다. 때문에 노인들이 돌봄을 제공할 때의 어려움도 컸다. 건강 악화에 대한 우려(45.9%)와 정서적 스트레스(25.6%), 생계활동 제약(20.8%) 등 복합적인 어려움을 호소한 것이다. 때문에 치매안심센터 등 현장에서 치매환자들을 마주하고 있는 전문가들은 보다 진전된 치매대책이 시급히 요구된다.

2. 사회복지적 방안

간병 문제는 개인이 아닌 사회복지 관점에서 접근해야 한다. 간병 문제는 치매를 비롯한 중증환자의 간병 문제를 개인과 가족 간에 의존해 해결하는 시대는 이미 지났으며 정부가 적극적으로 나서서 중증환자를 관리해 가족 간병인의 간병 부담을 덜어줘야 한다. 사회안전망을 마련해 '보호자 없는 병원'처럼 간호사와 간호조무사가 간병인 대신 간병 서비스를 제공하는 포괄 간호 서비스가 확대되어야 할 것이며 더불어 노인 장기요양보험의 대상자 범위를 넓히고 간병인에 대해 건강보험을 적용하는 등의 방안이 필요하다. 사회복지 관점에서 포괄 간호 서비스 확대, 장기요양보험 서비스 대상 범위 확대, 간병에 대한 건강보험 적용 방안 등을 통해 부담을 줄여야 한다. 전문가들은 간병범죄를 줄이기 위해 우리나라의 열악한 간병 시스템을 개선해야 한다고 주장한다. 사회복지 분야에서 간병문제를 해결해야 할 것을 강조했다. 일각에서는 가족 간병인을 위한 프로그램이 마련돼야 한다는 목소리가 높다. 가족 간병인의 우울증, 심리적 불안 등과 같이 가족 간병인의 심리적 문제가 간병범죄의 주요 원인이기 때문이다. 이를 위해 가족 간병인 가족모임, 환자와 가족 간병인을 위한 상담 프로그램, 질병과 간병에 대한 교육 프로그램 등을 활성화하는 방안이다.

가족 간병인은 주로 여성인 경우가 많은데 가부장적 사회에서 이들의 희생적인 간병은 제대로 인정받지 못한다. 즉, 가족 간병인에 대한 가족들의 적극적인 지원과 따뜻한 이해가 절대적으로 중요하다는 것이다. 따라서 치매에 대한 감수성교육의 정규교과목화가 필요하며, 치매가족에 대한 휴가제도의 도입, 간병휴직에 대한 노동법적 개정이 필요, 간호간병통합서비스 등 의료정책의 실질화가 필요하고 간병가족의 개인적 환경에 맞는 간병행정정책과 재택간병정책 등 포괄적 차원에서의 정책방안이 요구된다. 한편 '커뮤니티 케어'는 돌봄이 필요한 계층이 자택이나 지역사회에서 거주하면서 개개인의 욕구에 맞는 서비스 및 급여를 제공받고 지역사회와 함께 어울려 살아갈 수 있도록 하는 사회서비스 체계이다. 즉 지역사회와 살던 집을 중심으로 사회서비스의 통합 제공이 이루어지는 돌봄 서비스이다. 특히 공급자나 접수기관이 아닌 이용자의 의견을 가장 우선해 요양, 간호, 주거지원, 건강관리, 사회보장 등 필요한 서비스가 통합적으로 제공될 수 있도록 지역사회 복지체계를 재구조화하는 시도로 방문간호, 24시간 보호 등 서비스 확충을 통한 새로운 일자리 창출도 기대된다. 이미 선진국들은 복지제도가 양적 성장 단계를 거쳐 성숙화 단계에 접어들면 커뮤니티 케어를 통해 복지체계의 체질을 바꾸는 방향으로 복지정책을 발전시켜 왔다.

영국과 미국은 지방정부마다 커뮤니티 케어를 위한 전담조직을 두고 있으며 일본 또한 2013년부터 '병원 · 시설에서 지역 · 재택으로'를 구호로 중학교 학군 정도의 지역을 단위로 지역포괄 시스템을 구축해나가고 있다. 일본에서는 간병인이 환자를 돌보다가 폭행할 경우, 돌봄 전문가가 곧바로 둘을 분리시키고 매뉴얼에 따라 환자를 단기보호시설에 보내거나, 심각한 경우 보호자에게 요양시설 입소 등을 제안하는데, 이런 제도를 도입하면 간병 스트레스가 극단적으로 분출되는 걸 사전에 막을 수 있다. 또한, 간병인들의 정신 건강을 위한 프로그램 지원이 늘어나야 한다. 간병의 어려움이나 고민을 다른 가족에게도 털어놓지 못하는 경우가 많기에, 같은 처지에 있는 사람들이 서로 교류하면서 소소한 활동을 할 수 있도록 프로그램이나 모임을 지원하면 우울증 등 정신적 스트레스 해소에 도움이 될 것이다. 아울러 간병인에게 휴식을 주는 '레스핏 케어'의 도입도 고려해 볼 만 하다. '레스핏 케어'는 간병인들이 돌봄에서 잠시 벗어나 휴식을 취할 수 있도록 단기적으로 환자를 전문시설에 보내거나 다른 간병인을 투입하는 제도로, 신체적 · 정서적으로 한계에 몰린 간병인들의 극단적인 행동을 예방할 수 있다. 옛말에 '오랜 병에 효자 없다'는 말이 있듯이, 오랜 간병은 극심한 스트레스와 경제적 부담, 가족 간의 불화를 불러일으킬 수밖에 없다. 국가와 사회가 '간병 살인'에 대한 종합적인 대책을 조속히 마련하여 치매 환자도, 돌봄 가족도 인간답게 살 수 있는 시스템을 구축해야 할 것이다.

3. 행정적 방안

행정적 방안에서는 사회복지기관, 동사무소, 지역 가족건강센터, 경찰기관, 지역병원, 치매안심센터, 지역상담센터, 보건소 등 간병관련기관들의 이기주의와 할거주의 및 관료화경향으로 간병협치적 거버넌스가 잘 되지 않는 문제점이 항상 노정되어 왔으므로 이러한 문제점을 해결하기 위하여 관련기관들의 협조와 조정은 제도적으로 조정하고 통제할 수 있는 간병관리 코디네이터 기관이 들어서야 한다. 또한 행정적 측면에서 찾아오는 복지가 아니라 간병복지 수요자가 있는 집으로 사회복지사 등의 국가기관이 찾아가는 복지가 되어야 하며 동시에 공적인 돌봄 서비스를 받는 간병인과 피 간병인 그들에게 개입하는 공적 종사자에 대한 평가제도와 교체요구권이 법적으로 보장되어야 관료제의 문제점이 줄어들 수 있다.

또한, 일본에서 시행되는 전문 간병과 자격제도를 벤치마킹하여 현대의 요양보호사와는 다른 전문 간병사 국가 자격증 제도를 만들 필요가 있다 단순한 간병과 요양 등 육체적 간병서비스에 치중돼 요양보호사와 달리 간병인의 사회심리와 니즈 및 위기요인을 과학적 사정(査定)으로 정확히 파악하고, 이의 실천적 개입과 치료를 위해 관련기관으로 연결할 수 있고 그들을 전문 상담하여 간병스트레스의 위험인자와 보호인자를 찾아내어 개입할 수 있다. 동시에 피간병인의 심리와 니즈 및 병의 상태 등을 파악하여 그들을 원조하거나 원조할 수 있는 자원을 가진 기관으로의 신속한 알선 등도 할 수 있다. 이러한 전문 간병사는 사회복지, 상담학, 의료학, 전문지식으로 검증되어야 하며, 현대의 요양보호 또는 가족간병인과 유기적으로 협력할 수 있다.

4. 형사정책적 방안

노노간병살인 범죄자를 위한 형사사법방안으로서의 치료법원은 병리적 행동을 보이는 범죄자에게 처벌 대신 치료를 강제하는 것이다. 우리 형사사법시스템에 효과적으로 도입 적용하여 새로운 제도로서 실질적인 효과를 거두기 위해서는 문제해결은 기본적으로 '치료'의 방법이어야 하며, 치료과정의 전반을 법원이 주도한다는 원칙을 정립해야 한다. 치료법원의 대상사건은 범죄의 원인이 병리적 현상에 기인한 것으로서 그에 대한 형사제재가 처벌보다 치료에 중점을 두어야 할 사건으로 한다. 치료법원의 대상사건은 집행유예, 선고유예, 기소유예나 벌금대상사안으로서 재범방지를 위해서 치료가 필요한 사건이 된다. 이를 사안의 경중에 따라서 초범, 단순투약사범과 같이 기소유예, 선고유예 및 집행유예에 처해질 정도의 경미한 사건을 대상으로 하는 치료명령과, 현행 집행유예나 단기실형 정도에 해당하는 사건보다 약간 중한 사건을 대상으로 하는 치료명령으로 구분하여 기존의 소년보호사건, 가정폭력보호사건, 성매매보호사건과 같은 각종 보호처분절차를 확대하여 치매환자, 만성질환자, 마약사범, 알코올로 인한 범죄와 분노조절장애, 충동조절장애, 기질적 정신병으로 인한 범죄 중 경미한 사건을 대상으로 하는 보호처분절차를 적극 활용하여 자유형의 집행과정에서 발생하는 인권침해방지 및 중증만성질환자들의 건강과 얼마 남지 않는 삶을 살 수 있길 바란다.

한편 사례1에서 연명치료 중단을 통한 '존엄사에 대한 법적책임과 '안락사'를 둘러싼 논란을 보았다. 존엄사적 안락사에 대한 법적, 형사정책적 논의가 엄격한 조건하에서 필요하다. 또한, 간병범죄에 대한 형법상 처벌에 조항은 있지만 양형에서 참작동기로 인정되는 경우가 많아 집행유예로 풀려나가는 경우가 많다. 문제는 사법부가 전통적 가치중립적 재판체계로 되어 서구에서 시행되는 치료적 사법이론이라는 가치관계적 사법처우가 되지 못해 재범 또는 피해자의 복지에 부정적 영향을 준다. 따라서 간병범죄에 한해서는 경찰, 사법부 등은 단순히 법의 적용에만 머무르지 말고 간병범죄와 관련된 당사자들을 관련 복지기관 등에 적극 협조를 요청하고 이들의 사회화가 되도록 돕고 판결도 사법복지와 관련된 보호처분을 할 필요가 있다. 또한, 경찰기관, 검찰, 법원, 교정기관, 보호기관 등에서 치매, 발달장애, 희귀병에 대한 기본적 전문지식과 인권적 감수성이 부족하다. 치매나 발달장애 등을 가진 간병범죄인이나 간병범죄피해자에 대한 수사매뉴얼, 교정매뉴얼, 피해자보호매뉴얼 등이 없어 간병범죄 피의자 수용자 또는 간병범죄 피해자, 간병범죄 가족 등에 대한 피해자 보호절차가 되지 못해 재범 또는 간병스트레스의 관료적 원인이 되므로 모든 형사사법기관과 교정기관, 치료감호소 등은 간병범죄의 유형별 사법절차가 있어야 한다.[149] 특히, 독일은 사회 복지적 관점에서 기소와 재판의 대안으로서 다이버전을 실시하고 있고, 갱생보호 등 사회 내 처우에서 사회사업과 연계를 실시하고 있다. 기소 및 재판단계에서 신병에 대한 조사나 형사시설에서 사회복지사가 석방 전 환경조정과 외부사회서비스와의 연계를 도모하고 있어, 사회복지사의 역할이 중요시되고 있다.[150]

5. 입법적 방안

법제도적 장치 및 시스템을 마련해야 한다. 생명보험계약의 전매제도 도입 필요성으로 보건당국은 회복기 · 만성기 환자에 대한 간호간병통합서비스 확대를 위한 연구용역을 진행 중이라면서도, 지금 당장 시행은 어렵다는 입장이다. 인구 10만 명당 활동 간호사 수(594명 · 2015년 기준)가 OECD 평균인 898명에 못 미치는 등 인력수급 문제가 심각한 만큼 무조건 간호 · 간병통합서비스의 적용 대상을 늘리기는 현실적으로 힘들다는 것이 이유다. 또 의료법에 실시 근거가 규정된 간호 · 간병통합서비스와 달리 의료인인 간호사가 아닌 간병인에 대한

149) 천정환, 앞의 논문, 179쪽.
150) DBH, Soziale Arbeit Strafrecht Kriminalpolitik Veranstaltungen, 2017 (http://docplayer.org/42070758-Soziale-arbeit-strafrecht-kriminalpolitik-veranstaltungen-bildungswerk.html, 2017.12.1. 최종검색)

급여화가 이뤄지려면 건강보험법 개정이 필요하다는 입장이다. 관련법의 건강보험 급여대상에 예방과 재활, 입원, 간호는 포함돼 있지만 간병은 빠져있는 만큼 국회의 협조가 필요한 사안이라는 설명이다. 김훈택 건강보험공단 보장사업실장은 "간호간병통합서비스 급여화도 거의 10년이 걸렸다"면서 "요양병원 간병비 급여화는 사회적 합의는 물론, 명분 등이 필요하고 빠른 시일 내에 결정하기 어려운 문제"라고 했다. 간병인 관련 자격증을 취득하고 요양과 돌봄에 관한 경험을 쌓은 후 환자를 돌보는 요양보호사와 달리 간병인은 특별한 자격조건이 필요하지 않다. 간병인 알선업체 회원으로 등록한 뒤 10만 원 안팎의 회비를 내고, 소개를 통해 환자와 직접 계약을 맺는 구조여서 제대로 된 교육수료 여부조차 확인할 수가 없다. 환자를 직접 상대하는 직종이지만 기본적인 건강검진도 받지 않는 경우도 허다하다.

"간병인을 나라가 관리하는 직종으로 만들고, 간병비용에 대한 어떤 원칙이나 기준을 세우면 좋은데 그런 게 전혀 없다"면서 "명절 떡값이나 웃돈 등을 요구하는 대로 다 줘야 했다"고 불만을 표시했다. 간병인들 역시 법망의 밖에 있다 보니 피해를 봐도 보호를 기대할 수 없다. 이들은 돈을 제대로 받지 못하거나 부당하게 일자리를 잃어도 호소할 곳이 마땅치 않다.

제7편

살인범죄

Ⅰ. 살인의 개념

살인은 사람의 생명을 해하는 행위로, 역사적으로 가장 중대한 범죄행위로 인식되었으며, 국가에 의하여 가장 엄하게 처벌하는 행위이다. 살인은 사람을 의도적으로 죽일 목적인 고의 여부에 따라 살인죄와 치사죄로 분류가 되고, 치사죄는 사람을 죽일 의도는 없었지만, 결국 죽음에 이르게 하는 경우이다. 반면 살인은 반드시 불법적이지만은 않은데, 자신이나 가족 혹은 타인의 생명을 지키기 위한 정당방위적 살인, 경찰관의 정당한 법집행과정에 발생한 살인, 국가의 형벌로서의 사형제도, 전쟁 중에 적군을 사살하는 경우 등은 합법적인 살인에 해당한다. 전통적인 범죄학의 관심은 합법적인 살인이 아닌 법으로 정당화되거나 면책되지 않는 불법적인 살인에 중점을 맞추고 있다.

이러한 불법적 살인 중 형법상 살인죄의 유형은 살인(형법 제250조 제1항), 존속살해(형법 제250조 제2항), 영아살해(형법 제251조), 촉탁, 승낙에 의한 살인(형법 제252조 제1항), 자살교사 및 방조(형법 제52조 제2항), 위계 등에 의한 촉탁 살인 등(형법 제253조), 미수범(제254조) 이외에 예비음모(제255조) 등으로 구분하고 있다.

Ⅱ. 살인범죄 통계

1. 살인범죄 발생 현황

최근 10년간 살인범죄 발생 현황을 <표 24>를 바탕으로 살펴보면, 2009년 1,390건에서 매해 지속적으로 감소하고 있으며, 2018년에는 849건으로 일평균 약 2.32건이 발생한다고 볼 수 있다.

표 24 | 살인범죄 발생 현황(2009년~2018년)

단위 : 명, (%)

분류	살인
2009	1,390(5.1)
2010	1,262(4.5)
2011	1,221(4.2)
2012	1,022(3.5)
2013	959(2.8)
2014	938(2.7)
2015	958(2.7)
2016	948(2.9)
2017	858(2.4)
2018	849(2.4)

출처 : 법무연수원, 2019, 범죄백서

2. 살인범죄자 연령별 현황

2018년 기준 살인범죄자 연령별 현황을 <표 25>를 바탕으로 살펴보면, 40대가 20.0%(219명)으로 가장 높았으며, 다음으로 50대가 19.5%(214명), 그리고 미상이 18.8%(206명)의 순으로 제시되었다.

표 25 ▌ 살인범죄자 연령별 구성비(2018년)

단위 : 명, (%)

분류	살인
계	1,095(100)
18세 이하	11(1.0)
19~25세	78(7.1)
26~30세	58(5.3)
31~40세	154(14.1)
41~50세	219(20.0)
51~60세	214(19.5)
61세 이상	155(14.2)
미상	206(18.8)

출처 : 법무연수원, 2019 범죄백서

3. 살인범죄자 발생시간대별 분표

2018년 기준 발생시간별 살인범죄 발생 현황을 <표 26>을 바탕으로 살펴보면, 21:00~23:59 사이에 16.5%(140건)으로 가장 높았고, 다음으로 18:00~20:59 사이가 15.7%(133건), 그리고 09:00~11:59 사이가 10.7%(91건)의 순으로 나타났다.

표 26 ▌ 살인범죄 발생시간대별 분포(2018년)

단위 : 건, (%)

분류	계	00:00~ 02:59	03:00~ 05:59	06:00~ 08:59	09:00~ 11:59	12:00~ 14:59	15:00~ 17:59	18:00~ 20:59	21:00~ 23:59	미상
살인	849 (100)	65 (7.7)	57 (6.7)	63 (7.4)	91 (10.7)	78 (9.2)	77 (9.1)	133 (15.7)	140 (16.5)	145 (17.1)

출처 : 법무연수원, 2019 범죄백서

4. 살인범죄자 검거단서 현황

2018년 기준 살인범죄 검거단서별 현황을 <표 27>을 바탕으로 살펴보면, 현행범체포가 28.7%(232건)으로 가장 높았으며, 다음으로 제3자의 신고가 22.5% (182건), 그리고 기타가 15.8%(128건)의 순으로 나타났다.

표 27 ▌살인범죄 검거단서별 현황(2018년)

단위 : 건, (%)

검거단서	살인
계	808(100)
피해자신고	110(13.6)
제3자신고	182(22.5)
현행범체포	232(28.7)
수사활동	121(15.0)
자수	35(4.3)
기타	128(15.8)

출처 : 법무연수원, 2019, 범죄백서

5. 살인범죄자 검거기간별 현황

살인범죄자 검거기간별 현황을 <표 28>을 바탕으로 살펴보면, 1일 이내가 68.8%(556건)으로 가장 높았으며, 다음으로 1년 초과가 6.1%(49건), 그리고 10일 이내가 5.4%(44건)의 순으로 나타났다.

표 28 ▌살인범죄 검거기간별 현황(2018년)

단위 : 건, (%)

검거기간	살인
계	808(100)
1일 이내	556(68.8)
3일 이내	38(4.7)
10일 이내	44(5.4)
1개월 이내	34(4.2)
3개월 이내	42(5.2)
6개월 이내	28(3.5)
1년 이내	17(2.1)
1년 초과	49(6.1)

출처: 법무연수원, 2019, 범죄백서

Ⅲ. 살인의 유형

살인은 범죄피해자의 수에 따라, 일반살인(regular homcide)과 다수살인(multiple homicide)로 분류되며, 일반살인 피해자가 1~3명인 경우이며, 다수살인은 통상 4명 이상의 피해자가 희생된 경우를 의미한다. 다수살인은 대량살인(mass murder), 연속살인(spree murder), 그리고 연쇄살인(serial murder)로 세분화된다(Fox & Levin, 1998).

대량살인은 한 사건에서 1명 혹은 다수의 가해자에게 4명 이상이 살해된 경우로, 대체로 개인적 혹은 정치적 동기에 의해 행해지기에 불특정 다수가 모여 있는 공공장소를 대상으로 한다. 최대한 많은 사람을 살해하기 위해 총이나 폭탄 등의 무기를 주로 이용한다. 폭스와 레빈(1998)은 대량살인을 범죄동기에 따라 유형화하였는데, 첫째, 권력을 추구하는 목적으로 행해지는 권력형, 둘째, 개인 혹은 사회에 대한 증오와 응징이 목적인 복수형, 셋째, 헌신으로 자신을 포장하고 동반자살 등을 추구하는 의무추구형, 넷째, 다른 범죄를 은폐하기 위해, 목격자를 제거하거나 증거인멸을 목적으로 행해지는 이익추구형, 그리고 마지막으로 자신이 믿고 있는 가치나 조직 등의 가치를 조직, 국가, 사회에 대해 전달하려는 테러형 등이 있다.

연속살인은 짧은 기간 동안 2건 이상의 범행에서 냉각기(cooling off period) 없이 4명 이상이 살해된 경우로, 이러한 연속살인은 대량살인과 연쇄살인의 특성이 다소 혼재되어 있다. 특히, 연속살인은 개인이나 사회적 증오 혹은 분노로 인해 특정 집단이나 계층을 공격대상으로 행해지는 경우가 많다.

연쇄살인은 앞선 연속살인에 비해 다소 긴 냉각기를 가지고 다수의 사건에서 4인 이상의 사람을 살해한 것을 의미한다. 흔히 대중매체에서 다뤄지는 연쇄살인범의 모습은 외형적으로 무서우며, 성격이 잔인하고 폭력을 즐기고, 악을 숭상하거나 지적 능력이 다소 떨어지는 것처럼 비춰진다. 그러나 연쇄살인범은 외모적으로 평범하거나 혹은 매력적으로 보이기도 한다. 또한, 지적 수준은 일반인에 비해 떨어지지 않는다. 다만 공감능력에서는 일반인과 다소 차이를 보이기도 하는데, 희노애락을 구분하지 못하거나 타인의 아픔을 공감하지 못하는 모습을 보이곤 한다. 또한, 연쇄살인범과 일반인은 외형적인 모습에서는 크게 차이가 없지만, 생활적인 측면에서 다른 모습을 보이는데, 일상생활의 대부분의 시간을 살인에 대한 상상, 계획, 실행, 회상 등에 사용하며, 각각의 살인사건 사이에 일정기간 동안의 심리적인 안정기인 냉각기를 둔다. 냉각기가 끝나고 살인에 대한 충동에 사로잡히게 되고, 다시 살인을 저지르게 된다.

폭스와 래빈(1998)은 연쇄살인의 유형으로 첫째, 가장 일반적인 형태로 성적 가학성과 지배를 추구하는 스릴형 연쇄 살인자, 둘째, 세상을 변화시키기 위해 악을 제거하거나 영적인 존재의 명령을 이행하는 사명형 연쇄 살인자, 셋째, 경제적 · 물질적 이익을 얻거나 다른 범죄를 은폐하기 위한 편의형 연쇄살인자로 분류하였다.

표 29 ▌한국의 대표적인 연쇄살인 및 잔혹살인사건

범죄사건	개요
김대두 사건	1975년 8월부터 10월까지 폭력전과 2범인 김대두가 교도소 출소 한 달 만에 평택, 수원, 양주 등에서 주로 외딴집에 침입, 17명 살해
화성 사건	1986년 9월부터 1996년 10월까지 14세 여학생부터 70대 노인에 이르기까지, 11명의 여성을 성폭행 후 살해(2020년 7월 2일, 이춘재가 화성연쇄살인사건의 범죄이라고 발표함)
김선자 사건	1986년부터 1988년 7월까지 유흥비 등을 갚기 위해 아버지, 동생, 채권자 등 5명을 살해함
지춘길 사건	1990년 3월부터 11월까지 안동, 청송, 봉화 등 경북지역에서 주로 외딴집에 침해, 5회에 걸쳐 할머니 6명 살해
지존파 사건	1993년 7월부터 1994년 9월까지 대전, 성남, 등지 등에서 조직을 배신한 조직원 및 사업가 부부 등 5명을 살해
온보현 사건	1994년 8월부터 9월까지 훔친 택시를 이용하여 서울, 부천, 등에서 6회에 걸쳐 여성 5명 납치 후 2명 살해
정두영 사건	1999년 6월부터 2000년 4월까지 부산, 울산, 청안 등에서 부유층의 가정집에 침입, 강도와 함께 주로 여성 9명 살해
택시강도 사건	2002년 4월에 주로 용인지역에서 김 모씨 등 2인이 택시로 위장, 퇴근길 여성 승객 4명을 성폭행 후 살해
유영철 사건	2003년 9월부터 2004년 7월까지 서울에서 부유층 노인과 출장마사지 사 등 성매매 여성 21명을 살해
정남규 사건	2004년 1월부터 2006년 3월까지 서울 구로, 영등포, 관악, 부천 등지에서 가정집과 노상에서 여성과 아동 등 13명을 강도, 살해
강호순 사건	2006년 9월부터 2008년 12월까지 10명의 여성을 살해
정상진 사건	2008년 10월 자신이 거주하던 강남의 한 고시원에 불을 지르고 화재를 피해 뛰어나온 사람을 미리 준비하고 있던 칼로 무차별 살해 또는 중상을 입혀 6명이 사망하고 7명이 다쳤다.
오원춘 사건	2012년 4월 경기도 수원시 자신의 집에서 지나가던 20대 여성을 납치하여 살해한 후 시신을 훼손함
임도빈 사건	2014년 6월 GOP에서 동료 병사들을 향해 수류탄과 총기를 난사하여 5명을 살해하고 7명을 다치게 하였다.
변경석 사건	2018년 8월 자신이 운영하는 노래방에 찾아온 손님을 살해하고 시신을 훼손한 뒤 과천 서울대공원 인근에 유기함

Ⅳ. 살인의 발생원인

살인의 원인은 인간에게 잠재되어 있는 공격성이 표출되거나 사회구성원 간의 갈등으로 인해 비롯된 행위 등 다양하지만, 대표적으로 생물학적 원인론, 심리학적 원인론, 사회학적 원인론 등으로 분류할 수 있다.

1. 생물학적 원인론

생물학적 원인론은 세부적으로 인종학적 원인론과 유전학적 원인론으로 구분되어 지는데, 먼저 인종학적 원인론에서 인간은 생물학적으로 공격적인 동물이며, 다른 동물들보다 공격성이 강하다고 주장한다. 동물은 종족번식이나 먹이확보, 서열경쟁, 질서유지 등을 위해 본능적으로 공격성이 드러난다. 인간이 동물과는 다르지만, 잠재되어 있는 공격성이 다른 동물보다 높으며, 공격성을 금지하는 기제가 인간에게 충분히 발달하지 못해, 살인이라는 가장 강력한 형태로 공격성을 표출하는 것이다

다음으로 유전학적 원인론은 대다수의 정상인은 23쌍의 XY염색체를 가지고 있는데, 극히 일부는 남성적이고 공격적으로 만드는 Y염색체를 하나 더 가지고 있는 XYY염색체를 보유하고 있다고 한다. 이러한 XYY염색체를 가진 남성은 XY염색체의 염색체를 가진 남성에 비해, 통상적으로 공격적인 경향이 높기 때문에, 정상인에 비해 공격성이 보다 많이 표출된다는 것이다. 그러나 이 주장은 실험집단과 통제집단을 제대로 고려하지 않았으며, 대다수의 살인범이 XYY염색체를 가지고 있지도 않으며, XYY염색체를 가진 사람이 살인을 저지르지 않는 점도 설명하지 못한 한계를 지니고 있다.

2. 심리학적 원인론

심리학적 원인론은 프로이드 등의 심리분석자가 주장한 것으로, 인간의 심리상태는 쾌락을 추구하는 기본적인 욕구, 충동, 자극인 원본능(id), 현실적이고 이성적 영역의 자아(ego), 그리고 자기비판과 양심, 이상 등인 초자아(super ego)로 구성되어 있는데, 원본능(id)과 초자

아(super ego)는 본능과 이상의 영역이라는 관점에서 상호 갈등관계에 놓여있다. 이러한 갈등관계를 조율하는 자아(ego)가 제대로 역할을 수행하지 못해, 원본능을 만족시키지 못하거나 초자아에 거역했을 때, 욕구불만 등이 쌓여 공격성이 표출된다는 것이다.

3. 사회학적 원인론

사회학적 원인론은 폭력하위문화이론으로 대표할 수 있다. 폭력 등은 일반적인 사회적 통념상 나쁘거나 범죄행위임에도 불구하고, 특정 집단에서는 폭력을 나쁘다거나 반사회적이라고 규정하지 않는 하위문화가 있으며, 폭력을 인정하는 문화에서는 살인도 문화의 한 형태로 간주될 수 있다. 이러한 폭력을 허용하는 문화에서의 살인은 폭력 이외에도 다른 도구적 수단을 갖춘 문명화된 사회에서의 살인에 비해 극단적이고 잔인한 형태로 발생하는 특징이 있다. 따라서 볼프강(Wolfgang)은 이러한 폭력의 하위문화가 빈곤지역과 흑인밀집지역에서의 높은 살인율을 설명할 수 있다고 하였다.

제8편

강도범죄

I. 강도의 개념

강도는 사람에 대하여 폭행 또는 협박 등을 행사하여 타인의 재물을 강취 하거나 기타 재산상의 이익을 취득하거나 제3자로 하여금 이득을 취득하게 하는 범죄로, 재산범죄인 동시에 폭력범죄이다. 이에 다수의 강도범의 동기는 돈에 대한 필요성이 가장 많고, 초범보다는 폭력전과의 전과경력이 많은 것이 특징이다. 또한, 강도는 재물을 절취한다는 점에서 절도죄와 유사하지만, 사람에 대하여 유형력을 행사한다는 점에서 차이가 있다. 형법에서는 형법 제333조(강도)에서 제344조(친족 간의 범행)에 유형을 명시하고 있으며, 폭행의 정도에 따라 인질강도, 강도상해, 강도살인으로 분류되며, 수법에 의해서는 침입강도, 노상강도, 인질강도, 준강도로 분류된다. 이외에 강도의 대상, 동기, 그리고 수단 등에 의해 분류할 수도 있다.

II. 강도의 유형

강도는 동기, 대상 혹은 범죄자의 유형에 따라 다양하게 구분되며, 여기서는 매클린토크와 깁슨의 피해대상별 유형과 커클린의 범죄자 대상별 유형에 따라 살펴보겠다. 매클린토크(F.

H. Mclintock)와 깁슨(Everlyn Gibson)은 피해자가 피해를 당하는 상황인, 피해대상을 중심으로 유형을 구분하였다.

첫째, 일상적으로 거래되는 현금이나 금품을 노리는 유형으로, 상점, 은행, 사무실, 현금운반차량 등을 대상으로 하는 강도 유형을 말한다.

둘째, 공개된 장소에서 행인이 소지한 현금 혹은 귀금속을 노리는 유형으로, 노상강도라고도 부르며, 갑자기 흉기를 들이대고 금품을 갈취하는 행위, 뒤에서 피해자의 목을 조르고 금품을 갈취하는 행위 등이다.

셋째, 침입강도로, 사적인 점유영역에서 발생하는 강도 유형이다. 예를 들면, 주택이나 개인 사무실 등에 침입하여 금품을 갈취하거나 자가용 승용차 등을 정지시킨 후 내부에 금품을 탈취하는 행위 등이다.

넷째, 피해자와 가해자가 우연한 접촉 이후에 발생하는 강도 유형으로, 술집이나 파티장소 등에서 서로 모르는 사람끼리 우연히 술을 마시다가 협박하여 금품을 갈취하는 유형이다.

다섯째, 피해자와 가해자가 서로 잘 아는 사람으로 금품을 노리는 유형이다. 친인척, 친구, 애인, 혹은 직장 동료 등을 대상으로 행해지며, 평소 오랫동안 친교를 나눈 경우가 모두 포함된다.

앞서 매클린토크와 깁슨의 유형이 피해자 중심이었다면, 커클린은 범죄자를 중심으로 강도의 유형을 분류하였다. 커클린(John E. Conklin)은 강도의 유형을 크게 전문 강도와 아마추어 강도를 분류하였으며, 아마추어 강도를 다시 기회적 강도, 약물남용강도, 알코올중독강도로 세분화하였다. 그 내용을 구체적으로 살펴보면, 첫째, 전문 강도는 오랜 기간 동안 범죄에 몸담아 왔고, 범죄가 일상이다. 이에 범행을 실행하기 전 철저하게 모든 것을 계획하여, 수립하고 이를 조직화한다. 특히 단독적으로 행해지기도 하지만, 한 명 또는 그 이상의 공범자들과 함께 조직적으로 움직인다. 이에 금품의 규모가 대체로 크며, 범죄로 얻은 금품을 생활비보다는 유흥비로 탕진하는 경향이 있다. 전문 강도범은 적은 노력으로 고수익을 올리는 데 목적이 있어, 큰 액수의 돈을 소지하고 있는 상업시설을 대상으로 한다. 그러나 전문 강도는 일반적인 강도 유형이 아니고, 그 수가 상대적으로 소수일 것으로 파악되고 있다.

둘째, 아마추어 강도 중 기회적 강도는 매클린토크와 깁슨(Everlyn Gibson)의 두 번째 유형과 유사하며, 가장 일반적인 강도 유형이다. 강도를 행함에 있어 사전에 철저한 계획을 하는 전문 강도와는 다르게 생계를 위해 돈이 필요하거나 동료에게 과시할 목적으로 우발적으로 강도를 하며, 절도나 소매치기와 같은 다양한 재산범죄도 저지른다. 이에 기회적 강도는 상업시설보다는 개인을 대상으로 범행을 하며, 금품의 가치보다는 대상 접근의 용이성과 취약성에 집중한다. 주로 밤길에 핸드백을 들고 가는 여성, 술에 취한 행인, 인적이 드문 곳에서 혼자 걷는 사람 등을 범행 대상으로 선정한다.

셋째, 약물남용 강도는 마약 등의 약물을 복용하고, 환각상태에 빠져 강도를 행하거나, 약물을 구입하기 위한 자금 마련을 위한 방안으로 행하는 강도를 말한다. 약물중독자들은 직업을 구하거나 일상적인 활동이 어렵고, 약물중독상태에서 온전한 사고를 행하기 어렵다. 이에 기회적 강도와 마찬가지로 사전에 계획없이 강도를 행하며, 대체로 금품은 소액이며, 금전적인 필요성으로 인해 기회적 강도에 비해 강도를 더 자주 행하게 된다.

넷째, 알코올중독 강도는 앞선 3개의 유형에 비해 우발적이며, 범행 동기가 미약하다. 강도의 목적도 앞선 3개의 유형은 돈이 목적이지만, 알코올중독 강도는 강도를 하게 되는 상황에 우연치 않게 휩쓸리게 되어 범행하게 되는 것이다. 이에 경찰에 의해 가장 많이 체포되며, 범행 대상의 선정도 취약성을 고려하지 않고, 또한 강도의 성공률도 낮다.

Ⅲ. 강도범죄 통계

1. 강도범죄 발생 현황

최근 10년간 강도범죄 발생 현황을 <표 30>을 바탕으로 살펴보면 2009년 6,381건에서 매해 지속적으로 감소하고 있으며, 2018년 841건으로 일평균 약 2.30건이 발생한다고 볼 수 있다.

표 30 ▮ 강도범죄 발생 현황(2009년~2018년)

단위 : 명, (%)

분류	강도
2009	6,381(23.6)
2010	4,402(15.6)
2011	4,021(13.7)

분류	강도
2012	2,626(9.1)
2013	2,001(5.9)
2014	1,618(4.7)
2015	1,472(4.2)
2016	1,181(3.6)
2017	990(2.7)
2018	841(2.4)

출처 : 법무연수원, 2019, 범죄백서

2. 강도범죄자 연령별 현황

2018년 기준 강도범죄자 연령별 현황을 <표 31>을 바탕으로 살펴보면, 20대 초반이 19.3%(255명)으로 가장 높았으며, 다음으로 18세 이하가 16.3%(215명), 그리고 30대가 15.7%(207명)의 순으로 나타났다.

표 31 ▌ 강도범죄자 연령별 구성비(2018년)

단위 : 명, (%)

분류	강도
계	1,320(100)
18세 이하	215(16.3)
19~25세	255(19.3)
26~30세	100(7.6)
31~40세	207(15.7)
41~50세	203(15.4)
51~60세	138(10.5)
61세 이상	46(3.5)
미상	156(11.8)

출처 : 법무연수원, 2019 범죄백서

3. 강도범죄자 발생시간대별 분포

2018년 기준 강도범죄 발생시간별 현황을 <표 32>를 바탕으로 살펴보면, 03:00~05:59

사이가 16.1%(135건)으로 가장 높았고, 다음으로 00:00~02:59 사이가 13.3%(112건), 그리고 21:00 ~ 23:59 사이가 11.7%(98건)의 순으로 나타났다.

표 32 ▮ 강도범죄 발생시간대별 분포(2018년)

단위 : 건, (%)

분류	계	00:00~02:59	03:00~05:59	06:00~08:59	09:00~11:59	12:00~14:59	15:00~17:59	18:00~20:59	21:00~23:59	미상
강도	841 (100)	112 (13.3)	135 (16.1)	49 (5.8)	76 (9.0)	68 (8.1)	67 (8.0)	90 (10.7)	98 (11.7)	146 (17.4)

출처 : 법무연수원, 2019 범죄백서

4. 강도범죄자 검거단서 현황

2018년 기준 강도범죄 검거단서별 현황을 <표 33>을 바탕으로 살펴보면, 피해자신고가 52.3%(434건)으로 가장 높았으며, 다음으로 수사활동이 18.8%(156건), 그리고 기타가 11.9%(99건)의 순으로 나타났다.

표 33 ▮ 강도범죄 검거단서별 현황(2018년)

단위 : 건, (%)

검거단서	강도
계	830(100)
피해자신고	434(52.3)
제3자신고	27(3.3)
현행범체포	108(13.0)
수사활동	156(18.8)
자수	6(0.7)
기타	99(11.9)

출처 : 법무연수원, 2019, 범죄백서

5. 강도범죄자 검거기간별 현황

강도범죄 검거기간별 현황을 <표 34>를 바탕으로 살펴보면, 1일 이내가 41.3%(343건)

으로 가장 높았으며, 다음으로 1개월이 16.0%(133건), 그리고 10일 이내가 11.7%(97건)의 순으로 나타났다.

표 34 ‖ 강도범죄 검거기간별 현황(2018년)

단위 : 건, (%)

검거기간	강도
계	830(100)
1일 이내	343(41.3)
3일 이내	55(6.6)
10일 이내	97(11.7)
1개월 이내	133(16.0)
3개월 이내	85(10.2)
6개월 이내	40(4.8)
1년 이내	18(2.2)
1년 초과	59(7.1)

출처 : 법무연수원, 2019, 범죄백서

Ⅳ. 강도범죄의 원인

강도를 설명하는 원인으로는 상대적 박탈이론(relative deprivation)과 경제적 풍요로움이 대표적이며, 먼저 상대적 박탈이론은 자본주의 사회에서는 필연적으로 빈부에 격차가 발생하고, 이때 하류계층의 사람들은 상대적으로 박탈감을 느끼게 되며, 범죄를 통해 박탈감을 해소하고 지위상승을 기대하는 것으로 의미한다. 즉, 하류계층의 사람들이 상류층의 사람들과 동일한 지위를 누리길 기대하지만, 이를 실현한 기회가 제한되거나 박탈되어 범죄행위를 통해, 지위 상승을 달성한다는 것이다. 이러한 주장은 사회경제의 전반적 향상과 함께 빈곤층에 의한 강도행위가 증대된다는 가정으로 도출된 것으로, 이에 사회가 발전할수록 하류층의 상대적 박탈감이 증대된다고 보고 있다. 그러나 하류층에서도 범죄행위를 하지 않는 사람들이 있고, 하류층 외에도 소위 화이트칼라라고 불리는 주류계층에 의한 범죄행위를 설명하지 못한다는 한계가 있다.

반면 고드(Leroy C. Gould)는 앞선 경제적 성공기회가 제한되거나 박탈당해 상대적 박탈감을 느끼는 하류층이 범죄행위를 통해 지위상승을 달성한다는 상대적 박탈이론과 달리, 경제적 풍요로움이 강도의 원인이 된다고 주장한다. 경제공황기에는 재산범죄의 비율이 높지 않았지만, 경제적 호황기에 재산범죄의 비율이 공황기에 비해 증대되었다는 것이다. 이는 범죄의 원인을 앞선 상대적 박탈감과 함께, 경제적 풍요로움으로 인해 범행의 대상이 증가하였고, 이에 따른 범행의 용이함을 들 수 있다. 즉, 경제적 풍요로 인해, 하류계층의 상대적 박탈감은 보다 더 증대되었으며, 이를 해소하고 지위 상승을 위한 범행 대상이 증가하여, 아마추어 강도 중 기회적 강도가 증대되었다고 보고 있다. 그러나 고드의 주장대로라면, 아마추어 강도의 증대가 아닌 전문적 강도의 증대가 타당하며, 상대적 박탈감을 느끼는 사람일지라도 범죄를 행하지 않는 사람들을 설명하지 못하는 한계가 있다.

제9편

방화범죄

Ⅰ. 방화의 개념

방화는 학자들마다 개념 정의에 다소 차이가 있지만, 고의로 화재를 일으켜, 공중의 생명, 신체 또는 재산 등에 대하여 위험을 야기하는 범죄이다. 형법상으로 방화는 고의로 불을 내어 사람이 사용하는 주거나 사람이 현존하는 건조물 등을 소훼하거나 이로 인해 공공의 위험을 발생케 하는 범죄로, 사회공공의 안전을 보호법익으로 하고 있다. 형법은 방화와 실화의 죄 안에 진화방해죄, 폭발물파열죄, 공작물손괴죄 등도 명시하고 있는데, 이는 피해파급효과와 영향력이 크기 때문에 방화죄에 준하여 처벌하고 있다.

Ⅱ. 방화범의 특징과 유형

1. 방화의 특징

방화범의 동기는 매우 다양하여, 개인적인 원한, 분노, 복수 등에 대한 표출일 수도 있으며, 우울증이나 정신질환자는 자신도 모르게 방화를 행할 수 있으며, 정치적 목적 달성과 정치적 메시지를 전달을 주목적으로 사회적 관심을 유도하기 위해 방화를 행할 수도 있다. 또한, 경제적으로 어려운 환경에서 이득을 보기 위해 방화를 저지르는 경우도 있으며, 범죄를 은폐하기 위한 수단으로 방화를 선택할 수도 있다. 그리고 단순지 쾌락적인 유희를 위해 방화를 행할 수도 있다. 이에 따라 방화범의 연령층은 매우 고르게 분포되어 있는 것도 방화의 특징이라고 할 수 있다.

방화는 고의로 불을 지르는 것 외에도 일정한 특징이 있는데, 첫째, 방화는 화재로 인해 증거인멸이 용이하여, 범인을 특정하는데 어려움이 있으며, 증거가 손실되기 때문에 범인에게 유죄판결을 선고하기까지 많은 어려움이 존재한다.

둘째, 방화의 동기는 개인적 혹은 사회적 증오나 복수 등에 의해 행해지기 때문에 재산범죄보다는 대인범죄의 성격이 강하다.

셋째, 방화는 대체적으로 주택 등 은폐된 공간에서 주로 발생되며, 휘발유나 시너와 같은 인화물질을 활용하여 피해의 범위가 크며, 발견이 늦다.

넷째, 방화는 단독범행이 많아 사전 예방이 어렵지만, 반면 보험사기는 공범에 의한 경우가 많다.

2. 방화의 유형

방화의 유형에는 첫째, 경제적 이익을 목적으로 행해지는 방화로, 보험금 편취가 주목적이다. 이에 보험이 가입된 주택이나 건물, 상품 차량 등을 대상으로 하며, 사전에 치밀하게 계획되어 범행을 행한다.

둘째, 방화는 증거인멸이 용이하기 때문에 다른 범죄를 은폐하기 위한 이차적인 범죄행위가 된다. 이에 범행장소, 차량, 사체, 증거물이 보관된 사무실이나 장부 등에 고의로 불을 일으키고, 타인의 안전이나 재산상의 손실에는 무관심하는 모습을 보인다. 방화범은 불을 낸 즉시 다른 곳으로 이동을 하는 경향이 있으며, 대체로 전과경력이 있다.

셋째, 개인적 · 사회적 원한으로 인해 방화를 보복의 수단으로 활용하는 경우이다. 개인적인 복수일 경우, 피해자의 집이나 자동차, 개인의 소유물 등이 방화의 대상이 되며, 다른 동기의 방화에 보다 치밀한 계획으로 이뤄지며, 방화의 결과가 참혹하며, 방화범 자신도 죽을 각오를 한다. 그리고 사회적 원한으로 인한 복수일 경우, 다른 유형의 방화 가운데 가장 위험하며, 사회로부터 자신이 소외당하고 배신당했다는 감정으로 인해, 불특정 다수를 대상으로 방화를 한다. 특히 방화의 대상은 상징성 있는 조형물이나 건물 등에 주로 행해진다.

Ⅲ. 방화범 통계

1. 방화범죄 발생현황

최근 10년간 방화범죄 발생현황을 <표 35>를 바탕으로 살펴보면 2009년 1,866건에서 증감을 반복하다 2018년 1,478건으로 일평균 약 4.0건이 발생한다고 볼 수 있다.

표 35 ‖ 방화범죄 발생 현황(2009년~2018년)

단위 : 명, (%)

분류	방화
2009	1,866(6.9)
2010	1,866(6.7)
2011	1,972(6.7)
2012	1,882(6.5)
2013	1,730(5.1)
2014	1,707(5.0)
2015	1,646(4.7)
2016	1,477(4.5)
2017	1,359(3.8)
2018	1,478(4.2)

출처 : 법무연수원, 2019, 범죄백서

2. 방화범죄자 연령별 현황

2018년 기준 방화범죄자 연령별 현황을 <표 36>을 바탕으로 살펴보면, 50대가 30.6%(419명)으로 가장 높았으며, 다음으로 40대가 23.8%(326명), 그리고 30대가 12.7%(174명)의 순으로 나타났다.

표 36 ❙ 방화범죄자 연령별 구성비(2018년)

단위 : 명, (%)

분류	방화
계	1,368(100)
18세 이하	110(8.0)
19~25세	108(7.9)
26~30세	54(3.9)
31~40세	174(12.7)
41~50세	326(23.8)
51~60세	419(30.6)
61세 이상	166(12.1)
미상	11(0.8)

출처 : 법무연수원, 2019 범죄백서

3. 방화범죄자 발생시간대별 분표

2018년 기준 발생시간별 방화범죄 발생 현황을 <표 37>을 바탕으로 살펴보면, 21:00~23:59 사이가 16.9%(250건)로 가장 높았고, 다음으로 18:00~20:59 사이가 14.4%(213건), 그리고 15:00~17:59 사이가 12.7%(188건)의 순으로 나타났다.

표 37 ❙ 방화범죄 발생시간대별 분포(2018년)

단위 : 건, (%)

분류	계	00:00~02:59	03:00~05:59	06:00~08:59	09:00~11:59	12:00~14:59	15:00~17:59	18:00~20:59	21:00~23:59	미상
방화	1,478 (100)	165 (11.2)	154 (10.4)	106 (7.2)	120 (8.1)	140 (12.7)	188 (12.7)	213 (14.4)	250 (16.9)	142 (9.6)

출처 : 법무연수원, 2019 범죄백서

4. 방화범죄자 검거단서 현황

2018년 기준 방화범죄 검거단서별 현황을 <표 38>을 바탕으로 살펴보면, 피해자신고가 33.5%(452건)으로 가장 높았으며, 다음으로 현행범체포가 32.1%(433건), 그리고 제 3자의 신고가 16.8%(227건)의 순으로 나타났다.

표 38 ▮ 방화범죄 검거단서별 현황(2018년)

단위 : 건, (%)

검거단서	방화
계	808(100)
피해자신고	110(13.6)
제3자신고	182(22.5)
현행범체포	232(28.7)
수사활동	121(15.0)
자수	35(4.3)
기타	128(15.8)

출처 : 법무연수원, 2019, 범죄백서

5. 방화범죄자 검거기간별 현황

방화범죄 검거기간별 현황을 <표 39>를 바탕으로 살펴보면, 1일 이내가 62.7%(847건)으로 가장 높았으며, 다음으로 1개월 이내가 10.6%(143건), 그리고 3개월 이내가 10.5%(142건)의 순으로 나타났다.

표 39 ▮ 방화범죄 검거기간별 현황(2018년)

단위 : 건, (%)

검거기간	방화
계	1,350(100)
1일 이내	847(62.7)
3일 이내	60(4.4)
10일 이내	97(7.22)
1개월 이내	143(10.6)
3개월 이내	142(10.5)
6개월 이내	37(2.7)
1년 이내	13(1.0)
1년 초과	11(0.8)

출처: 법무연수원, 2019, 범죄백서

제10편

약물범죄

Ⅰ. 약물범죄의 개념

약물(drug)의 종류는 매우 다양하며, 이에 약물의 정의와 개념도 다양하다. 대체로 약물은 마약이라는 용어를 가장 많이 사용하고 있으며, 마약이란 중추신경계에 작용하여, 의존성이 있으면서, 남용이나 오용할 경우 인체에 심각한 위해가 발생하는 약물을 말하며, 마약·향정신성의약품·대마를 마약이라고 혼용하여 사용하기도 한다. 반면 정확한 용어는 마약류이며, 마약은 마약류의 한 종류이다. 또한 세계보건기구(WHO)의 보고에 따르면 마약류는 ① 약물 사용에 대한 욕구가 강제적일 정도로 강하고(의존성), ② 사용약물의 양이 증가하는 경향이 있으며(내성), ③ 사용을 중지하면 온몸에 견디기 힘든 증상이 나타나며(금단증상), ④ 개인에 한정되지 아니하고 사회에도 해를 끼치는 약물로 정의되어 있다. 이에 약물범죄는 앞서 언급한 약물의 불법사용행위, 불법사용행위와 불법제조·재배행위 그리고 판매행위 등을 포함하며, 마약류를 규제하는 법률로는 마약류관리법, 마약류 불법거래방지에 관한 특별법, 특정범죄가중처벌 등에 관한 법률, 형법 등이 있다.

이러한 약물범죄는 피해자 없는 범죄 혹은 대표적인 암수범죄(숨은 범죄)에 해당하는데, 마약의 사용자나 공급자 모두가 마약이 불법이라는 것을 인지하여, 범죄 사실을 경찰에 신고하지 않으며, 사용자는 쾌락 추구가 목적이기에 자신이 마약으로 인해 육체적·정신적으로 파괴되어 가는 것을 인식하지 못한다. 또한, 약물범죄의 특징으로, 마약중독자는 일상활동에 어려움이 있어 경제적 활동이 힘들고, 이에 따라 마약을 구입하기 위한 자금 마련의 방안으로 범죄를 행하기도 한다.

Ⅱ. 마약의 분류

인간의 정신에 영향을 미치는 마약의 종류는 매우 다양하며, 이에 따라 각 약물의 효과 또는 영향이 다르며 원료 및 약물 작용 기전 등에 따라 분류한다. 법률적으로는 「마약류 관리에 관한 법률」 제2조 1호에서는 마약류를 크게 마약, 향정신성의약품, 대마로 구분한다. 마약류는 주로 진정, 진통 등의 의료용 목적으로 사용되고 있지만, 의료용이 아닌 오락용으로 오·남용하게 되면 신체적, 정신적 의존성을 유발하게 된다.

1. 마약

마약은 「마약류 관리에 관한 법률」 제2조 2호에서 양귀비 및 아편, 코카잎과 이에서 추출하는 천연 마약과 알카로이드, 그리고 그것들을 함유하는 혼합 물질 및 제제를 의미한다.

1) 아편계

아편계인 아편, 모르핀, 헤로인은 양귀비에서 추출하는 진정제로, 약리적으로 중추신경계에 작용하여 진정 효과를 제공한다. 양귀비는 기원전부터 특유의 효능으로 유럽과 중동, 중앙아프리카 등 여러 지역에서 재배되었으며, 태국, 중국, 인도 등지에서 재배되어 왔다. 현대에 들어서는 미얀마, 태국, 라오스를 중심으로 한 황금삼각지대와 아프가니스탄, 파키스탄, 이란을 중심으로 한 황금 초승달 지역, 그 외에 중국, 북한, 베트남부터 중남미의 멕시코, 콜롬비아, 중앙아시아 등 전 세계적으로 생산되고 있다. 황금삼각지대와 황금초승달지역은 전 세계적으로 알려진 아편생산지역으로, 세계 아편생산량의 80% 이상을 차지하고 있다. 아편의 약리적 특성으로는 진통, 마취, 지사, 해소 등이 있으며, 이러한 특성으로 인해 과거부터 의약용으로 사용되어 왔다. 하지만 아편계 마약의 복용은 고양감, 불안감소, 통증완화 등과 함께 환각증상 및 신체적·정신적 의존성과 내성을 가져오며, 과량 투여 시 변비, 반사작용 감퇴, 경련, 체온저하, 구토부터 무감각, 혼수상태, 호흡장애 등의 부작용이 동반하며, 투약량이 과다할 경우 사망에 이를 수 있다.

[그림 1] 양귀비

[그림 2] 양귀비 열매

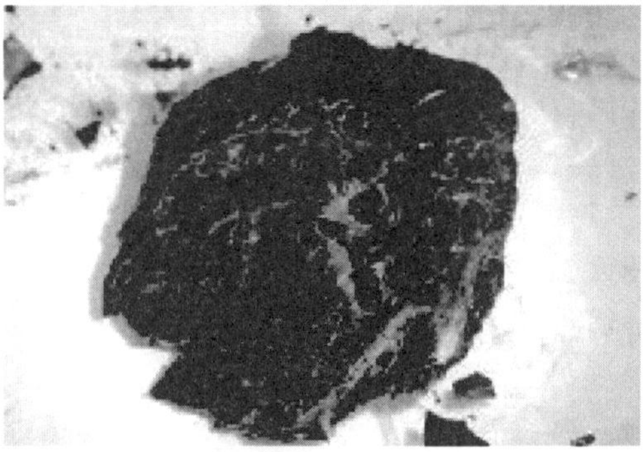

[그림 3] 아편

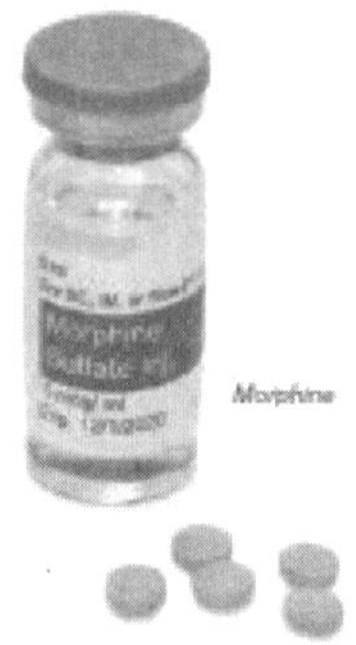

[그림 4] 모르핀

표 40 ∥ 아편계 마약 분류 및 특성

종류		특성	작용	주산지
아편계	양귀비	키 1~1.5m 식물 백색, 적색, 자색 꽃		황금삼각지대(미얀마, 태국, 라오스), 황금초생달지역(이란, 파키스탄, 아프간)중심 온대, 아열대 등 거의 세계전역
	아편	설익은 꽃봉우리에 생채기를 내어 우유빛 즙을 담아두면 암갈색 타르화(생아편) 응고하면 딱딱한 왁스형 달콤하고 톡 쏘는 향, 건초향	고통완화, 졸린 듯한 상태에서 편안, 황홀, 의존성, 내성, 변비, 얼굴 창백, 신경질적, 식욕·성욕상실, 구토, 동공수축, 호흡장애	
	모르핀	아편으로 몰핀 제조(10:1), 무취, 쓴맛, 백색, 갈색, 커피색 분말, 캡슐, 주사약	의약용으로 사용 진통 강력, 도취, 수면, 아편보다 강한 중독성, 호흡억제, 구토, 발한, 변비	
	헤로인	몰핀량 1/2로 동일효과 백색, 황백색, 회색, 연갈색 설탕 형태 미세결정	쾌감 쇄도 후 졸음, 도취 몰핀보다 강한 중독성, 변비, 동공수축, 호흡감소,	황금삼각지대, 황금초생달지역, 중미(멕시코, 콜롬비아)

종류		특성	작용	주산지
		무취, 쓴맛, 몰핀에 무수초산을 가한 제조로 밀조품은 강한 식초냄새	무감각, 내분비계통 퇴화, 자아 통제불능	
	코데인	몰핀으로부터 분리 주사, 캡슐, 정제	의약용으로 사용 진통, 진해 특효	

아편계 약물의 특징으로는 약물 효과의 정점치가 없어 투약량에 따라 그 효과가 증대될 수 있다는 것이며, 이는 아편계 약물의 부작용에도 동일하게 적용되어, 아편계 마약 중독자는 점점 투약량이 증가하게 되며, 중단 시 극심한 금단증상에 시달리게 된다. 아편계 약물은 크게 아편, 모르핀, 헤로인 등으로 구분할 수 있다. 이 중 아편은 앵속(양귀비)의 설익은 열매에서 유액을 채취하고 그것을 말려 가공한 것을 의미한다. 모르핀은 아편의 주요 성분인 알칼로이드 중 하나이며, 아편 구성성분 중 약 10%를 차지한다. 모르핀은 체내의 엔돌핀 수용체에 작용하며, 이는 모르핀과 엔돌핀의 화학적 구조가 유사하기 때문이다. 헤로인은 모르핀에 무수초산을 작용시켜 제조하며, 기본적인 화학적 기전은 모르핀과 동일하지만, 무수초산을 작용시킴으로써 모르핀의 효능과 반응성을 극대화시킨 것이라 할 수 있다.

2) 코카계

코카계 마약은 중남미에서 자생하는 코카나무 잎에서 추출하는 성분으로, 진통효과가 있어 예로부터 중남미지역에서 마취제로 사용하였다. 코카나무 잎은 원산지인 중남미에서는 고대 시대부터 진통 등의 약효를 위해 의약품으로 사용하였다. 1860년대 유럽에서 처음으로 코카나무잎에서 코카인을 분리하였으며, 현재는 브라질, 페루, 콜롬비아 등 남미지역에서 전 세계 코카인 생산량의 98%를 차지하고 있다. 코카인은 비강을 통해 흡입하여 뇌의 도파민을 활성화시켜 쾌감과 집중력, 창의력 등을 제공하지만, 지속적으로 투약하게 되면 정신적으로는 과대망성, 수면장애, 폭력성 증가, 환각, 정신분열 등을 일으키게 되며, 신체적으로는 혈관을 수축시켜 심장장애, 호흡곤란, 경련 등을 발생시킨다. 코카인의 금단증상으로는 불안감, 우울증, 두통 등이 있으며, 심할 경우 이로 인한 자살까지 발생할 수 있다.

코카계 약물은 크게 코카인과 크랙으로 구분한다. 우선 코카인은 중남미에서 자생하는 코카나무의 잎에서 분리된 알칼로이드이며, 그 형태는 백색 결정 분말로 아편과 달리 불에 닿으면 기화되지 않고 타버리게 되므로 비강흡입, 경구투약, 주사 등의 방법을 통해 투약한다. 이와 달리 크랙은 코카인에 베이킹소다와 물을 넣고 가열하여 제작하며, 코카인과 다르게 작은 흰색 결정 형태를 띄게 되며, 코카인과 다르게 기화시켜 투약할 수 있다.

[그림 5] 코카나무

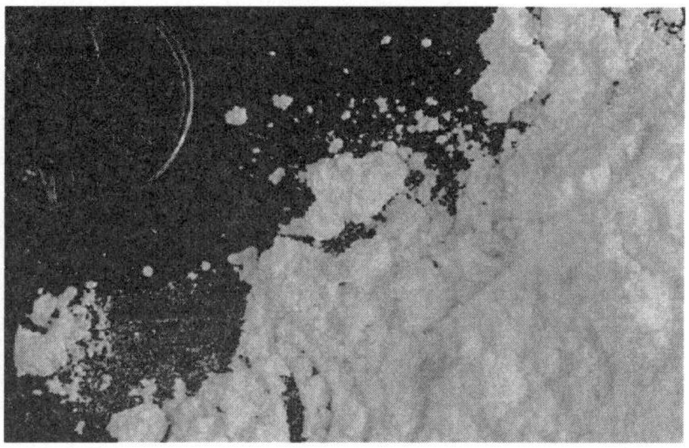

[그림 6] 코카인

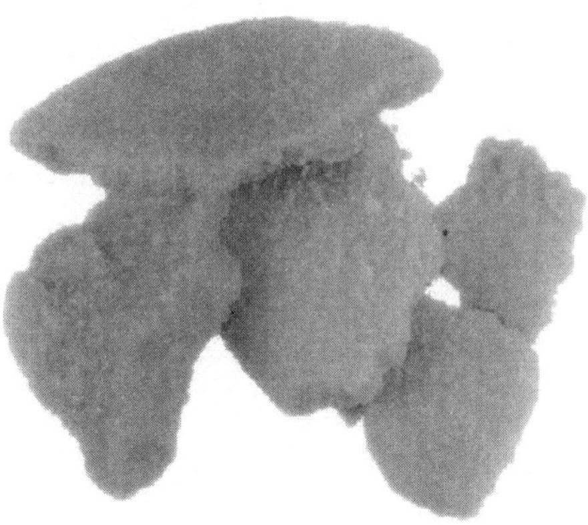

Crack Cocaine

[그림 7] 크랙

표 41 ▌코카계 마약 분류 및 특성

종류		특성	작용	주산지
코카계	코카인	코카엽에서 추출 솜털같은 백색결정분말 코흡입, 주사, 구강투여	효과 신속 일시적, 대뇌흥분, 동공확장, 심박증가 심장장애, 호흡곤란, 경련, 공격적, 과대망상, 정신착란	남미 (콜롬비아, 볼리비아, 페루)
	크랙	코카인에 베이킹소다, 물 넣고 가열하여 제조 작은 돌과 같은 결정체 워터파이프로 흡연	효과 신속 강렬, 황홀, 코카인보다 중독위험 심각, 투약간편, 저렴 부작용 코카인 유사	

2. 향정신성의약품

「마약류 관리에 관한 법률」 제2조 3호에서는 향정신성의약품은 인간의 중추신경계에 작용하여 오남용의 우려가 심하고 심각한 신체적, 정신적 의존성을 불러올 수 있는 약물 또는 이러한 성분을 함유하는 물질이라고 정의하였으며, 그 용도 및 위험성에 따라 가에서 마까지 세분화하여 분류하고 있다. 대표적인 향정신성약품으로는 메스암페타민(속칭 히로뽕), LSD, MDMA(엑스터시) 등이 있다.

속칭 필로폰, 히로뽕으로 불리는 메스암페타민(methamphetamine)은 중추신경계를 자극하는 각성제로 무색, 무취 또는 백색의 결정성 분말로, 국내에서 제일 많이 이용하는 마약이다. 메스암페타민의 등장은 1888년 일본에서 천식약의 원료인 마황에서 에페드린(ephedrine)을 추출하여, 화학약품과 합성한 물질이다. 이후 1941년 일본의 제약회사회사인 대일본제약회사에서 메스암페타민을 philopon(히로뽕)이라는 상품명으로 판매하면서, 국내에 전해져 메스암페타민을 가리키는 용어로 현재까지 사용되고 있다. 메스암페타민은 일정 행위를 할 때, 시간의 흐름을 전혀 지각하지 못할 정도로 각성제 효과가 있으며, 이 같은 각성효과로 인해 가수, 소설가 등이 작업에 집중을 위해 투약하는 경우가 있다. 1회 투여량은 0.03g이며, 중독되어 내성이 생긴 사람은 투여량을 지속적으로 증가해야 환각효과를 볼 수 있고, 약효가 떨어지면 극심한 금단증상이 나타나게 된다. 특히, 극심한 우울증, 피로감, 과민상태 등이 지속되며, 금단증상이 수개월 이상 지속되어, 끊기가 매우 어렵다고 한다.

메스암페타민의 투약방법은 술이나 음료수에 타서 복용하거나, 분말을 코로 흡입하거나, 열을 가하여 가스를 흡입하는 등 다양한 방법이 있지만, 주로 사용 즉시 효과가 나타나는 정맥주사를 이용한다. 또한, 메스암페타민은 중추신경을 흥분시키는 작용이 강하여, 주로 성행위시 많이 남용되며, 평상시보다 더욱 강력한 쾌감을 준다고 한다. 또한, 식욕을 억제하는 효과가 있어, 비만자들이 체중감량의 목적으로 남용하기도 한다.

LSD(lysergic acid diethylamide)는 환각제로 가장 널리 사용되고 있는 마약으로, 1938년 스위스 산도스 제약회사의 알버트 호프만 박사가 곡물의 곰팡이, 보리의 맥각균에서 우연히 합성하여 발견한 물질이다. LSD는 제조가 쉽고, 가격이 다른 마약에 비해 상대적으로 저렴하고, 적은 양으로도 큰 효과를 얻을 수 있어 급속히 전파되었다. LSD의 특징은 무색, 무미, 무취로 분말형태로 정제가능하며, 캡슐이나 액체 등 다양한 방법으로 유통된다. 코카인의 100배, 메스암페타민의 300배 정도의 효과를 가지며 8~12시간 정도 지속되는 환각제이며,

복용시, 동공확대, 안면홍조, 협압상승, 체온저하, 발한, 현기증 등의 증상을 보인다. 또한, LSD를 실제로 사용하지 않았는데도 환각현상을 경험하는 경우가 있는데, 이를 '플래시백 현상'이라고 부른다.

MDMA(methylene dioxy-methamphetamine, 엑스터시)는 1914년 독일 의약품회사에서 식욕감퇴제로 개발되었지만, 강력한 환각성분으로 뇌손상을 유발하는 심각한 부작용이 발생하여, 시중에 유통이 금지되었다. 그러나 1980년 이후 환각제로 둔갑하여 전 세계적으로 남용되고 있다. 메스암페타민보다 가격이 저렴하면서, 환각작용은 3배가 강하며, MDMA를 복용하면, 신체를 접촉하고자 하는 욕구를 심해져, 기분이 좋아지는 약 혹은 포용마약으로 불리기도 한다. 복용 후 20~60분 정도가 경과하면, 입이 마르고, 동공이 확대되는 등의 극심한 흥분감을 경험하게 된다. 약효는 통상 3~4시간 정도 지속되고, 과다 복용시, 불안, 초조, 환각, 환청, 구토 등의 부작용을 초래하며, 심할 경우 심장마비로 사망에 이르기도 한다. MDMA의 별칭으로는 Ecstasy, XTC, Adam, Eve, Clarity, Decadence, M&M 등이 있는데 우리나라에서는 엑스터시, 도리도리 등으로 통칭되고 있다.

[그림 8] 메스암페타민

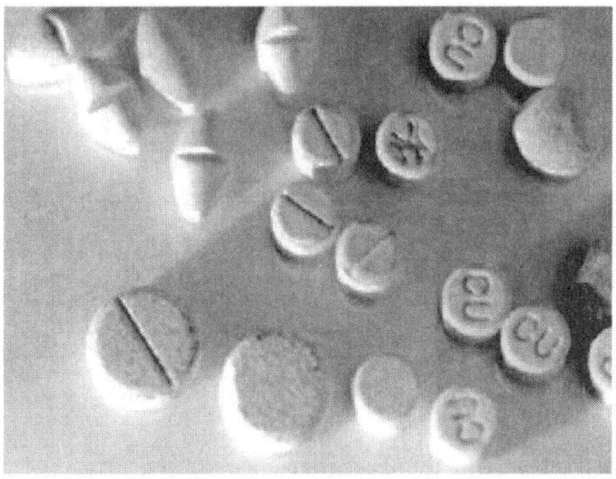

[그림 9] MDMA

[그림 10] LSD

표 42 | 향정신성약품 분류 및 특성

종류			특성	작용	주산지
향정신성의약품	환각제	LSD	무색, 무미, 무취 결정분말 투명액, 정제, 각설탕, 캡슐형, 이쑤시개 · 아스피린 · 종이 · 사탕 · 빵 등에 흡착 소량(1회 0.1mg)으로 6~12시간 환각상태	환각, 자기 모습 제3자 입장 관찰, 음악의 색 · 맛 감상, 광범위한 감정 체험, 감지, 판단력 감소, 자기통제력 상실 동공확대, 홍조, 체온저하, 발한, 현기증, 혈압상승, 재발성 환각질환	북미, 유럽, 동남아
		MDMA (엑스터시)	암페타민류 합성마약 로고 각인 정제, 캡슐	도취, 식욕상실 변비, 혼수, 자아통제 불능	유럽, 미국
		메스칼린	멕시코 선인장 페이오트 (Peyote)에서 추출 분말, 캡슐, 용액	환상, 환각	
	각성제	암페타민류	원료: 염산에페드린 백색, 회색, 황색 분말 또는 크리스탈 덩어리 약간의 신맛, 물에 잘 녹음 주사, 코 흡입, 술이나 음료에 타서 남용	기관지확장, 혈압상승, 심박증가, 동공확대, 혈당증가, 근력증가 황홀, 공복감상실, 상쾌, 자신감, 식욕억제, 피로억제, 정신적의존성, 내성, 불안, 흥분, 환각, 망상, 불면, 정신착란, 플래시백	중국, 필리핀, 대만, 홍콩, 태국, 미국(히로뽕). 유럽(암페타민)
		YABA	암페타민류 25% 함유 작은 정제(1일 : 0.2g)	도취, 흥분, 환각, 공격성 우울증, 정신착란, 공포	태국, 미얀마
	억제제	진정수면제	바르비탈제제등 알콜과 남용 시 치명적	생리기능 억제, 불안, 긴장, 불면치료, 의존성, 내성, 호흡곤란, 심기능, 저하, 동작 · 사고둔화, 기억력 장애	
		신경안정제	알콜과 남용시 치명적	불안, 긴장 완화 의존성, 내성, 운동실조, 착란, 졸리움	

3) 대마류

「마약류 관리에 관한 법률」 제2조 4호에서는 대마류 마약을 대마초와 그 수지, 그리고 그것을 원료로 하여 제조된 제품 및 그것들과 동일한 화학적 합성품, 그리고 앞에서 규정된 것들을 함유하는 혼합물 및 제제라고 정의한다.

대마는 중앙아시아 원산의 식물로, 기원전 2737년 중국 신농의 기록에서 약초로 묘사한 것이 첫 번째 기록이다. 대마는 줄기의 섬유를 사용하기 위해 재배되었으나, 말라리아, 류머티즘 등의 치료제로써도 사용되었다. 열매는 향신료의 원료로 쓰이고, 종자는 조미용이나 기름을 짜는데 쓰인다. 특히 한방에서는 열매를 화마인이라는 약재로 쓰는데, 변비에 효과가 있다고 한다. 현재 대마는 세계 전역에서 재배되고 있으며, 러시아가 가장 많은 양을 생산하며, 인도·루마니아·중국·헝가리·폴란드·터키 등이 주요 생산국이다. 다양한 국가에서 합법화 및 비범죄화에 대하여 논의하고 있지만, 대마의 효능과 유해성에 대한 논쟁이 이어지고 있다.

대마의 주성분은 꽃과 잎에 함유된 THC(Tetra Hydro Canabinol)성분으로, 흥분과 진정 두 가지 기능을 함께 제공하며, 대마류를 복용함에 따라 정신적으로는 감각의 왜곡, 공복감, 식욕, 부유감, 원근감 상실, 심박증가, 기억상실, 공포, 불안 등의 영향을 미치며, 또한 신체적으로는 움직임의 둔화, 균형감각 상실 운동수행능력 감퇴 등의 반응이 나타날 수 있다.

대마류 마약은 크게 대마, 대마수지, 대마오일 등이 있으며, 우선 대마는 삼베의 원료가 되는 삼의 꽃봉오리와 잎을 말리는 식으로 가공하며, 이를 다양한 방식으로 기화시켜 흡입한다. 대마수지는 약리작용을 하는 THC성분을 농축시키기 위하여 대마를 증류 가공하여 암갈색의 수지형태로 만든 것을 의미하며, THC의 지용성 성질을 이용하여 마약성분을 기름에 녹인 것을 대마오일이라 한다.

[그림 11] 대마

[그림 12] 대마초

[그림 13] 해시시

[그림 14] 해시시오일

표 43 | 대마류 마약 분류 및 특성

<table>
<tr><th colspan="2">종류</th><th>특성</th><th>작용</th><th>주산지</th></tr>
<tr><td rowspan="3">대마류</td><td>대마초</td><td>연녹색, 황색, 갈색 잎, THC(Tetra Hydro Canabinol) 성분이 도취·환각 유발</td><td rowspan="3">흥분과 억제 두가지 작용, 초조, 풍족, 이완, 꿈꾸는 느낌. 공복감, 단 것 먹고 싶은 느낌, 감각 미묘변화
공중에 뜨는 느낌, 빠른 감정변화, 변비, 환각, 심박증가, 공포, 불안,
사고 및 기억 단절, 집중력 상실, 자아상실감, 영상왜곡, flashback(중단 후 환각 재현)</td><td rowspan="3">온대, 열대
(아시아, 아프리카, 미주)</td></tr>
<tr><td>대마수지
(해시시)</td><td>대마초 300kg로 해쉬쉬 1kg 제조
갈색, 흑색의 수지
THC 2~10% 함유</td></tr>
<tr><td>대마오일
(해시시오일)</td><td>해쉬쉬 3~6kg로 해쉬쉬오일 1kg 제조
암록색, 흑색의 기름형태
THC 10~30% 함유</td></tr>
</table>

Ⅲ. 마약범죄의 실태

1. 마약류 사범 추이

<표 44>와 같이 최근 5년간의 마약류사범의 추이를 살펴보면, 2015년 11,916명에서 지속적으로 증가하다, 2018년 12,613명으로 다소 감소하였지만, 2019년 16,044명으로 2015

년에 비해 약 1.34배 가량 증가하였다. 세부적으로, 마약, 향정신성의약품, 대마 중 향정신성의약품의 비중이 가장 높으며, 마약은 꾸준히 증가 추세에 있으며, 2019년 1,804명으로 2015년 대비 약 1.56배 가량 증가하였으며, 향정신성의약품은 2019년 11,611명으로 2015년 대비 약 1.21배 가량 증가하였으며, 그리고 대마는 2019년 2,629명으로 2015년 대비 약 2.31배 가량 증가하였다. 이를 통해 마약류 중 대마의 증가율이 가장 높았으며, 다음으로 마약, 그리고 향정신성의약품의 순으로 제시되었다.

표 44 ❙ 연도별 마약류사범 추이

단위 : 명

구분	2015	2016	2017	2018	2019
합계	11,916	14,214	14,123	12,613	16,044
마약	1,153	1,383	1,475	1,467	1,804
향정	9,624	11,396	10,921	9,613	11,611
대마	1,139	1,435	1,727	1,533	2,629

출처 : 대검찰청, 2019, 마약류범죄백서

2. 범죄유형별 마약류사범 추이

범죄유형별 마약류사범의 추이를 <표 45>를 바탕으로 살펴보면, 투약이 51.2%(8,210명)로 가장 높았으며, 다음으로 밀매가 21.4%(3,437명)의 순으로 제시되었다. 세부적으로 살펴보면, 마약에서는 밀매가 1,098명으로 가장 많았으며, 다음으로 투약이 328명의 순이었고, 향정신성의약품은 투약이 6,272명으로 가장 많았으며, 밀매가 2,931명의 순이었고, 대마는 투약이 1,610명으로 가장 많았으며, 밀매가 432명의 순이었다.

표 45 ❙ 범죄유형별 마약류사범 추이

단위 : 명, (%)

구분	밀조	밀수	밀매	밀경	투약	소지	기타	합계
합계	5	783	3,437	1,161	8,210	1,185	1,263	16,044
(점유율)	(0.0)	(4.9)	(21.4)	(7.2)	(51.2)	(7.4)	(7.9)	(100)
마약	0	26	74	1,098	328	65	213	1,804
향정	5	569	2,931	0	6,272	920	914	11,611
대마	0	188	432	63	1,610	200	136	2,629

출처 : 대검찰청, 2019, 마약류범죄백서

3. 마약류 밀반입 현황

최근 5년간의 주요 마약류 밀반입 현황을 <표 46>을 바탕으로 살펴보면, 전체 건수는 지속적으로 증가하고 있으며, 반입량도 2019년 234,328g으로 2015년 대비 약 4.28배 가량 증가하였다. 세부적으로 메스암페타민이 지속적으로 증가하다, 2018년을 기점으로 큰 폭으로 증가하였으며, 2019년은 다소 감소되었다. 또한, 코카인의 경우는 2015년 반입량이 매우 적었는데, 2019년 105,803g으로 큰 폭으로 증가하였다. 대마초의 경우도 증감을 반복하다 2018년을 기점으로 큰 폭으로 증가하였다.

표 46 ‖ 주요 마약류 밀반입 현황

단위 : g

구분	2015		2016		2017		2018		2019	
마약류	건	반입량	건	반입량	건	반입량	건	반입량	건	반입량
합계	131	54,766 (54,365)	179	38,510 (35,760)	247	26,984 (26,228)	250	292,405 (272,081)	312	234,328 (234,328)
코카인	4	7 (7)	6	10,899 (10,899)	11	119 (119)	16	88,301 (88,301)	11	105,803 (105,803)
헤로인	2	3 (3)	1	0.03 (0.03)	1	3.73 (3.73)	1	1.93 (1.93)	0	0 (0)
메스암페타민 (필로폰)	80	46,515 (46,142)	75	22,585 (21,177)	79	17,117 (16,761)	62	193,240 (171,165)	81	70,626 (70,626)
MDMA	5	47 (44)	34	445 (445)	51	686 (686)	68	1,842 (1,752)	63	2,623 (2,623)
LSD	2	2 (10)	7	8 (8)	28	17 (17)	26	11 (11)	51	27 (27)
YABA	9	984 (984)	10	2,010 (704)	9	847 (847)	17	7,934 (7,934)	36	13,330 (13,330)
대마초	17	7,023 (6,990)	26	2,219 (2,183)	51	7,896 (7,496)	55	30,924 (30,924)	57	39,131 (39,131)
대마수지 (해시시)	7	138 (138)	12	153 (153)	11	244 (244)	2	25 (25)	11	2,673 (2,673)
JWH-018 및 그 유사체	5	47 (47)	8	191 (191)	6	57 (57)	4	439 (439)	2	115 (115)

출처 : 대검찰청, 2019, 마약류범죄백서

4. 모니터링시스템 운영실적

최근 5년간 모니터링시스템 운영실적을 <표 47>을 바탕으로 살펴보면, 2015년 450건에서 증감을 반복하다, 2019년 1,570건으로 2015년 대비 약 3.0배 가량 증가하였다. 이는 마약중독자가 아닌 일반인 등이 인터넷을 통한 마약류 거래가 계속적으로 증가하고 있는 점을 시사하며, 국내 또는 해외 인터넷 사이트를 통해 국제우편이나 국제 특송화물로 마약류를 밀반입하는 사례가 지속적으로 증가하고 있는 추세이다. 이에 인터넷이나 SNS 등을 통한 마약 홍보, 불법적 판매 등에 접근 차단이 필요하다.

표 47 ▌ 모니터링시스템 운영 실적

구분	차단 · 삭제 요청(건)	수사	
		인지(건/명)	구속(명)
2015	450	3/4	2
2016	1,439	6/6	5
2017	7,890	54/54	25
2018	2,417	66/35	18
2019	1,570	54/50	24
합계	13,766	183/149	74

출처 : 대검찰청, 2019, 마약류범죄백서

5. 마약류사범 직업별 현황

2019년 기준 마약류사범의 직업별 현황을 <표 48>을 바탕으로 살펴보면, 무직이 31.0%(4,972명)으로 가장 높았으며, 다음으로 직업미상이 10.6%(1,695명), 기타가 37.9%(6,076명)의 순으로 제시되었으며, 실질적으로 무직과 직업 미상 등을 포함하면, 마약중독자의 약 40%정도가 정상적인 직업을 가지지 못하고 있는데, 이는 마약중독자들은 일상적인 활동이 어려워, 직업을 구하기 힘들고, 직업을 구하더라도 단기간에 그만두는 경향이 있기 때문이다.

표 48 ∥ 마약류사범 직업별 현황(2019년)

단위 : 명, (%)

직업	빈도
합계	16,044(100)
무직	4,972(31.0)
농업	406(2.5)
도소매업	93(0.6)
유흥업	151(0.9)
서비스업	225(1.4)
금융/증권	13(0.1)
부동산업	19(0.1)
노동	588(3.7)
회사원	723(4.5)
공업	206(1.3)
건설	130(0.8)
의료	130(0.8)
운송업	109(0.7)
가사	180(1.1)
예술/연예	49(0.3)
어업	38(0.2)
학생	241(1.5)
직업미상	1,695(10.6)
기타	6,076(37.9)

출처 : 대검찰청, 2019, 마약류범죄백서

6. 마약류사범 연령별 현황

2019년 기준 마약류사범 연령별 현황을 <표 49>를 바탕으로 살펴보면, 전체는 30대가 25.7%(4,126명)으로 가장 높았으며, 다음으로 20대가 21.9%(3,521명), 40대가 21.7%(3,487명)의 순으로 제시되었으며, 대체로 연령대가 높지 않음을 알 수 있다. 세부적으로 마약은 60대 이상이 60.9%(1,098명)으로 가장 높았으며, 다음으로 50대가 13.1%(237명), 30대가 7.7%(139명)의 순으로 제시되었다. 향정신성의약품은 30대가 27.9%(3,239명)으로 가장 높았으며, 다음으로 40대가 26.9%(3,123명), 20대가 19.4%(2,255명)의 순으로 제시되었다. 그리고 대마는 20대가 44.4%(1,167명)로 가장 높았으며, 다음으로 30대가 28.5%

(748명), 40대가 9.8%(257명)의 순으로 제시되었다. 즉 마약류별로 연령대별 특징을 확인할 수 있는데, 마약은 연령대가 고연령대에서 주로 행해지고 있으며, 향정신성의약품은 30~40대의 경제적으로 활동이 왕성한 연령대에서 주고 행해지고 있으며, 대마는 20대인 저연령층에서 주로 행해지고 있다.

표 49 ▌마약류별 연령별 현황(2019년)

단위 : 명, (%)

구분	19세 이하	20~29	30~39	40~49	50~59	60세 이상	연령 미상	합계
합계	239	3,521	4,126	3,487	2,554	1,598	519	16,044
	(1.5)	(21.9)	(25.7)	(21.7)	(15.9)	(10.0)	(3.2)	(100)
마약	3	99	139	107	237	1,098	121	1,804
	(0.2)	(5.5)	(7.7)	(5.9)	(13.1)	(60.9)	(6.7)	(100)
향정	167	2,255	3,239	3,123	2,092	403	332	11,611
	(1.4)	(19.4)	(27.9)	(26.9)	(18.0)	(3.5)	(2.9)	(100)
대마	69	1,167	748	257	225	97	66	2,629
	(2.6)	(44.4)	(28.5)	(9.8)	(8.6)	(3.7)	(2.5)	(100)

출처 : 대검찰청, 2019, 마약류범죄백서

7. 마약류사범 성별 현황

최근 5년간 마약류사범의 성별 현황을 <표 50>을 바탕으로 살펴보면, 해마다 여자에 비해 남자의 비율이 높지만, 여자가 매년 지속적으로 증가하고 있다. 세부적으로 마약은 여자와 남자의 비율이 큰 차이가 없으며, 향정신의약품은 남자가 여자의 비해 상당수 높았으며, 대마도 남자가 여자에 비해 상당수 높았다.

표 50 ▌마약류사범 성별 현황

단위 : 명, (%)

구분	마약		향정		대마		합계	
	남	여	남	여	남	여	남	여
2015	541	612	8,086	1,538	1,017	122	9,644	2,272
	(46.9)	(53.1)	(84.0)	(16.0)	(89.3)	(10.7)	(80.9)	(19.1)
2016	642	741	9,397	1,999	1,276	159	11,315	2,899
	(46.4)	(53.6)	(82.5)	(17.5)	(88.9)	(11.1)	(79.6)	(20.4)

구분	마약		향정		대마		합계	
	남	여	남	여	남	여	남	여
2017	714	761	8,895	2,026	1,493	234	11,102	3,021
	(48.4)	(51.6)	(81.4)	(18.6)	(86.5)	(13.5)	(78.6)	(21.4)
2018	715	752	7,812	1,801	1,367	166	9,894	2,719
	(48.7)	(51.3)	(81.3)	(18.7)	(89.2)	(10.8)	(78.4)	(21.6)
2019	926	878	9,258	2,353	2,283	346	12,467	3,577
	(51.3)	(48.7)	(79.7)	(20.3)	(86.8)	(13.2)	(77.7)	(22.3)

출처 : 대검찰청, 2019, 마약류범죄백서

8. 마약류사범 학력별 구성비

2019년 기준 마약류사범 학력별 구성비를 <표 51>을 바탕으로 살펴보면, 고졸이 34.1%로 가장 높았으며, 다음으로 기타가 24.6%, 대졸이 16.6%의 순으로 제시되었다. 세부적으로 살펴보면, 마약은 기타가 28.9%로 가장 높았으며, 다음으로 초졸이 23.8%, 고졸이 14.7%의 순으로 제시되었으며, 무학도 11.9%로 제시되었다. 향정신성의약품은 고졸이 37.7%로 가장 높았으며, 기타가 24.3%, 중졸이 14.2%의 순으로 제시되었다. 대마는 대졸이 34.0%로 가장 높았으며, 다음으로 고졸이 30.3%, 기타가 22.8%의 순으로 제시되었다. 즉, 마약은 다른 유형에 비해 학력이 가장 낮다고 볼 수 있으며, 다음으로 향정신성의약품이며, 대마의 경우는 학력이 다소 높음을 확인할 수 있다.

표 51 ∥ 마약류사범 학력별 구성비(2019년)

단위 : %

구분	무학	초졸	중졸	고졸	전문대졸	대졸	대학원졸	기타	합계
마약	11.9	23.8	10.6	14.7	0.6	8.3	1.2	28.9	100
향정	1.2	2.6	14.2	37.7	4.9	14.1	0.9	24.3	100
대마	0.4	1.9	4.3	30.3	5.4	34.0	0.9	22.8	100
합계	2.2	4.7	12.3	34.1	4.5	16.6	0.9	24.6	100

출처 : 대검찰청, 2019, 마약류범죄백서

9. 마약류사범 범죄원인별 구성비

2019년 기준 마약류사범 범죄원인별 구성비를 <표 52>를 토대로 살펴보면, 전체는 기타가 32.9%로 가장 높았으며, 다음으로 중독이 25.3%, 호기심이 15.4%의 순으로 제시되었고, 세부적으로 살펴보면, 마약은 기타가 51.5%로 가장 높았고, 다음으로 호기심이 18.1%, 우연이 14.4%의 순으로 제시되었으며, 향정신성의약품은 기타가 27.8%로 가장 높았으며, 다음으로 중독이 28.8%, 호기심이 13.1%의 순으로 제시되었다. 그리고 대마는 기타가 27.8%로 가장 높았고, 다음으로 호기심이 24.3%, 중독이 22.7%의 순으로 제시되었다. 대체로 마약류는 중독과 호기심으로 접하는 경우가 빈번하였다.

표 52 ▌ 마약류사범 범죄원인별 구성비(2019년)

단위 : %

원인별	유혹	우연	강압	중독	호기심	영리	치료	기타	합계
마약	8.3	14.4	0.1	3.8	18.1	2.1	1.7	51.5	100
향정	13.1	2.5	0.1	28.8	13.1	9.6	1.4	31.4	100
대마	13.5	3.7	0.0	22.7	24.3	6.7	1.3	27.8	100
합계	12.7	3.9	0.1	25.3	15.4	8.4	1.4	32.9	100

출처 : 대검찰청, 2019, 마약류범죄백서

제3장
교정처우론

제1편

교정시설 내 교정처우

Ⅰ. 교정처우의 원리

1. 교정행정론

우리나라 교정행정을 총괄하는 중앙부처 조직에는 법무부(교정본부)가 있다. 교정본부장의 보좌기구에는 교정 · 보안 정책단장이 있다. 소관업무에 따라 교정기획과, 직업훈련과, 사회복귀과, 복지과, 보안과, 의료과, 분류심사과, 심리치료과[151] 등 8개과가 있다. 2020. 11월 현재 일선기관의 지휘감독을 관장하는 중간감독기관으로 서울(17개) · 대구(18개) · 대전(10개) · 광주(9개) 4개의 지방교정청[152]과 전국 54개의 교정시설이 있다.[153] 전국에는 교도소 40개(민영 포함), 구치소 11개, 지소 3개 기관이 있다. 교정시설에서 실질적으로 수용자의 교정처우가 실시, 집행되고 있다.

교정공무원은 일반직 공무원으로 2018.12.31. 현재 정원 15,999명이다. 여성, 소년, 개방처우 등 신분에 따라 특수기능별 교정시설이 운영되는 곳도 있다. 2018년 수용정원 47,820명으로 1일평균 수용 인원 54,744명으로 교정공무원 1인당 1일 평균 수용인원 대비는 3.4명이다.

최근 법무부 교정본부에서 우리나라 최초의 「대체복무제」를 교정시설에서 시행하게 되었다.[154]

151) 교정시설에서 시행하는 심리치료 프로그램 대상자에는 수용자의 심리치료 상담, 성폭력, 마약류, 알코올, 아동학대, 동기 없는 범죄, 그리고 정신질환 수용자 등이 있다.
152) 지방교정청에는 총무과, 보안과, 사회복귀과, 분류센터, 전산관리과(서울지방교정청)가 있다.
153) 교정시설은 수용자를 사회로부터 격리구금하며, 수형자를 교정 교화하는 국가시설로 지칭한다.
154) 법무부, 우리나라 최초의 「대체복무제」 시행, 2020. 10. 21. 보도자료.

2. 수용자의 입 · 출소 과정

교정시설에 입소하는 수용자는 교정처우가 입소에서부터 출소까지 네 단계로 이루어지는 내용을 정리하면,

첫째, 수용자가 입소(reception)하는 경우에는 신분확인, 건강검진, 목욕, 물품지급, 수용시설 안내 그리고 지정거실로 입실하게 된다.

둘째, 미결(lawsuit, pending)의 경우 접견, 운동 등 수용생활, 검찰조사와 재판 등 소송수행 · 소송서류 처리, 그리고 수용생활에 따른 상담이 이루어진다. 형 확정시 기결의 경우에는 분류심사를 실시한 후 수용 구분(경비처우급, 남성과 여성, 소년과 성년, 외국인과 내국인, 환자 · 장애인, 치료 · 보호감호)에 따라 이송(transfer of an inmate)을 하게 된다.

셋째, 무혐의 등 출소(release)에는 무죄 · 무혐의, 기소 · 선고유예 · 집행유예 · 구속적부심사, 구속기각, 소년부 송치 등에 따라 출소가 이루어진다. 형기종료 등 출소에는 형기종료, 가석방, 사면, 형집행 정지 등이 있다.

넷째, 수형생활에서 분류처우(classification and treatment), 교정작업, 사회견학, 가족만남의 집, 귀휴, 교화활동 및 특기활동, 교정교육, 직업훈련 등 교정처우가 이루어진다.

3. 교정시설 내 교정처우

교정시설 내 교정처우(Correctional Treatment)란 범죄자의 처우영역이 폐쇄된 구금시설 내에서 이루어지며, 질서유지를 위한 보안처우에 중점을 두고 있는 현상을 말한다. 교정프로그램을 가장 많이 개발한 국가들 중 하나가 미국이다.

미국제도 중심으로 처우의 종류를 살펴보면, 시설내처우, 시설외처우, 개방형처우로 분류되지만,[155] 여기서는 교정처우를 시설내처우, 사회적처우, 사회내처우로 구별하여 고찰한다.[156]

시설내처우는 교정시설 내에서 보안 · 수용관리에 중점을 둔 처우이며, 사회적처우는 시설내처우의 엄격한 자유구속의 정도를 완화하여 일반사회와 접근시켜 수형자를 사회와 교통케 하여 석방된 후 사회적응을 용이하게 하기 위한 처우를 총칭하는 것이다. 즉, 시설내처우와 사회내처우의 중간형태의 처우를 말한다. 사회내처우는 범죄자를 시설에 수용함이 없이 사회

155) 전돈수, 『범죄학개론』, 21세기사, 2005, 325쪽.
156) 김화수 외 7인, 『한국교정학』, 한국교정학회, 2007, 298쪽.

내에서 자율적인 생활을 하면서 처우를 받도록 함으로써 재사회화시키려는 처우를 말한다.

사회적처우와 사회내처우의 개념은 상대적인 것으로 학자에 따라서는 상이하게 사용된다.[157] 수형자의 사회적처우라는 단어는 매우 광범위한 의미로 사용되어 사회내처우와 혼동되거나 포함하는 의미로 사용되는 경우도 있다는 것을 이해할 필요가 있다.

요컨대, 범죄→ 수사→ 재판→ 교정→ 갱생보호로 이어지는 일련의 범죄인의 처우과정에서 재범방지를 위한 마지막 단계인 갱생보호단계가 실패하면, 그 이전 모든 단계가 성공적이었다 하더라도 재범을 하거나 재범 유혹을 해소하지 못하며, 그 이전의 노력들이 수포가 된다는 것을 명심할 필요가 있다.

교정처우 원리의 의의는 '범죄문제를 함께 풀어가는 공동체'로 발전되는 것이 바람직하다.

개별처우란 다양한 교정시설에 적절히 분류 · 수용하여 처우하는 것이며, 다양한 프로그램을 마련하여 개별적 대응을 하는 것은 교정목적을 달성하기 위해서 당해시설에 입소할 때부터 수형자에게 어떠한 처우가 적절한 것인지를 검토하는 것을 전제로 하므로 필수적이다. 예를 들면, 처우를 기준으로 수형자들을 수용과 계호, 수형자 자치, 접견 및 서신왕래, 작업장려금의 사용한도, 교정교육과 교회, 가석방의 혜택에서 차등대우를 하게 된다.

교정처우의 기본요소와 지도 원리에 대해서는 다양하게 논의되고 있다. 첫째, 교정처우의 기본요소에는 인도적 처우(예: 수용자의 인권존중, 평등의 원칙), 공평한 처우(예: 차별대우금지, UN인권규약 B규약), 법적 지위에 상응한 처우(예: 소년범에 대한 연령 · 법적 지위에 상응한 처우), 개선목적 적합성의 원칙 등이 제시되고 있다. 교정처우의 지도 원리로는 인도주의, 법률주의, 과학주의, 처우의 개별화, 처우의 사회화가 주장되고 있다.[158]

가장 전통적인 행형제도로 일정한 교정시설 안에 범죄자를 구금하는 시설내처우의 핵심은 개별처우와 분류처우이다.

현행 「형집행법」[159]에는 수용, 물품지급, 금품관리, 위생과 의료, 접견 · 서신수수 · 전화통화, 도서 · 방송 · 집필[160], 교정교육, 교정작업과 직업훈련, 귀휴, 미결수용자의 처우, 안전과 질서, 징벌[161], 권리구제 등 다양한 형태의 처우가 혼재, 운용되고 있다.

---

157) 최재천, 『형사정책』, 유스티니아누스, 1996, 897쪽.

158) 천정환, 『신판 교정복지학』, 대왕사, 2005, 61~63쪽.

159) 이하에서는 「형의 집행 및 수용자의 처우에 관한 법률」을 약칭 '형집행법' 또는 '法', 法시행령은 '令', 法시행규칙은 '則'으로 한다.

160) 2018년 수용자 문예작품 외부투고 현황은 시 171(56.3%), 서예 20(6.6%), 독후감 16(5.3%) 등 304건이었다. 이 글에서 인용하는 2018년 각종 통계는 「2019 교정통계연보」를 말한다.

161) 2018년 징벌처분 대상행위 현황을 보면, 18,319건으로 855건이 입건 송치되었다.

Ⅱ. 물품지급제도

물품지급이란 수용자의 의식주에 관한 생활용품을 지급 또는 대여하는 것을 말한다. 교정행정에 있어서 물품지급의 제도적 의의는 수용자에 대한 의 · 식 · 주 문제와 관련한 기초적 · 인권 보장적 측면에서 매우 중요한 의미가 있다. 물품지급은 위생 · 의료와 함께 교정시설의 기능에 있어 중추적 기능을 차지하고 있는 분야라는 점에서 그 의미가 있다.

1. 급양

수용자 급양 관련법령에는 식품위생법령, 감염병예방법령, 국민영양관리법령, 법무시설 기준규칙, 수용관리 및 계호업무 등에 관한 지침, 수용자 급식 관리위원회 운영지침, 수용자의 급양관련 실무지침으로 「수용자 급양관리지침」 등이 있다.

교도소하면 '콩밥'을 의미하였다.[162] 이는 수용자들에게 먹었던 곡식 함율 비유에서 유래한 것으로 일제강점기 「감옥법」에 따라 미결수용자는 자변을 원칙으로 하였다. 일제강점기부터 급식해오던 콩밥에서 보리밥을 거쳐 최근에는 1식 4찬 쌀밥으로 바뀌게 되었다. 2014년 쌀 100% 급식으로 보리혼식을 폐지하였다.

음식물의 지급(令 27, 28)에 관하여 法(23)에 따라 수용자에게 지급하는 음식물은 주식 · 부식 · 음료, 그 밖의 영양물로 한다. 수용자에게 지급하는 주식은 1명당 1일 390g를 기준으로 하면서 필요한 경우에는 빵이나 국수 등 지급기준량을 변경할 수 있다(則 11). 주 · 부식의 지급횟수는 1일 3회로 하며, 수용자에게 지급하는 음식물의 총열량은 1명당 1일 2,500킬로칼로리를 기준으로 하고 있다(則14).

162) 수용자가 출소할 때, 두부를 먹는 이유는 영양 보충의 의미도 있지만, 하얀 두부처럼 깨끗한 사람으로 살아가라는 더 큰 의미가 있으며, 두부가 다시 콩으로 돌아갈 수 없듯이 다시는 교도소로 되돌아가지 말라는 속설이 있다.

2. 자비구매물품

자비구매물품이란 수용자가 교정시설의 장의 허가를 받아 자신의 비용으로 구매할 수 있는 물품(法 24, 則 2)을 말한다.

자비구매물품의 종류에는 ① 음식물 ② 의약품 및 의료용품 ③ 의료·침구류 및 신발류 ④ 신문·잡지·도서 및 문구류 ⑤ 수형자 교육 등 교정교화에 필요한 물품 ⑥ 그 밖에 수용생활에 필요하다고 인정하는 물품을 말한다(則 16). 자비구매 물품의 기준(令 31)에서 수용자가 자비로 구매하는 물품은 교화 또는 건전한 사회복귀에 적합하고, 교정시설의 안전과 질서를 해칠 우려가 없는 것이어야 한다.

3. 금품관리(영치금 관리)

교정기관에서 말하는 영치(領置)란 수용자 소유의 금전과 물품을 본인을 위하여 보관 또는 처분하는 행위를 말한다. 영치라는 것은 교정시설의 질서를 유지하고 수용자의 사유재산권을 보호하기 위하여 수용자가 소지하는 금품의 점유를 박탈하여 이를 보관하는 처분을 의미한다. 2018년도 영치품 접수현황을 보면, 3,578,160건이 된다.

교정기관에서 시행하는 영치행위는 민법상의 계약관계가 아닌 '행정법상의 특별권력관계'로서 규율되기 때문에 교도관의 고의 또는 중대한 과실에 의해 손해가 발생하였을 경우, 국가는 불법행위를 한 교도관에 대하여 구상할 수 있다.[163] 영치의 가치가 없는 수용자 휴대품의 요건을 구체화하고 그 처리방법은 일차적으로 수용자의 의사에 따르도록 함으로써 수용자의 재산권이 침해당하는 일이 없도록 한 것이 法 25(휴대금품의 영치)의 취지이다.

영치금이 많이 있으면 편리한 수용생활을 도모하므로 영치금의 사용 허가는 교정 질서를 문란하게 하거나 형벌에 대한 위하력을 약화시키는 결과를 가져온다는 점에서 실무상 유의해야 할 사안이라고 하겠다.[164]

영치품 검사는 교부물품 및 휴대품 등에 대하여는 휴대용 검신기 등 검사 도구를 적극 활용하여 담배·마약류 등 부정물품의 은닉 여부를 철저히 검사한다. 마약류수용자(마약류수용자

---

163) 남상철, 『교정학개론』, 법문사, 2005, 538쪽.

164) 2018년 수용 영치금은 수용자 54,169명에 30,228,238천 원이며, 1인 평균액은 558천 원이었다(예탁금은 제외).

로 지정된 전력이 있는 수용자 · 이입자 및 감정유치 후 재입소자 포함) 등의 영치품은 세탁 후 지급하는 등 영치품 보관 · 관리를 철저히 시행하고 있다.

영치품 소지허가 품목 중 교정사고[165] 예방 등을 위하여 외부반입 물품을 제한하고 있다. 수용자 1인의 영치품 소지 및 보관허가 기준에서 보안검사 불능, 부정물품 은닉 등 교정사고 예방을 위하여 2중겹으로 된 의류는 교부를 불허하고 있다. 심리적 안정을 해치거나 수용자 간 위화감을 줄 우려가 있는 빨강 · 노랑 등 원색 또는 그 계열의 색상과 그 색상들이 혼재된 물품에 대해서도 교부를 불허하고 있다.

Ⅲ. 교정의료 및 보건위생

1. 총설

수용자의 교정의료 및 보건정책이란 수용자의 건강을 유지하기 위해 위생관리를 일정한 기준에 따라 질병에 걸린 자에 대하여 적정한 진료조치를 취하는 처우를 말한다. 건강권(right to health)은 건강에 영향을 미치는 다양한 사회 · 경제적 요소들을 포함하는 동적인 개념을 말한다.

교정시설의 의사는 환자인 수용자에게 질병의 증세를 묻고[問診], 상황에 따라서는 환부를 보거나[視診], 만져보거나[觸診], 나름대로 무슨 병이라는 판단[診斷]을 결정해야 한다.

수용자들에게 적정한 의료를 보장하는 것이 교정의료행정에 있어서 최대의 목표이다. 즉 질병이나 장애가 있을 때, 적절한 의료서비스에 접근할 수 있는 권리로 이해되어야 하며, 질병이 발생하지 않도록 예방하는 단계에서 고려되어야 하고, 적극적으로 건강을 유지하고 증진시키기 위한 기회에 대한 권리로 이해되어야 한다. 특히 건강과 인권조화를 위해 모든 정책의 기준이 될 수 있는 건강증진을 위한 「오타와 헌장」(1986)은 중요한 기준이 된다.[166]

165) 2018년 수용인원 대비 교정사고 비율을 보면, 1일 평균 수용인원 57,744명, 교정사고 건수는 1,012건으로 수용자 인원 대비 교정사고비율은 1.7%인 것으로 나타났다.

166) 건강을 위한 필수적인 환경 가운데 특히 만인은 법 앞에 평등하지만, 범죄자의 경제력에 따라 평등하지 못할 때가 많다. 이른바 유전무죄, 무전유죄(有錢無罪, 無錢有罪) 현상이 존재하고 있는 것이다.

교정의료 시책상 유의하여야 할 점은 구금 중인 사람이라고 '건강을 추구할 권리'마저 박탈당해서는 안 된다.[167] 수용자에 대하여 충족한 의료의 혜택을 제공하도록 하여야 할 것이며, 교정의료의 시설운영과 의료제도는 수용자의 사회적 격리가 질병에 의하여 또 다른 이중형벌이 되지 않도록 유념해야 하며, 수형자들이 건강한 사회인으로 복귀할 수 있는 기본전제조건이며, 수형자의 인권보호 문제와도 직결되는 사항이라는 것을 유의해야 한다.

우리나라의 경우 수용자의 건강권을 위해 교정시설의 장에게 위생·의료에 관한 조치의무는 개정법에서 신설된 조항이다(法 30). 수형자의 적극적인 건강증진을 위하여 法(33)은 수용자에게 건강유지에 필요한 운동 및 목욕을 하게 할 것을 규정하고, 숙(49)에서는 매일 근무시간 내에서 1시간 이내의 실외운동을 시행하도록 규정하고 있다. 현행법령의 입장은 위생과 청결의 차원보다는 수용자를 일반인과 차별함으로써 획일화된 집단생활을 규율하기 위한 성격이 더 강한 것이다.

구금의 내용 중에 '아픈 것을 감수해야 할' 손해까지 포함되는 것은 아니라는 것을 인식할 필요가 있다. 국가가 수용자의 신변을 인수한 이상 질병의 예방·치료는 당연히 국가의 몫이 된다.

소장은 수용자에 대한 적절한 치료를 위하여 필요하다고 인정하면 교정시설 밖에 있는 의료시설(法 7, 외부의료시설)에서 진료를 받게 할 수 있다. 외부의료시설 진료는 수용자 건강과 관련하여 그 가족 등에게 주요 관심사항이므로 이에 대한 고지의무를 신설한 것이다.

2. 치료비 구상의 의의와 관련판례

적절한 치료비 구상권 행사는 폭행, 상습자해, 이물질 삼킴, 본인 부주의 등에 따른 의료비용을 수용자본인에게 부담시킴으로써 수용 중 자신의 잘못에 따른 진료비에 대해서는 출소후까지도 책임을 질 수 있다는 인식을 수용자에게 심어주어 유사사례 예방에 기여할 수 있다는 점에 그 의의가 있다(法 37⑤). 소장은 수용자가 자신의 고의 또는 중대한 과실로 부상등이 발생하여 외부의료시설에서 진료를 받은 경우에는 그 진료비의 전부 또는 일부를 그 수용자에게 부담하게 할 수 있다.

치료비 구상 대상에 대하여 소장은 수용자가 자해행위, 이물질을 삼키는 행위, 난동 등 수용자의 고의로 인하여 부상 등이 발생한 경우, 중과실로 인하여 부상, 질병 등이 발생한 경우,

167) 법률신문, 2002. 4. 25, "수형자 손해배상청구소송 승소판결" 기사.

수용자 상호간 폭행, 싸움 등으로 인하여 발생한 부상 등에 대한 진료비의 전부 또는 일부를 가해자에게 구상할 수 있다. 이러한 사유에 해당되어 외부의료시설 진료 또는 외부의료시설에서 근무하는 의사("외부의사")의 초빙진료를 받은 경우 法(37⑤)에 따라 진료비의 전부 또는 일부를 해당 수용자에게 구상할 수 있도록 하였다.

관련 판례를 보면, 첫째로 국가 예산에 의한 치료범위에 대하여 치료비의 액수가 근소하여 예산상의 부담이 그리 크지 않은 경우, 수용자의 질병이 급박한 치료를 요하는 경우, 수용자의 질병이 수용생활 중 수용생활과 관련하여 발병한 경우, 수용자가 의료비를 지급할 경제적 능력이 없는 경우 등에는 국가예산으로 수용자의 질병 치료비를 부담하여야 하고, …원칙적으로 수용자가 스스로 질병 치료비를 부담하여야 한다.[168]

둘째로 자해수용자 치료비 구상[169]에 대하여 수용자가 수용 중 발생한 사고 및 질병에 대하여 치료가 필요한 경우 치료비는 원칙적으로 국가가 부담하여야 할 것이나, 수용자 간의 싸움과 같이 제3자의 범죄행위에 기인한 경우에는, 원칙적으로 가해자가 부담하여야 하는 것이고, 수용자가 스스로 자해하거나 난동을 부려 부상을 입은 경우 역시 상해를 야기한 것은 수용자 본인이므로, 스스로 치료비를 부담해야 하고 국가가 그 치료비까지 지급할 의무는 없다고 판결한 것이다.[170]

교정의료의 처우 특수성을 보면, 일반 자유인의 의료관계에서는 예상할 수 없는 많은 문제와 한계를 찾을 수 있다. 교정시설 수용자의 경우 의료서비스의 공급자와 수용자간의 상호불신이 높은 경우가 많다.

경우에 따라서는 수용자들이 의사를 협박, 폭행 · 고소 · 고발하는 사례가 발생하고 있어 의사들이 자기 방어적이고 소극적인 자세로 진료에 임하게 되므로 바람직한 의료가 이루어지기 어려운 조건들이 있는 게 사실이다.

3. 수용자의 청결의무

신설된 '수용자의 청결의무'(法 32) 조항이다. 청결의무 신설의 의의는 수용자에게 청결의무와 청결유지에 협력할 의무를 부과하여 수용자가 위생에 대한 책임감을 갖도록 하는데 있다. 수용자는 자신의 신체 및 의류를 청결히 하여야 하며, 자신이 사용하는 거실 · 작업장, 그

168) 광주지법 2011. 7. 27. 선고 10가단35829 판결.
169) 부산지법 2007. 1. 18. 선고 06나12388 판결.
170) 집단폭행 가해자의 치료비 구상(부산지법 2006. 10. 24. 선고 06가소353198 판결).

밖의 수용시설의 청결유지에 협력하여야 한다고 하였다.

의료는 인간생존 목적 활동의 하나이다.[171] 수용자들은 신체적 자유의 박탈로 인해 건강권이 침해받을 소지가 많다.

"소장은 수용자가 사용하는 모든 설비와 기구가 항상 청결하게 유지되도록 하여야 한다."(法 31)고 규정한다. 이것은 위생설비의 청결유지는 위생을 위한 기본적인 사항이므로 이를 교정시설의 장에게 의무사항으로 규정하고 있다.

수용자는 자신의 신체 및 의류를 청결히 하여야 하며, 자신이 사용하는 거실·작업장, 그 밖의 수용시설의 청결유지에 협력하여야 한다는 청결의무(法 32①)를 두고 있다.

수용자는 위생을 위하여 두발 또는 수염을 단정하게 유지하여야 한다(法 32②)고 규정한 것은 인간존엄의 상징이고, 형법상 상해죄의 행위객체가 되는 두발과 수염을 국가가 강제로 단삭 조치하는 것은 불필요한 인권침해로서 위헌의 소지가 내재되어 있는 것을 고려한 것이다.

건강검진[172]은 「건강검진기본법」(14)에 따라 지정된 건강검진기관에 의뢰하여 할 수 있다(法 34①). 실무상 정기적으로 수용자 건강검진을 실시하고 있는 현실을 반영하고 있다.

수용자의 운동·목욕 및 건강검진과 관련하여 소장은 수용자가 건강유지에 필요한 운동 및 목욕을 정기적으로 할 수 있도록 해야 하며, 운동시간·목욕횟수 등에 관하여 필요한 사항은 대통령령으로 정한다(法 33)고 하였다. 목욕은 신체를 청결하게 하여 건강생활에 필수적이며, 집단적인 구금생활에 있어 위생적으로도 매우 중요한 것이다. 목욕횟수는 최소한 보장규정으로서의 성격을 가지고 있다고 보는 것이다.[173]

목욕이 인간에게 주는 네 가지 즐거움에는 보습, 산뜻함(refreshing), 긴장의 이완 및 치료의 효과가 있어 수용자의 심리적 치료에도 바람직한 효과가 있다.

소장은 수용자가 건강유지에 필요한 운동 및 목욕을 정기적으로 할 수 있도록 하여야 한다(法 33). 수용자에 대한 위생의료의 보호가 매우 중요한 과제로 대두되고 있는 것은 교정시설에 다수 인원을 집중·수용하고, 구금의 비자연적 생활이라는 특성 때문에 엄격한 위생관리가 요구되기 때문이다.

수용자 유형별에 대한 목욕방법(則 46) 가운데 감염병[174] 환자 및 피부병 환자의 목욕은

---

171) 법무연수원, 『의료사범의 이론과 실태』, 1988, 13쪽.
172) 검사항목은 통상 20여개 항목으로 이는 직장인의 1차 건강검진 수준이라고 하겠다. 2018년 관련 소요예산은 38,943명에 789백만 원이었다.
173) 국가인권위, "교도소 재소자도 자주 씻을 권리 있다", 데일리 서프라이즈, 2005. 10. 12.
174) 「감염병의 예방 및 관리에 관한 법률」(2, 44)에 의하면, 수용자로서 감염병에 감염된 자에게 감염병의 전파를 차단하기 위한 조치와 적절한 의료를 제공하여야 한다.

별도의 장소에서 일반 환자와 분리하여 실시한다. 특히, 관심대상수용자의 운동 등의 경우 관심대상수용자의 운동 · 목욕 · 이발 등은 단독으로 실시함을 원칙으로 한다.

문제는 징벌대상자 · 금치자에 대한 목욕을 어떻게 시행하느냐의 문제다. 실무상 원칙적으로 징벌대상자 · 금치자도 목욕시설이 갖추어진 장소(예: 거실 내)에서 목욕을 실시할 수 있도록 하고 있다.[175]

수용자가 감염병에 걸린 경우에는 즉시 격리수용(1주 이상)하고 그 수용자가 사용한 물품과 설비를 철저히 소독하여야 하고 지체 없이 법무부장관에게 보고하고 관할 보건기관의 장에게 알려야 한다(令 52, 53). 교정시설의 감염병환자 관리는 의무관이 감염병환자 또는 감염병의사환자(감염병 병원체가 인체에 침입한 것으로 의심이 되나 감염병환자로 확인되기 전 단계에 있는 사람)를 발견한 경우에는 관할 보건소장에게 신고하도록 하고 있다.

자비치료문제로 수용자의 치료는 교정시설내의 의무관에 의하여 하는 것이 원칙이나 수용자가 자비치료를 원하면 의무관의 의견을 고려하여 이를 허가할 수 있다(法 38, 자비치료). 이 규정은 자비치료가 외부의사의 치료에 대한 것임을 명확히 규정하고, 전문가인 의무관의 의견을 참작하여 허가하도록 하여 소장의 허가권이 남용되지 않도록 하였다.

외부의료시설(교정시설 밖에 있는 의료시설)의 진료에 대하여 교정시설 내에서 수용자에 대한 적절한 치료를 위하여 필요하다고 인정하면 외부의료시설에서 진료를 받게 할 수 있다(法 37 ①, 令 55). 이와 관련하여 소장의 외부병원 진료에 대한 재량인정으로 유권치료 무권무료(有權治療 無權無療)라는 비판이 제기되고 있다. 2018년 외부의료시설 진료 건수는 40,578건으로 2009년 대비 141%가 증가하였다.

교정시설에 근무하는 간호사는 바바라 카퍼[176]가 제시한 '간호사의 기반이 되는 지식의 유형'인 실증주의적 지식, 심미적 지식, 개인적 지식 그리고 윤리적 지식이라는 지식체계를 상시 인식의 틀을 공고히 할 필요가 있다. 특히, 수용자에 대한 윤리적 지식(예: 간호에 있어서의 도덕적 규약에 대한 지식, 도덕적 딜레마가 생겼을 때 필요한 지식, 간호에 있어서, 무엇이 가치 있고 바람직한지에 대한 지식)이 '미끄러운 경사길'이 되지 않도록 유의할 필요가 있다. 이것은 '의사-간호사 게임'이론에서 벗어난 간호사의 적극성을 강조하고 있다고 볼 수 있다.

향후 수형자의 전문적인 의료를 위하여 권역별 의료교도소 및 법무부 교정병원 등의 설치를 유관기관과 협업을 고려해 보아야 할 것이다.

---

175) 수용자 목욕 및 운동 개선방안 시달(보안과-8886, 2010. 9. 27).
176) 고진강 · 고지운, 『간호윤리학』, 계축문화사, 2018, 28~29쪽.

4. 강제급식

수용자에 대한 강제급식이란 강제적인 영양보급조치를 말한다. 불식과 단식을 실무상 구별할 필요가 있다.

수용자의 단식·농성중의 강제급식과 관련, 유럽인권법원은 생명을 구하기 위한 경우의 강제급식은 원칙적으로 굴욕적인 처우로 보지 않는다고 하였다. 강제급식 조치는 반드시 의학적 필요성을 충족해야 하고 이를 입증하지 못하는 경우 그 강제급식은 자의적이며 굴욕적인 처우로 인정된다고 하였다.

불식(不食)은 관에서 지급하는 음식물을 먹지 않는 것 즉 관급불식(官給不食)을 말한다. 수용자들의 불식투쟁은 구금된 자들의 불만표출의 최후수단으로 되어 왔다. 즉 과거에는 수용자가 단식(斷食)이라는 명분으로 투쟁의 수단으로 활용된 사례가 있어 왔다. 단식이란 일정한 기간에 일체의 또는 특정 음식물을 먹지 않는 것으로 세계의 여러 종교에서 종교적 행위로 행해진다. 단식은 의학적 이유에서 실시되기도 했고, 오늘날에는 단식투쟁 등 정치적 요구의 관철 수단으로도 활용되었다.

현행법의 관련입장을 보면, 소장은 수용자가 진료 또는 음식물의 섭취를 거부하면 의무관으로 하여금 관찰·조언 또는 설득을 하도록 하여야 한다고 하면서 이러한 조치에도 불구하고 수용자가 진료 또는 음식물의 섭취를 계속 거부하여 그 생명에 위험을 가져 올 급박한 우려가 있으면 의무관으로 하여금 적당한 진료 또는 영양보급 등의 조치를 하게 할 수 있다(法 40)고 규정하였다. 영양보급 등의 조치란 소위 실무상 '강제급식'을 말하는 것이다. 우리나라에서도 불식의 기준 회수를 인정하는 근거를 마련할 필요성이 있다. 강제급식의 결정은 의사가 한다.

Ⅳ. 외부교통권

1. 총설

「외부교통」(Contact with the Outside World of the Prisoners) 내지 '외계와의 접촉'은 수용자와 교정시설 외부세계와의 교섭을 뜻하며, 이 개념의 중심을 차지하고 있는 것은 면회와 통신이다. 외부교통권의 제도적 의의는 보편적으로 외부교통이라는 용어는 수용자와 시설 외의 인물과의 교통 즉 접견과 서신의 문제를 주로 의미한다.

현행법은 접견, 서신수수 및 전화통화를 규정하고 있다. 외부통근, 귀휴가 외부교통으로서 논의되고 있는 경우도 있다. 경우에 따라서는 신문 · 잡지 · 도서의 구독, 라디오 · TV 등의 시청 내지 수형자 저작의 외부에 대한 발표 내지 출판 등도 포함시켜 논의되기도 한다.

수용자의 외부교통권은 두 가지의 제도적 의의가 있으며, 첫째는 시설 내에서의 생활과 일반사회 내에서의 생활과의 차이를 최소화하기 위해 수용자와 일반사회와의 접촉 및 교류가 교정 · 형사정책적 의의이다. 교정의 목표가 수용자의 사회복귀라고 할 때, 오늘에 있어서는 외부교통이 필수적이다.

둘째는 소송법적 의의이다. 예컨대, 수용자가 재심을 청구하는 경우, 행정소송 · 민사소송, 여죄 있는 수용자가 방어권을 행사할 경우, 형사시설의 위법한 처분에 대한 사법적 구제, 개인적인 사법상의 문제해결 수행, 재판을 받을 권리의 실질적 보장, 소송대리인과의 비밀교통을 위한 외부교통은 불가결한 것이다.

외부통근, 귀휴 등에 관해서는 사회내 복귀와의 접점을 이룬다는 의미에서 「중간처우」, 「반자유 처우」라는 측면에서 검토되는 것이 바람직하고, 신문 등의 구독 및 저작 발표에 관해서는 알 권리의 보장 내지 독서의 자유 · 표현의 자유 등의 관점에서 접근할 필요가 있다.

오늘날의 교정이론에 있어서 기본적 문제 중의 하나로 고려되고 있는 것은 '수용자의 외부교통권'의 문제와 '미결구금자의 외부교통권'도 중요한 문제이다.

수용자에 대한 외부교통권의 보장은 헌법적 요청이다. 모든 국민은 법률과 적법한 절차에 의하지 아니하고는 처벌 · 보안처분 또는 강제노역을 받지 아니한다고 규정(헌법 12① 후단)하고 있다.

수형자의 처우는 사회로부터의 배제가 아니고, 사회와의 계속적인 관계를 유지하는 것이 바람직하며, 오늘날에는 교정의 사회화 요구에 의하여 지지되고 있다. 외부통근과 휴가는 모든 수형자에게 인정되는 것이 아니므로 접견과 서신에 의한 외부교통권이 교정목표와 교정원칙에 기초를 두는 최소보장규정으로서의 의미를 갖는다.

2. 접견

1) 접견의 의의

접견이란 외부교통권의 대표적인 하나로 구금된 수용자가 가족, 친지, 변호인 등 외래인과 직접 만나 대화 내지 교담을 나누거나 법률적인 조력을 받는 것이다.

접견의 제도적 의의는 현대교정이 추구하는 수형자 교화개선의 효과를 고양하는 데 기여하는 제도이다. 2018년 교정시설 접견 유형별 현황을 보면, 일반접견 82.7%, 화상접견 6.1%, 장소변경접견 0.6%, 변호인접견 10.6%로 2,683,709명(100%)에 달한다.

접견은 가족 상호간의 신뢰와 이해를 돈독히 하여 원만한 가족관계를 유지할 수 있으며, 수용자의 사회적 기반이 유지되는 것이 매우 유익할 것이며, 수용자의 장래 재범방지에 기여하는 데 그 가치가 있는 것이다. 수용자가 기본적 인권을 향유하는 주체라는 사실을 확인해준다는 점에서 매우 중요하다.

접견과 서신의 자유는 인간존재의 생물학적 · 정신적 발달을 위한 기본적 전제이며, 이의 보장은 교정시설 내의 긴장 완화에 공헌하고, 수형자의 원만한 사회복귀에 불가결한 요소가 된다.

접견의 감시와 관련하여 가시거리 내에서의 감시, 즉 시각에 의한 감시와 가청거리 내에서의 감시, 즉 청각에 의한 대화 감시가 있으나, 통상적으로는 시설의 안전과 질서유지를 위한 감시가 시각에 의한 감시로써 충분하며, 대화감시는 불가결한 때에 한하여 예외적인 경우에 이를 행하고 있다.

1981년의 「미국변호사협회의 수용자 법적지위표준」(A.B.A. Standards Relation to the Legal Status of Prisoners)과 1975년의 「통일주법위원회의 모범양형 교정법」(Uniform State Law Commissioners, Model Sentencing and Corrections Act)은 접견의 권리를 인정하는 제정법을 권고하고 있다.

현행 접견규정에는 접견의 소장 허가제를 폐지하여 수용자의 외부인 접견권이 기본적 권리임을 천명하고, 접견을 제한할 수 있는 경우를 구체적으로 명확하게 규정하여 그 권리가 침해되는 일이 없도록 규정한 것이다(法 41). 수용자의 접견은 원칙적으로 접촉차단시설이 설치된 장소인 접견실에서 하여야 하지만, 소장이 필요하다고 인정하는 때에는 접견실 이외의 장소에서 하게 할 수 있다(令 59③). 이를 실무에서는 장소변경접견이라고 한다.

요컨대, 향후 가족과의 만남 기회 확대라는 측면에서 수용자가족에게 월 1회 접견장소 변경 청구권을 부여하는 방안을 발전적으로 검토해야 할 것이다.

2) 장소변경접견

장소변경접견(이하 '장접'이라 한다)이란 접촉차단시설이 없는 일정한 장소에서 통상적인 접견방식에 따라 접견하는 것이다. 수형자의 교정성적이 우수하거나 수용자의 처우, 교화 또는 건전한 사회복귀를 위하여 특히 필요한 사유가 있는 경우에 한해 소장이 허가하여 실시하고 있다. 장접의 법령상 근거로 法 41④, 令 59③ , 102, 則 88 그리고 「수용관리 및 계호업무 등에 관한 지침」 등이 있다.

장접의 허가사유를 보면, 소장(令 59③ · 102 및 110)은 주한 외교사절, 외국 교정인사 등 외교 의전상 필요한 때, 법률업무 등 중요한 업무처리를 위하여 필요한 때, 장애인, 노인, 소년, 외국인 수용자 등의 보호를 위해 특히 필요한 때, 취업, 창업 등 수형자의 사회복귀를 위해 특히 필요한 때 등 처우상 특히 필요한 때에 해당하는 사유가 있는 수용자에 대하여는 접촉차단시설이 없는 일정한 장소에서 통상적인 접견방식에 따라 접견(장접)을 하게 할 수 있다. 상담 등을 위해 특히 필요한 경우에는 교도관회의의 심의를 거쳐 장접을 하게 할 수 있다[상대적 제한].

일부 수용자에 대해서는 형사소송 목적의 실현과 시설의 안전과 질서유지 등을 위해 제한하고 있다. 조직폭력수용자 지정대상 수용자, 마약수용자 지정대상 수용자의 장접에 대해서는 허가하지 않는 절대적 제한에 속한다. 장접을 희망하는 민원인 신청이 있는 경우에는 교도관회의 심의를 거쳐 실시 여부를 결정하고, 그 결과를 지체 없이 민원인에게 통지하여야 한다. 개방처우급 수형자 가족의 장접에 대해 소장은 개방처우급 수형자의 가족(민법 779의 가족에 해당하는 경우)이 장접을 신청하는 경우에는 특히 부적당하다고 인정하는 사유가 없으면 월 1회에 한하여 실시할 수 있다.

3. 전화통화제도

수용자의 전화통화란 수용자가 교정시설에 설치된 전화로 그 가족과 친지 등과 직접 통화를 하는 것을 말한다. 전화통화는 새로운 접견제도로 그 효율성이 인정되고 있으며, 전화통화를 이용하는 수용자들이 심적 안정을 찾는데 기여하고 있다. 전화통화제도는 가족과의 단절감을 해소하여 교정・교화에도 도움을 주므로 교정의 선진화를 도모하는 제도로 전화통화를 폭넓게 허용할 필요가 있는 것으로 평가되고 있다.

수용자의 통화시간은 3분 이내로 하고 있지만, 수용자의 평균 통화시간 약 8~10분이 소요되고 있다. 전화통화관련 실무에서는 전화통화의 허가와 통화단계의 단계로 크게 구분하고 있다. 2018년 수용자 전화사용 현황을 보면, 594,835 사용 건에 1인당 연 평균 사용 건수는 10.3건이다.

전화통화와 관련, 수용자는 소장의 허가를 받아 교정시설의 외부에 있는 사람과 전화통화를 할 수 있다. 이 허가에는 통화내용의 청취 또는 녹음을 조건으로 붙일 수 있다(法 42). 통화내용을 청취 또는 녹음하려면 사전에 수용자 및 상대방에게 그 사실을 알려 주어야 한다. 이는 통화내용 청취 등에 대한 사전고지의무를 신설하여 수용자와 상대방의 사생활을 보호하려는 것이다. 전화통화의 허가범위, 통화내용의 청취・녹음 등에 관하여 필요한 사항은 법무부령으로 정한다(法 44).

실무에서는 전화통화가 제한적으로 허용되고 있는 경우가 있다. 예컨대, 모범수형자에 대한 상우(賞遇)[177]의 목적과 취지로 전화통화를 허용하고 있는데, 이는 法이 규정하고 있는 전화통화에 대한 본래의 입법취지와 모순된다고 할 것이다.

전화통화 허용횟수의 원칙(則 90)에는 수형자의 경비처우급별 전화통화의 허용횟수는 개방처우급은 월 5회 이내, 완화경비처우급은 월 3회 이내, 일반경비처우급・중(重)경비처우급은 처우상 특히 필요한 경우 월 2회 이내로 하고 있다. 사형확정자의 전화통화(則 156)에 대해 소장은 사형확정자의 심리적 안정과 원만한 수용생활을 위하여 필요하다고 인정하는 경우에는 월 3회 이내의 범위에서 전화통화를 허가할 수 있다.

교정성적이 양호한 수용자 또는 영치금이 없는 수용자 등에 대하여는 예산의 범위에서 요금을 부담할 수 있다(則 29).

177) 상우란 수형자가 개과의 정상이 현저하거나 교정성적이 우량한 경우에 특별한 처우를 하는 우대방법이다. 허주욱, 『교정보호학』, 박영사, 2010, 628쪽.

4. 서신

1) 서신의 개념

교정시설에서 서신(Inmates' letters freedom)이란 수용자가 용지 상에 표현한 의사표시의 연락인 편지로 전하는 소식으로, 서면을 통하여 외부의 사람과 의사를 소통하는 외부교통권의 일종을 말한다. 「우편법」(1조의 2) 7호의 서신인 것이다.

교정기관에서의 서신은 수용자가 타인과 주고받는 우편물인 것이다. 수용자의 서신종류에는 우편 송달서신(예: 일반서신, 특수취급 우편물), 우편 송달외 서신(예: 인터넷 서신, 접견민원인 서신)으로 구분한다.

서신업무와 관련하여 실무현장에서 많은 논란이 제기되고 있어 신중한 자세와 접근이 요구된다. 신체의 자유가 제한된 수용자에게 있어서 서신은 매우 중요하다. 외부에 있는 사람과 소식을 주고받을 수 있는 수단이 되며, 자신의 존재가치를 외부에 알리고, 외부세계의 존재를 간접적으로 인식할 수 있는 방법이 되며, 신체는 교정시설에 구금되어 있어도 편지를 통하여 정신적으로 외부세계와 대화하고, 간접적으로 접촉할 수 있는 의사소통의 통로이다.

구금시설은 구금의 목적을 달성하고 규율과 질서를 유지하기 위하여 수용자에 대한 서신수발[178], 집필문서의 발송에 일정한 제한을 가하는 것은 불가피하다. 수용자의 서신수발 등의 제한 역시 일반 국민에게 대한 것과 마찬가지로 법률과 법률의 적법한 위임을 받은 명령에 의해서만 가능하다.[179]

수용자의 서신수발은 가족 등 가까운 사람과 사회적 유대를 지속하게 해주며, 외부세계의 정보를 획득하는 데 도움을 주고, 수용자의 재사회화에 기여하는 바가 크다. 도주 모의나 금제품(禁制品) 등을 반입하려는 등 교정시설의 안전과 질서유지를 직접적으로 해치는 경우가 아니면 최대한 보장되어야 한다.[180]

"교정시설 내에서… 부당한 처우를 받았다거나 가혹행위 등을 당하였다는 내용을 신문사 기자에게 알려라, 인터넷에 게시하라, 언론기관에 알리라는 서신 또는 인권단체나 언론사에 직접 위 내용으로 발송 신청한 서신에 대하여, 그 내용이 다소 부정확하거나 감정적 또는 과장되고 왜곡된 표현이 있다고 하더라고 발송을 불허한 것은 위법"하다고 법원 및 국가인권위

178) 2018년 수용자 서신 수 · 발신 현황을 보면, 수신 6,717,851건, 발신 6,682,441건 총 13,400,240건이었다.
179) 서울중앙지방법원 2004. 6. 1. 선고 2003나5930 판결.
180) 법무부, 『교정과 인권』, 교정국, (주)바인텍, 2005, 81쪽.

원회는 판단하고 있다.[181]

교정시설 내에서 수용자의 서신에 대한 다소간의 지연발송, 지연교부는 교정시설 내의 서신발송과 교부 등 업무처리과정에서 불가피하다고 할 수 있으나, 합리적인 기간을 초과하는 지연발송, 지연교부 또는 서신분실은 위법 하다고 할 것이다. 수용자의 발송 불허한 서신에 대하여 일률적인 폐기처분은 위법하다 할 것이므로, 서신업무처리지침 등에 따라 불허서신 원본을 신분장부에 편철하여야 한다.[182] 서신수수 제한 사유를 구체화하고 허가제를 폐지하였다(法 43).

요컨대, 교정의 목적을 수형자의 인권보호와 사회복귀의 촉진에 두는 오늘날의 교정이념에서 볼 때, 수형자에게 외부인과의 접견 · 서신권을 부여하고, 교정시설의 안전과 질서를 위태롭게 할 수 있는 경우나 수형자의 사회복귀를 방해할 염려가 있는 때에 한하여 예외적으로 접견 · 서신을 금지시키는 입법태도가 바람직할 것이다.

2) 수용자의 서신수수권

서신관련(法 43①)에서 수용자는 다른 사람과 서신을 주고받을 수 있는 게 원칙이다. 다만, 「형사소송법」이나 그 밖의 법률에 따른 서신의 수수금지 · 압수의 결정이 있는 때, 수형자의 교화 또는 건전한 사회복귀를 해칠 우려가 있는 때, 시설의 안전 또는 질서를 해칠 우려가 있는 때의 어느 하나에 해당하는 사유가 있으면 그러하지 아니하다는 것이다.

수용자가 주고받는 서신에 법령에 따라 금지된 물품이 들어 있는지 확인할 수 있다. 이는 교정시설의 안전과 질서유지를 위하여 서신의 내용물검사에 관한 법률적 근거를 마련, 신설한 것이다.

서신내용의 원칙적 무검열로 전환하고, 서신내용 검열은 필요한 최소한에 그치도록 하여 수용자의 사생활을 보호하고 검열에 따르는 행정력 낭비를 최소화한 것이다. 증거인멸을 이유로 한 미결수용자의 서신검열 요건은 형사소송법(91, 200의 5)에 따라 엄격하게 제한하고 있으므로 미결수용자의 서신검열은 이 규정에 의하도록 하되, 그 외의 경우에는 특히 필요한 때에만 서신을 검열할 수 있도록 함으로써 미결수용자의 외부교통권에 대한 제한을 최소화한 것이다.

---

181) 서울중앙지방법원 2002. 12. 28. 선고 2002나38776 판결; 대판 2004. 2. 16. 선고 2003나 68826 판결; 서울중앙지방법원 2004. 6. 1. 선고 2003나5930 판결.

182) 국가인권위원회, 『인권백서』, 박영사, 2004, 202쪽.

소장은 확인 또는 검열한 결과 수용자의 서신에 법령으로 금지된 물품이 들어 있거나 서신의 내용이 암호·기호 등 이해할 수 없는 특수문자로 작성되어 있는 때, 범죄의 증거를 인멸한 우려가 있는 때, 형사 법령에 저촉되는 내용이 기재되어 있는 때 등의 사유에 해당하면 발신 또는 수신을 금지할 수 있다. 이는 서신내용의 검열에 따른 수·발신 금지요건을 구체적으로 엄격하게 규정하여 그 남용을 방지한 것이다.

수·발신이 금지된 서신을 국가가 임의로 폐기하는 것은 개인의 재산권을 침해할 소지가 있으므로 영치를 원칙으로 하되, 수용자가 동의한 경우에만 폐기할 수 있게 한 것이다. 실무상 형사피해자가 수용자의 협박성 편지발송에 대해 해당 교정기관에 민원을 제기할 경우, 서신발송에 대한 적절한 제한조치를 취하지 않아 문제가 야기되고 있는 현실이다.

3) 서신검열 관련 인권위 결정사례 및 판례

서신검열 관련 국가인권위원회의 입장을 보면, 현행 법규와 지침의 서신검열 조건인 '수형자의 교화 또는 건전한 사회복귀를 해칠 우려' 또는 '시설의 안전 또는 질서를 해칠 우려' 등은 너무나 광범위하여 서신들을 검열의 위험에 놓이도록 하기 때문에 자의적 기준의 적용을 최소화하고 검열사유를 명백히 하지 않으면 인권침해의 소지가 있다는 게 국가인권위원회의 견해이다.[183][184]

미결수용자와 변호인사이의 서신검열이 통신의 비밀과 변호인의 조력을 받을 권리를 침해하였는지 여부에 대해, "… 미결수용자의 서신 중 변호인과의 서신은 다른 서신에 비하여 특별한 보호를 받아야 할 것이다. 구속된 자와 변호인의 교통내용에 대하여 비밀이 보장되고 부당한 간섭이 없어야 가능한 것이다. 변호인의 조력을 받을 권리의 기본적인 취지는 접견의 경우뿐만 아니라 변호인 또는 변호인이 되려는 자와 피의자 또는 피고인 사이의 서신의 경우에도 적용되어 그 비밀이 보장되어야 할 것이다. … 변호인과의 사이의 서신교환이라는 사실이 확인되었고, 범죄내용이나 신분 등에 비추어 소지 금지품의 포함 또는 불법내용의 기재 등이 있다고 의심할 만한 사정이 없음에도 검열한 것이므로, 이는 헌법상 보장된 청구인들의 통신의 비밀을 침해받지 아니할 권리와 청구인의 변호인의 조력을 받을 권리를 침해한 것"으로 결정하였다.[185]

---

183) 국가인권위원회공보, 2010. 9. 20. 09진인4729 · 10진정10700 · 145000병합결정.
184) 국가인권위 보도자료, 2003. 12. 24. "수용자 서신에 검열도장 날인은 사생활의 비밀 침해."
185) 헌재 1995. 7. 21. 선고 92헌마144 결정.

실무에서 수용자 서신수발과 관련하여 가장 문제가 되는 사항은 교정시설에 대한 반감이나 불만으로 시설개선, 직무감찰 요구, 직원처벌의 요구, 부당처우를 받고 있다는 등의 내용을 수용자의 주관적 입장에서 부정확하거나 감정적 또는 과장된 표현(예: 교도소 등의 운영실태에 대하여 '명백한' 허위사실 정도는 아닐지라도 사실관계를 왜곡하고 허위사실을 포함하고 있어 제3자가 보았을 때는 허위사실을 마치 진실한 것으로 오해의 소지가 많은 표현들)으로 감사원, 대통령비서실, 각종 정당이나 국회의원, 언론단체, 인권단체 등 앞으로 서신발송을 의뢰하였을 때, 이에 대한 발송을 허가할 것인가 불허할 것인가의 처리문제라고 할 것이다. 이러한 서신발송 의뢰에 대하여 작성인에게 다시 쓰도록 권유하거나, 정상적으로 집필허가를 받아서 청원[186], 진정[187], 고소, 고발, 행정심판, 행정소송, 헌법소원, 손해배상청구 등으로 제출하라고 설유하여도 막무가내로 서신으로 발송하여 줄 것을 고집하는 것이 대다수이다. 그 이유는 서신을 발송하려는 수용자는 실질적으로 교정시설에 대한 흠집 내기를 통하여 군중심리에 의한 우월감을 느끼기 위하여 또는 자매결연 등을 통한 영치금 확보나 자신의 입맛에 맞는 교육이나 행사 등에 참가를 요청할 때 유리한 협상의 수단으로 이용하는 등 자신을 과시하기 위하여 서신을 발송하려는 것이 주목적이라고 하겠다.

요컨대, 교정의 목적을 수형자의 인권보호와 사회복귀의 촉진에 두는 오늘날의 교정이념에 비추어 볼 때, 수형자에게 외부인과의 서신권을 부여하고, 교정시설의 안전과 질서를 위태롭게 할 수 있는 경우나 수형자의 사회복귀를 방해할 염려가 있는 때에 한하여, 예외적으로 서신을 금지시키는 독일 행형법의 입법태도가 바람직하다.

---

186) 2018년 수용자 청원 사유별 현황을 보면, 총 772건으로 직원관련 177건(22.9%), 의료처우 88건(11.4%), 조사 징벌 109건(14.1%), 영치금품 27건(3.5%) 등 이었다.

187) 2018년 국가인권위원회 진정 현황은 총 4,322건 이었다.

제2편

사회적처우와 사회내처우

Ⅰ. 사회적 처우

1. 개관

1) 사회적처우의 의의와 기능

사회적 처우란 사회복귀 및 재범방지를 위하여 교정단계에서 수형자의 인격과 특성 등을 고려하여 개별적인 조치를 하는 것을 말한다. 즉 사회적 처우는 사회와 접근시킨 상태에서 교정처우를 실시하는 것이다.

우리나라에서는 과거 「교정누진처우규정」(1969)과 제4차 행형법 개정(1980)에서 '처우'라는 용어가 사용되기 시작하였다. 18~19세기 미국, 유럽을 중심으로 감옥개량운동이 전개되어 교도소제도가 세계적인 형벌집행 형태로 정착되었다.

역사적 · 이론적 배경을 가지고 발전해 온 시설 내 처우 제도는 수형자의 재사회화에 비효율적이라는 점, 시설 내 처우는 비경제적이라는 관점, 시설 내 처우는 비인도적이라는 것, 시설 내 처우는 보안기능에 충실하다는 등 여러 가지 역기능을 갖고 있다.

사회적 처우의 순기능은 시설 내 처우의 역기능과 표리관계에 있다고 하겠다. 즉 사회적 처우는 재사회화에 효율적이라는 것이다. 수형자를 시설 내에 격리수용하여 자유를 박탈하고, 외부사회와의 관계를 차단하는 것보다는 일반사회와 연계를 유지하면서 사회적응력을 배양하도록 하는 것이 격리구금에 따른 낙인효과를 제거할 수 있으며, 지역사회와 쉽게 통합될 수 있게 하는 순기능을 갖고 있다.

사회적 처우는 고립·단절이 없으며, 수형자를 시설 내의 비인간적인 환경으로부터 보호할 수 있으므로 인도적이다. 장기간 격리 구금되었던 수형자를 별도의 적응훈련 없이 곧바로 사회로 내보내는 것은 비인도적인 처우라 할 것이다.

사회적 처우는 수형자를 점진적으로 사회에 적응케 할 수 있는 순기능이 있다. 또한, 사회적 처우는 재범률이 낮고, 범죄인을 처우하는데 비용측면에서 경제적 수단이 될 수 있다는 것이다.

2) 중간처우시설

"중간처우시설"이란 法(57②)에 규정된 개방시설의 한 종류로서 ① 사회적응훈련원(중간처우를 전담하는 독립된 교정시설), ② 소망의 집(교정시설 구외에 설치되어 중간처우를 제공하는 전담시설), ③ 희망센터(지역사회 내에 설치되어 중간처우를 제공하는 전담시설), 어느 하나에 해당하는 교정시설 내 중간처우시설(사회적응훈련원, 소망의 집)과 지역사회 내 중간처우시설(희망센터)을 의미한다.

우리나라 중간처우는 시설내처우와 사회내처우의 중간형태 내지 결합형태이다. 중간처우의 기본원칙은 자율성과 책임성에 바탕을 둔 자치 활동, 수형자의 특성에 맞는 다양한 처우, 그리고 자립 능력의 향상에 두고 있다. 교정시설 내 중간처우시설에는 사회적응훈련원(천안개방교도소)과 소망의 집(안양·춘천·창원·순천 및 청주여자교도소, 2009년 개원)이 있다. 지역사회 내 중간처우시설로 희망센터(2013년 밀양 구치소)가 있다. 2017년 현재 현재 밀양구치소, 천안개방교도소에서 운영하고 있다.

소망의 집, 사회적응훈련원에 수용하는 중간처우대상자 및 운영지원작업 취업자의 선정요건과 이송절차 등에 관한 사항은 「교정시설 경비등급별 수형자의 처우 등에 관한 지침」에 따르고 있다. 중간처우대상자 선정기준은 중간처우시설(교정시설에 설치된 개방시설 또는 지역사회에 설치된 개방시설) 수용 대상자 선정 시 고려되는 사항은 경비처우급, 도주 및 재범가능성, 연령, 건강, 정신상태 등을 고려한 작업 또는 교육훈련 감당 여부, 가석방 가능 여부, 형기종료일까지의 기간(잔여형기), 그 밖에 지침에서 정한 요건이 된다.

소장은 소망의 집 또는 사회적응훈련원 중간처우대상자의 경우 수용 인원, 남은 형기 등을 고려하여 단계별 처우기간을 단축하거나 단계를 통합하여 운영할 수 있다.

접견과 관련하여 중간처우대상자 중 구내작업자는 평일에, 외부통근자·집중근로·자율출

퇴근취업자 등 평일 접견이 곤란한 자는 소장이 정하는 휴무일에 접견을 실시할 수 있다. 전화사용에 소장은 소망의 집, 사회적응훈련원 중간처우대상자의 전화사용에 대하여 전화사용 횟수를 늘릴 수 있다.

소장은 희망센터 중간처우대상자에 대하여 '개인별 휴대전화기' 소지를 허가할 수 있으며, 일과활동에 지장이 없는 범위 내에서 사용시간을 별도로 정할 수 있다. TV시청의 경우 소장은 중간처우대상자의 TV시청에 대하여 사회복귀 지원 등을 위하여 필요하다고 인정되는 경우에는 따로 정할 수 있다.

'컴퓨터 · 인터넷' 사용에 대해 소장은 중간처우대상자의 사회적응을 위해 중간처우시설에 컴퓨터와 인터넷을 설치할 수 있으며, 인터넷 사용을 허가하기 위해서는 사전에 유해사이트 접속 방지를 위한 프로그램을 설치 등 필요한 조치를 취하여야 한다. 희망센터 중간처우대상자의 인터넷 사용은 여가시간에 한하여 허용하되 자체 실정에 맞게 소장이 별도로 정할 수 있다.

3) 우리나라 시설내 개방처우의 유형

우리나라 시설내 개방처우의 유형으로 논의되고 있는 것을 보면, 첫째, 부부접견제도(Conjugal visiting system)가 있다. 즉 배우자가 있는 수형자에게 배우자와의 완전한 부부접견을 허용하는 제도를 말한다. 우리나라는 1999. 6월에 처음 도입하여 '가족만남의 집'이라고 명명하여 현재 운영되고 있다.[188] 2018년 가족만남의 날 참가 수형자 현황은 6,807명으로 수형자 인원 대비 참가비율은 22.1%이다.

둘째, 개방교도소를 들 수 있다. 이는 도주방지를 위한 물리적인 예방조치가 없어야 한다는 객관적인 특징, 자율과 피구금자의 책임감에 입각한 시스템이라는 정신적 또는 주관적인 특징을 갖춘 교도소이다. 1988. 9. 1. 대통령령(제12512호)에 따라 완전한 개방시설인 천안개방교도소를 신설, 1988. 11. 30. 개청하여 많은 수형자에게 자율과 신뢰를 바탕으로 한 개방처우를 하여 건전한 사회인으로 복귀케 함으로써 처우의 다양화시대에 걸맞은 교정행정 발전에 일익을 담당하였다.

셋째, 소년단제도로 우리나라 소년교도소에서 과거 시행하고 있는 소년단 활동이다. 예컨대, 인천소년교도소에 충의소년단(1954, 국제소년단연맹 가입)과 김천소년교도소에 화랑소

188) 부부만남의 집 운영지침(개정 2002.1.25, 법무부 예규 제573호).

년단(1957, 대한소년단연맹 가입)이 운영되었다.

넷째, 합동접견(가족만남의 날)제도로 수형자 가족합동접견, 가족만남의 날은 구금으로 인하여 단절되기 쉬운 가족관계를 유지시켜 주고, 자유스런 분위기에서 가족과의 만남을 통하여 수용생활에서 발생하기 쉬운 정신적인 억압으로부터 벗어나 수용생활의 안정을 갖도록 하는 유형을 들 수 있다.

4) 사회내 개방처우의 유형

우리나라에서 사회내처우의 유형으로 볼 수 있는 것으로 외부통근제도, 수형자 귀휴제도, 외부출장 직업훈련, 교정참여제도,189) 외부종교행사참석 · 영화관람 등, 사회견학 · 사회봉사활동 등이 있다.

5) 개방처우의 모색: 시설내처우 · 중간처우 및 사회내처우의 연계

개방시설처우는 단계적 교정처우시설의 마지막 단계인 개방교도소에 수형자를 수용, 처우하는 것으로서 협의의 개방처우는 시설처우만을 말한다. 현실적으로 개방교도소 외에 반개방시설 또는 폐쇄교도소의 구외에 부설된 개방수용동 등 여러 형태의 수정형이 있으므로 개방시설이라 하면 통상 수정형도 포함하여 부르는 것이 일반적이다.

범죄자를 교도소나 소년원과 같은 교정시설 안에 구금하여 자유스럽지 못한 상태에서 자유를 교육하는 것은 이론상 불가능하고, 자유를 박탈하는 고통을 통하여 교화하려고 한 종래의 시설내처우는 20세기 초에 이르러 범죄인의 교정이나 재범방지에 실패하였음이 실증적으로 밝혀지게 되었다.190)

새로운 전략으로 시설내 처우제도 자체의 개선을 통해 교정시설 내에서 새로운 처우프로그램을 개발하는 것은 중간처우시설 · 개방교도소 등을 도입하여 교정시설을 개방하고 다양화하는 것이다.191) 전통적인 자유형의 대체수단인 벌금형의 활용, 형의 유예제도가 있고, 교도

189) 민간인의 교정참여에는 교정자문위원과 교정위원(교화, 종교, 의료, 교육, 취 · 창업분야)이 있다.

190) 오영근, "보호관찰제도의 이론적 기초", 청소년범죄연구 제6집, 1988, 139쪽; 오재환, "범죄인의 사회내 처우제도의 성립과 정당성", 조선대 사회과학연구 6, 1992, 13쪽.

191) 중간처우제도(Intermediate treatment)란 폐쇄된 시설에서 행동의 자유에 대한 제한이 완화된 시설로 이전하여 사회복귀를 준비하는 제도를 말하며, 개방처우 혹은 형벌의 개방화는 구금의 집행방법을 '사회화' 하는 것으로 여기에는 외부통근제 · 귀휴제 · 주말구금제 등이 있다. 이들도 넓은 의미의 사회내처우제도에 포함된다고 할 수 있으나 시설내 처우의 완전한 대체수단으로 보기는 어려우므로 여기서는 논의를 제외한다. 정영석 · 신양균, 『형사정책』, 1994, 567쪽.

소 밖에서의 처우를 의미하는 사회내처우가 여기에 해당한다.

시설내처우와 사회내처우는 범죄자 처우의 양 날개를 담당하면서 범죄자의 개선·갱생이라고 하는 공통의 목적을 향하여 각각의 기능을 발휘해야 하는 것이며, 양자의 연계 필요성이 요구된다.

요컨대, 앞으로는 양자의 연결에 중간처우를 포함하여 시설내처우·중간처우·사회내처우가 삼위일체로 되어 범죄자의 사회복귀를 도모하는 방향이 바람직하다.

2. 귀휴제도

1) 의의

귀휴란 외국에서 경험적으로 탄생한 제도로 수형자에게 일정한 사유 및 조건 하에서 교정시설의 장 또는 그 감독관청의 권한으로 기간과 행선지를 정하여 외출 내지 외박을 허가하는 제도를 말한다. 형벌휴가 또는 외출·외박제도이라고도 한다.

귀휴제도는 수형자의 외부교통권을 강화한 처우형태로 귀휴기간이 형집행기간에 산입한다는 특징이 있다. 귀휴제도는 각국의 역사, 국민의 법의식, 형사사법제도, 실무관행 등에 따라 다양한 형태로 운영되고 있다.

우리나라는 교정의 개방화 추세에 따라 귀휴가 처음 실시된 1962년부터 2000년까지 총 12,738명(미귀소자는 5명)을 실시하였다. 이는 연평균 450명, 사고율 0.001%로 지금까지 성공적으로 실시되어 출소 후 사회적응력을 높이고 재범을 방지하는데 크게 기여하고 있다고 평가할 수 있다. 2011년부터 2018년까지는 9,435명을 실시하였으며, 이는 수형자 인원 대비 귀휴비율은 3.7%를 보여 주었다.

귀휴제도의 취지는 수형자의 석방 후 생활설계의 준비, 가족과의 유대관계 유지, 성문제의 해결, 사회와의 유대 강화 및 사회적응능력을 함양시키는 데 그 제도적 가치가 있다.

2) 귀휴제도의 법률적 근거와 종류

개정된 法이 귀휴와 징벌을 별도의 장에 규정하고 있으므로 이에 부합되도록 제명을 '귀휴'(法 77)로 변경한 것으로 소장은 6개월 이상 복역한 수형자로서 그 형기[192]의 3분의 1(21

192) 여기서 형기를 계산하는 경우 부정기형은 단기를 기준으로 2개 이상의 징역 또는 금고의 형을 선고받은 수형

년 이상 유기형 또는 무기형의 경우에는 7년)이 지나고 교정성적이 우수한 사람이 어느 하나에 해당하면 '1년 중 20일 이내의 귀휴'를 허가할 수 있다(則 130②).

귀휴요건으로서의 최소 복역기간을 1년에서 6월로 단축하여 단기수형자도 귀휴가 가능하도록 하고, 귀휴기간을 10일에서 20일로 확대하여 사회적응력을 강화하도록 하였다는 점에서 개정의 의의가 있다.

형집행법상 명시된 귀휴사유에는 '가족 또는 배우자의 직계존속이 위독한 때, 질병이나 사고로 외부의료시설에의 입원이 필요한 때, 천재지변 그 밖의 재해로 가족, 배우자의 직계존속 또는 수형자 본인에게 회복할 수 없는 중대한 재산상의 손해가 발생하였거나 발생할 우려가 있는 때'라고 규정하고 있다.

일반귀휴의 허가요건으로 소장은 法 77에 따른 귀휴를 허가하는 경우에는 귀휴심사위원회(則 131)의 심사를 거쳐야 한다(則 129). 소장은 개방처우급 · 완화경비처우급 수형자에게 귀휴를 허가할 수 있다(法 77, 則 129③, 10가지 사유).

소장은 가족 또는 배우자의 직계존속이 사망한 때, 직계비속의 혼례가 있는 때 어느 하나에 해당하는 사유가 있는 귀휴 대상자에게 대하여 5일 이내의 '특별귀휴'를 허가할 수 있다(法 77②). 귀휴심사위원회는 귀휴심사대상자에 대하여 수용관계 심사사항 · 범죄관계 심사사항 · 환경관계 심사사항 등을 심사하여야 한다(則 135).

3) 귀휴 허가 후 조치사항

첫째, 귀휴의 취소사유 신설이다. 소장은 귀휴중인 수형자가 귀휴의 허가사유가 존재하지 아니함이 밝혀진 때, 거소의 제한이나 그 밖에 귀휴허가에 붙인 조건을 위반한 때에 해당하면 그 귀휴를 취소할 수 있다(法 78). 귀휴 취소사유를 신설하여 귀휴사유를 조작하거나 귀휴 본래의 취지가 퇴색되지 아니하도록 규정한 것이다.

둘째, 귀휴허가증의 발급이다. 소장은 귀휴자의 가족 또는 보호관계에 있는 사람으로부터 보호서약서를 제출받아야 한다. 귀휴 시행시 보호자를 반드시 출석시켜 준수사항 교육 후 허가를 받은 수형자("귀휴자")에게 귀휴허가증을 교부하여야 한다(則 139).

셋째, 귀휴조건 부과를 한다. 귀휴를 허가하는 경우(法 77③)에 따라 붙일 수 있는 조건("귀휴조건")은 귀휴지 외의 지역 여행 금지, 유흥업소, 도박장, 성매매업소 등 건전한 풍속을 해치거나 재범 우려가 있는 장소 출입금지, 피해자 또는 공범 · 동종범죄자 등과의 접촉금지,

---

자의 경우에는 그 형기를 합산한다(則 130①).

귀휴지에서 매일 1회 이상 소장에게 전화보고(141①에 따른 귀휴는 제외), 그 밖에 귀휴 중 탈선 방지 또는 귀휴 목적을 달성을 위하여 필요한 사항 등이다(則 140).

넷째, 동행귀휴 · 귀휴여비의 문제이다. 소장은 수형자에게 귀휴를 허가한 경우 필요하다고 인정하면 교도관을 동행시킬 수 있다(동행귀휴, 則 141). 소장은 귀휴자가 신청할 경우 작업장려금의 전부 또는 일부를 귀휴비용으로 사용하게 할 수 있다(則 142).

소장은 2일 이상의 귀휴를 허가한 경우 귀휴를 허가받은 사람의 귀휴지를 관할하는 경찰관서의 장에게 귀휴사실을 통보하여야 한다(슈 97①1). 귀휴 중 귀휴자의 사고시(슈 97② · ③) · 위반시(法 78 2호, 則 143) · 귀휴취소(法 78)에 따라 상황별에 따라 조치한다. 귀휴자의 출석의무 위반시(法 133) 1년 이하의 징역에 처하게 된다.

4) 귀휴제도의 문제점

첫째, 현재 각 교정기관별 귀휴의 선정기준의 불투명성과 불명확성이다. 귀휴의 취지에 맞게 운영되어야 하는 데도 보안 관념의 집착, 특히 기관장의 성향에 따라 귀휴 대상자의 선정기준이 상이하여 문제점으로 대두되고 있어 극복되어야 할 과제이다.

둘째, 청주여자교도소를 제외한 여성수형자가 남성수형자보다 귀휴의 숫자가 상대적으로 낮다는 성인지적 관점의 미흡하므로 귀휴의 관심과 정책적 배려가 필요하다.

셋째, 성인수형자에게 적용되는 귀휴의 조건을 아무런 제한 없이 소년수형자에게 일률적으로 적용하는 것은 입법의 미비 현상으로 소년수형자의 귀휴특례 부재현상이다. 귀휴 요건의 특례가 없어 사회적처우가 활성화되지 못하고 있다. 이는 소년수형자에게 사회성 촉진과 사회환경의 적응기회 및 가족과의 공감대 형성을 주어야 할 필요성을 박탈하고 있는 것으로 분석된다.

넷째, 法에는 귀휴의 종류는 일반귀휴(77①)와 특별귀휴(77②)가 있다. 하위법규에서 정하는 잡다한 귀휴의 종류(예: 당일귀휴, 주말귀휴)를 귀휴 구분의 일원화이다. 그 이유는 당일 · 주말귀휴의 심사기준이 동일하며, 심사절차 기준이 일반귀휴와 별반 차이가 없다.

5) 귀휴제도의 활성화 방안

귀휴요건의 완화가 필요하다. 개정된 法에서는 형기의 기간을 6개월 이상 복역한 수형자로 입법화 하였다. 향후 귀휴의 법정 사유요건이 되면 복역 기간, 형기의 제한 사유와 20일의 귀휴기간을 폐지하는 방향으로 나가야 할 것이다.

소년수형자의 경우에는 특례를 인정하여 사실상 귀휴에서 배제되는 경우가 없도록 정책적 배려가 있어야 한다. 귀휴시행의 확대가 필요하다.

수형자 처우의 사회화·개방화를 위해서는 현재의 귀휴보다 적극적으로 확대 시행할 필요가 있다. 최근 10년간 귀휴시행 비율은 전체수형자 대비 3% 미만에서 10% 이상으로 확대, 시행되어야 할 것이다. 선진국에서는 귀휴가 원칙적인 처우인데 비하여, 우리나라의 귀휴는 예외적인 처우의 성격으로 인식되고 있어 시급히 시정되어야 할 것이다.

실무적으로 제한하고 있는 성폭력사범·가정파괴범·마약사범, 조직·강력사범에 대해서도 합리적 귀휴 방안을 마련, 실시하는 것이 바람직하다. 최근에는 조직사범에 대해서는 귀휴시 소속 지방교정청장에게 보고, 시행하고 있다.

2. 외부통근제도

1) 총설

외부통근제도(Prison Hostel Scheme, work release)란 수형자의 사회복귀와 기술습득을 촉진하기 위하여 교정성적이 양호한 수형자 가운데 일정 요건을 갖춘 자를 선정하여 교정시설 직원 등의 지도·보호 하에 일정한 행동수칙을 준수할 것을 조건으로 교정시설 외에 있는 기업체 또는 교정시설의 개방부지에 있는 개방작업장에 통근하여 작업하는 제도를 의미한다.

외부통근제도에 관한 직접적인 현행 규정은 法(68①)이 있다. 이 조항은 수형자의 건전한 사회복귀와 기술습득을 촉진하기 위하여 필요하면 외부기업체 등에 통근작업을 하게 하거나 교정시설의 안에 설치된 외부기업체의 작업장에서 작업하게 할 수 있다고 규정하고 있다. 2018년 우리나라 외부통근 및 개방지역작업 현황은 수형자 연인원 303,984명으로 세입액은 5,560,099천원이었다.

외부통근제도를 정의하는 개념은 관점에 따라 다양한 특색[193]을 가지고 있기 때문에 현재 우리나라에서 시행되고 있는 외부통근제도를 정확히 정의하기에는 다소 문제가 있기 때문에 현행 제도와는 다소 동떨어진 면이 있다고 하겠다.

193) 이정찬, 『현대행형학』, 법조문화사, 1978, 297쪽; 박상기외 2인, 『형사정책』, 한국형사정책연구원, 1988, 458쪽; 정영석·신양균, 『형사정책』, 법문사, 1997, 519쪽; 김화수, 「한국 개방처우제도의 발전방안에 관한 연구」, 건국대학교대학원 박사학위논문, 2000, 41쪽.

우리나라에서 시행하는 외부통근제도는 외부기업체에서 행하는 '진정한 의미의 외부통근'과 교정시설 내의 개방작업장에서 행하는 '확대된 의미의 외부통근'을 모두 포함하는 개념이다.

외부통근제도의 유형으로는 사법부가 판결로 하는 사법형 외부통근제도, 행정부가 행정처분으로 하는 행정형 외부통근제도가 있다. 우리나라는 행정형 외부통근제도를 채택하고 있으며, 이 제도가 전국적으로 실시된 것은 1991년도부터이다.

현행 우리나라 외부통근은 교정작업(구외작업)→ 직업훈련→ 외부통근의 순서로 발전되어 왔으며, 현재 혼용 · 병용하여 운영되고 있는 형편이다. 수형자의 외부통근제도는 교정의 사회화와 수형자의 사회복귀라는 측면에서도 매우 중요한 의미를 가진다.

2) 우리나라 외부통근제도의 문제점

우리나라 외부통근제도의 문제점으로 첫째, 대상자의 선정이 보안문제로 곤란하다는 점이다.

둘째, 담배 등 부정물품 수수, 작업 중 사고와 도주책임 문제가 있어 걸림돌이 되고 있다.

셋째, 외부통근자 중에 도주자가 발생할 우려 때문에 보안 관념상 무계호 운영이 곤란하다.

넷째, 전적으로 교정공무원의 감시 감독 하에 운영되므로 수용시설의 기본권 제한이 우려된다. 그밖에 가석방의 조건충족의 수단으로 이용되거나 외부통근작업(예: 사양산업, 단순작업) 종목 선정문제이다.

끝으로 외부통근제도는 단순작업 위주의 직종으로 전문기능 습득을 위한 직업훈련과정이 거의 없다는 문제점이 있다.

현대 교정이 사회내처우를 강조한다고 하여도 모든 수형자를 사회내처우로 전환하기는 현실적으로 어려운 문제들이 많이 산재해 있으므로 수형자의 재사회화를 증진시키고, 재범을 방지하기 위해서는 기존의 교정의 패러다임을 대폭 수정할 필요가 있다. 외부통근제도는 개방처우의 일환 가운데 중요한 위치를 차지한다.

우리나라 외부통근은 현실적 과제(예: 임금제)와 여건, 무계호 출퇴근제도, 보안우선주의 등으로 해결해야 할 선결과제가 많다고 하겠다. 구체적으로 첫째, 수형자에 대한 형벌적 성격은 축소하고, 원조성격을 지닌 외부통근과 직업훈련을 확대하여야 하며 교정작업과 직업훈련의 성격을 재설정하는 것이 중요하다.

둘째, 외부통근제도의 성격을 재 모색하는 것이다. 교정작업의 연장선상에서 볼 것이 아니라 사회적응능력 배양이라는 관점에서 '지원'의 성격을 가진 것으로 인식해야 하며, 직업훈련의 연장선상에서 보아야 한다. 교정작업 · 직업훈련 · 외부통근을 마친 수형자는 가석방 또는 석방 후 안정된 직업을 가질 수 있도록 국가에서 취업알선 등을 행한다면 사회에 복귀하여도 재범을 할 위험성이 상당히 줄어들게 되어 범죄예방에 큰 도움이 될 수 있다.

셋째, 외부통근자 선정의 혁신이다. 외부통근자를 선정함에 있어서 잔여 형기에 집착하지 말고, 형이 확정되어 그 집행이 개시된 후 일정기간 분류심사와 처우 준비기간을 거쳐 외부통근을 실시하는 것이 바람직하다.

넷째, 무계호 외부통근작업의 시행이다. 무계호 외부통근작업은 자유롭게 출퇴근하고, 기술을 습득하는 과정에서 책임감과 자율성을 증대시킬 수 있는 기회가 된다. 수형자의 사회복귀와 사회적응능력의 함양을 위해서는 가능한 외부통근자들에 대한 무계호로 확대하는 것이 바람직하다. 수형자들에 대한 사회적응훈련의 효과를 제고하기 위하여 교도관의 감시 없이 외부기업체에 출·퇴근하는 무계호 출퇴근제도를 1999.4.1.부터 일부 시행한 바 있다.

다섯째, 도주책임에 대한 완화책이 필요하다. 도주사고나 안전사고 등이 발생했을 때, 감독자에게 과중한 책임을 묻는다면 외부통근은 위축될 수밖에 없다. 외부통근자에 따른 각종 사고에 대한 책임은 일반 수형자에 대한 계호 책임과 같거나 이와 유사하게 조정되어야 한다.

이 밖에도 수형자의 기술습득과 사회적응능력 함양이라는 외부통근작업 본래의 취지를 감안하여 외부통근 작업제도는 독립된 기구와 운영, 그리고 '민간교정'의 협력이 중요하다.

3. 가족접견제도

1) 의의

가족(부부)접견제도(conjugal or family visit system)란 배우자(가족)가 있는 수형자에게 배우자(가족)와의 완전한 부부(가족) 접견을 허용하는 제도를 말한다.

접견기간 중 수형자는 교정시설 내의 일정한 장소에서 수일 또는 상당시간을 배우자(가족)와 함께 생활할 수 있도록 하는 제도이다. 접견의 한 형태로서 부부(가족) 접견 시에는 직원의 입회를 생략하고, 그 접견을 자유롭게 한다든지 또는 특별한 접견실에서 접견을 하도록 함으로써 부부(가족)간의 애정의 자유를 보호하려는 제도이다. 가족접견 프로그램이 공평하게 시행되려면 가족의 정의가 필요하다.

부부접견이 기혼수형자에게만 허용 가능했던 제도여서 미혼수형자에 대한 차별이라는 비판에서 출발하였는데, 가족 접견은 기혼자는 물론이고 미혼자에게도 가족과의 접견을 허용한다는 이점이 있다.

우리나라는 1999. 6월에 최초로 「부부만남의 집 운영지침」[194]을 제정하여 안양, 대구, 대전 및 광주교도소를 시범기관으로 지정, 운영하였다. 부부만남의 집에는 침구, 세면도구 등 필요한 물품은 교정시설에서 비치하고 음식물, 취사재료 등은 허가를 받고 반입할 수 있으며 담배, 주류의 반입은 금지되고 있다.

2) 가족만남의 집

우리나라에서 가족만남의 집이란 수형자와 그 가족이 숙식을 함께 할 수 있도록 교정시설에 수용동과 별도로 설치된 일반주택 형태의 건축물(13평 규모의 단독주택)을 말한다(則 89 ④). 통상 각종 가구·가전 및 숙박에 필요한 침구 등의 물품과 취사용품 등이 구비되어 있다.

교정시설 내 잦은 폭력사건 등이 일부 성적 긴장감 때문이라고 생각하여 이를 해결하기 위한 방법으로 도입된 제도가 부부만남의 집이라고 대체적으로 설명한다. 이 제도의 실시로 인하여 오히려 긴장감이 고조될 우려가 있다는 반대 의견도 있으나 오늘날에는 많은 나라가 이 제도를 시행하고 있다.

관련근거에는 則 89(가족만남의 날 행사 등) 관련지침 등이 있다. 가족만남의 집 이용 근거에 대해서는 다양한 의견이 제시되고 있으나 종합적으로 이해하는 것이 바람직할 것이다. 성관계의 유지는 부부권리의 기본요소라는 주장인 '결혼유지 관계설'[195], 가족접견제도는 궁극적인 목적으로 교정시설 수용사고 예방 차원이 크다는 '성 사고예방설',[196] 가족의 유대강화가 가장 중요함을 나타내고 있다는 주장하는 '가족유대강화설'등이 있는 것으로 정리한다.

가족만남의 집이용 가족은 수용자의 배우자, 직계 존·비속, 형제자매와 배우자중에서 5명 이내로 규정하고 있다.

---

194) 2003. 6월 부부만남의 집 명칭을 '가족만남의 집'으로 변경하였고, 2003. 10. 6 예규개정으로 가족만남의 집 이용대상자 선정기준 등이 완화되었다. 2018년 가족만남의 집이용 수형자 현황은 1,913명이 이용하였으며, 수용자 인원 대비 이용 비율은 5.8%로 나타났다.

195) 허주욱, 교정보호학, 박영사. 2010, 805쪽.

196) 교도소의 폭동 등 대부분의 수용사고가 이성접촉의 박탈에 의해 기인하는 바가 크다고 하여 성문제 해결을 통하여 그 해결방안을 찾으려 한다는 주장이다. 이윤호, 『교정학개론』, 박영사, 1995, 277쪽.

3) 종류

“가족사랑캠프”란 수형자 가족관계회복을 위해 교정시설내 또는 외부 연수기관 등에서 가족관계 전문가의 진행으로 이루어지는 프로그램을 말한다. 가족사랑캠프 기간은 1일 또는 1박2일을 원칙으로 한다.

“가족접견실”이란 수용자의 가족관계회복을 위해 교정시설 구내에 일반 가정집 거실형태의 시설물을 갖춘 공간을 말한다. 가족접견실 이용의 경우 법령에 명시된 별도의 처우급 요건은 없으며, 미결수용자도 가능하다는 점에서 그 의의가 있다.

가족접견의 대상자 선정요건은 첫째, 위기 수용자 및 가족 긴급지원서비스 접견으로 이혼위기, 양육 곤란, 경제적 곤궁 등으로 가족위기 관리가 필요하거나 기타 가족관계 해체의 징후가 현저하여 가족접견이 필요한 수용자

둘째, 사회적 약자 등 배려형 접견으로 접견가족 중 장애인, 환자, 아동복지법에 따른 아동, 노약자, 다문화가족이 있거나 산간 및 도서벽지에 거주하는 가족이 방문 접견하여 가족접견이 필요한 수용자

셋째, 일반 가족 접견으로 형집행률에 관계없이 수용생활 안정 및 가족관계회복이 특히 필요하다고 판단되는 수형자와 사형, 무기, 장기 10년 이상의 중형을 선고받아 수용생활의 안정을 위해 가족접견이 필요한 수용자를 뜻한다.

끝으로 위기 수용자 및 가족 긴급지원서비스로 긴급지원 대상자의 경우 교정시설 입소일로부터 1년 이내의 수용자로서 가족해체 위기에 직면한 수용자(형기 및 형확정 여부와 무관), 긴급지원 제외 대상자의 경우 조직사범, 마약류 사범, 사회물의사범, 친족관계에 의한 성폭력사범, 그리고 긴급지원서비스의 종류인 경우에는 긴급전화(교도관회의 심사 불요)와 가족접견실 이용(교도관회의 심사 필요)을 긴급 지원하는 것이 있다.

4. 중간처우제도

1) 의의

중간처우(intermediate treatment)란 일반사회와 범죄자 간의 교류확대를 통해 범죄자의 사회복귀를 용이하게 하기 위한 제도를 말한다. 시설내처우와 사회내처우의 중간형태 내지 결합형태라고 할 수 있다. 즉 구금과 자유의 중간단계의 처우이다. 중간처우의 형태는 그 내

용에 따라서 시설 내 중간처우와 사회내 중간처우로 분류할 수 있다. 중간처우시설로서 「중간처우의 집」의 기원은 1817년 미국 매사추세츠주에서 중간거주라는 제도가 처음 실시되었다. 1920년대 초반까지 희망원이라는 보호소가 오하이오 · 아이오아 · 캘리포니아 · 플로리다 등 여러 주에 설치되었다. 1950년대에는 국가적인 중간처우의 집을 결성하였고, 갱생복귀를 위한 다양한 역할을 수행하게 되었다.197)

중간처우의 집은 20세기 교정학의 가장 주목할 만한 발전이라고 평가하는 이도 있다. 현재 중간처우의 집은 사회복귀를 위한 교정계획의 중요한 일환으로 되어 있다. 시설내 중간처우는 개방처우, 즉 외부방문이나 일시출소, 귀휴, 외부통근 · 학업 등과 같이 시설내의 수형자들에 대한 개방처우를 말한다.

사회 내 중간처우는 소송 전 중간처우와 소송 후 중간처우로 구별할 수 있으며, 소송 전 중간처우는 미결구금자들에 대한 중간처우이며, 소송 후 중간처우는 보호관찰자 · 가석방자, 형의 분리 선고를 받은 자 등에 대한 중간처우를 말한다. 중간처우는 보호관찰과 비교하여 볼 때, 징벌적이라는 측면에서 보수적인 처우라고 할 수 있다.

중간처우는 보호관찰에 의하여 실시되는 프로그램들, 즉 집중보호관찰, 재택구금, 원상회복명령, 충격보호관찰, 형의 분리선고(split sentence), 주거형 지역사회교정 등 그 범위가 광범위하다. 중간처우의 장점에는 교정시설의 대안으로 중간처우는 비용면에서 경제적이며, 효과적이고, 비해악적이라는 것이다.

2) 중간처우의 대상자와 유형

넓은 의미에서 중간처우의 가장 적절한 대상자는 유죄판결을 받아 통상적으로 교정시설에 보내져야 할 범죄자이지만, 재범의 위험성이 낮거나 비폭력 · 재산범죄와 같이 사회에 '위험성이 비교적 적은 자'들이 적정한 대상자들이다.

중간처우는 교정시설의 과밀화를 해소하는 매우 적절한 방안이다. 중간처우는 경범죄자들의 구금에 대한 대체처분으로서 교정시설의 과밀화를 해결할 수 있는 적절한 제도이다. 중간처우는 보호관찰, 가석방조건의 위반자들에 대한 중간 기착지(halfway back)의 역할을 할 수 있다.

중간처우의 유형으로 원상회복인 금전적인 원상회복(monetary restitution)과 지역사회

197) 법무부, 「교정처우 자료」, 1995, 134~136쪽.

봉사(community service restitution), 충격보호관찰과 형의 분리선고[198], 중간처우의 또 다른 중요한 형태인 집중보호관찰(IPS, Intensive probation supervision), 재택구금, 주거형 지역교정시설(RCC, residental community corrections) 등이 있다.

요약컨대, 중간처우는 과잉구금을 완화하고 교정비용을 줄일 수 있는 적절한 수단으로 받아들이는 것이 일반적인 추세이지만, 중간처우가 전통적인 보호관찰보다 재범률을 낮추는데 효과적인 수단이 되지 못한다는 비판도 있다.

3) 우리나라의 중간처우 사례

우리나라에서도 시설내구금의 한계와 전통적인 사회내처우의 한계를 극복하기 위해서 종전의 시설내처우 중심의 교정에서 과감한 사회내처우 중심의 교정으로 전환해야 할 것이다.

한국형 중간처우의 집인 '소망의 집'[199]을 보면, 중간처우시설인 국내최초로 안양교도소에 설립(2009. 1. 21), 시범 운영되었다. 지역사회내 주간처우시설인 「밀양희망센터」가 2013. 9. 11. 개관을 하였다.

주요 처우사항에는 자치제 운영, 식사 구내식당 이용, 기업체 복장, 스마트폰 등 휴대폰 개인소유가 가능하며, 신문구독[200] 종류와 수량은 제한이 없으며, 생활관내에서의 TV시청의 자율허용, 인터넷 사용의 자유 허용, 문화종교행사 공휴일 참석 허용, 귀휴[201], 사회견학, 봉사활동의 주말 공휴일 이용이 가능하다. 임금의 90% 작업장려금으로 본인에게 지급되며, 10%는 국고에 귀속되도록 하였다.

우리나라도 선진제국이 도입, 시행하고 있는 다양한 중간처우를 도입하여 처우의 방향을 시설내처우로부터 사회내처우로 과감하게 변화시켜야 할 것이다.

---

198) 충격보호관찰과 형의 분리선고제도는 범죄자를 일정한 기간 교정시설에서 구금한 후 법관이 지역사회에 석방을 허용하는 대체처분을 말한다.

199) '소망의 집'으로 명명된 한국형 처우의 집인 중간교도소(intermediate prison)는 지상 1층, 건물면적 224㎡, 방 5실(2인 1실), 10명 수용규모로 운영되고 있다. 밀양희망센터의 경우 2인 1실 총 5실이며, 총면적 31.2㎡이다.

200) 2018년 수형자 신문구독 현황을 보면, 구독 부수는 총 18,271부수, 15,443명으로 수용자 28.1%가 구독한 것으로 나타났다.

201) 2018년 귀휴인원은 1,000명으로 수형자 인원 30,749명 대비 귀휴비율은 3.3%를 보여주고 있다. 귀휴자 형기별 인원 구성비는 3년 미만(62.9%)을 차지하고 있으며, 무기수형자는 9명(0.8%)이다.

Ⅱ. 사회내처우

1. 총설

사회내처우(Community Treatment, Community-based Treatment)란 범죄인을 교정시설에 수용하지 않고, 일정 의무의 이행을 조건으로 사회 내에서 자율생활을 하면서 지도·원호 등을 통해 처우하는 제도를 말한다. 사회내처우를 시설 외 처우 또는 비시설내처우(noninstitutional treatment)라고도 하며, 사회내 교정 또는 지역사회교정이라고 한다.

사회내처우는 실증주의 범죄학파와 낙인이론의 영향을 많이 받은 제도이다. 이 제도의 기원은 1841년 메사추세츠주에서 보호관찰활동을 한 것이 그 시초가 되었다. '보호관찰제도의 마그나 카르타'라고 불리는 보호관찰법이 제정하면서부터이다. 21세기의 교정행정은 사회 내 처우로 전환되고 있다.

교정시설은 일반사회와 격리, 단절된 채 보안·계호라는 부수적인 효과를 지닌 장소는 될 수 있어도 '수형자의 사회복귀'에 적합한 장소는 아니라는 것이다. 수형자의 사회복귀 가능성을 높이려면, 사회내처우의 확대가 요구된다. 교정시설 내에서도 처우의 사회화가 적극적으로 장려하는 정책방향으로 나아가야 한다.

우리나라에서 사회내처우제도가 본격적으로 도입, 시행하게 된 것은 1988년의 소년법개정(단기보호관찰, 장기보호관찰, 사회봉사명령, 수강명령)과 보호관찰법의 제정에서 부터라고 할 수 있다.

시설 내에서의 자유형의 집행은 육체적·심리적으로 고립시키고, 사회적 관계를 단절시키는 비인도적인 면, 사회와의 격리 및 낙인효과로 인해 범죄인을 개선·교화하는 데 실패하고, 범죄배양효과(crime-breeding effect)를 야기하는 점, 교정비용이 상대적으로 많이 드는 점 등의 부정적 측면이 이른바 감옥실패론으로 연결되었다. 이에 대한 대처방안으로 현대 교정·형사정책은 시설내처우에서 사회내처우로 그 중점을 이행하는 추세에 있다.

사회내처우의 발전과 도입과정을 보면, 시설내처우의 문제점 때문에 각국에서 그 대안으로 등장한 것이 바로 사회내처우이다.[202] 사회내처우는 범죄자를 개선, 교화하여 정상인으로 사회에 복귀시키려는 특별예방주의에 기초하고 있다. 시설내처우와 사회내처우를 대비시키는 것이 매우 중요한 쟁점이다.

범죄문제를 처리함에 있어서 시설내처우가 국내적 · 국제적으로 오랫동안 실시되어 오고 있지만, 교정효과나 비싼 교정비용 등 여러 가지 한계점을 나타내고 있다. 시설내처우의 결점과 고비용은 사회내처우에 대한 관심을 증진시키게 되었으며, 사회내처우는 형사사법체계와 소년사법체계에서 중요한 역할을 담당하게 되었다.

기존의 주된 방법인 시설내처우만으로는 범죄문제의 해결을 위하여 효과적으로 대처할 수 없다는 결론에 이르게 되면서부터, 교정 · 형사정책에 있어서 사회내처우(예: 기소유예와 선고유예, 집행유예, 가석방, 보호관찰제도)의 비중은 날로 높아지고 있다. 교정과 사회내처우와 관련하여 최근 우리나라도 관심을 보이고 있는 사회내처우는 매우 큰 의의를 지닌다.

사회내처우는 범죄자가 일정 기간이 지나면 사회구성원과 더불어 일상생활을 영위해 가게 될 지역사회의 개념과 의의를 근거한 제도이다. 범죄자처우를 위하여 지역사회는 매우 중요한 의미를 지닐 수밖에 없으며, 소년범 · 성인범죄자까지 전적으로 보호관찰제도를 실시하게 된 개정 형법(1996)의 규정은 교정이념이 시설내처우에 급급한 상태에서 사회내처우로 변화되고 있음을 확인해 주고 있다.

사회내처우의 비판과 평가를 보면, 첫째로 범죄인의 교화개선 · 사회복귀 효율성에 대한 주장은 낙인효과, 범죄인의 사회 환경에 대한 관심 부족, 지역이기주의 현상 등 여러 측면에서 비판을 받고 있다.

둘째, 인도적인 처우에 대한 비판으로 다른 구금제도로의 대체라는 점, 국민들의 응보감정, 일반예방적 신뢰를 충족하지 못하는 비판이 제기된다.

셋째, 시설내처우에 비해 경제적이라는 것은 단순 비교한 것에 불과하다는 비판이다.

넷째, 신종의 사회통제전략으로 고안된 형사사법망의 확대라는 지적과 범죄인의 교화는 미명에 불과하며, 교묘한 방법으로 교정의 폐해를 은폐시켜서 형사사법의 근본적 혁신을 저해(예: 근본적인 사회구조의 문제 은폐)한다는 그 밖의 문제점 등이 지적되고 있다.

사회내처우에 대한 평가에 대해서는 긍정적 평가와 부정적인 평가로 대별되고 있으며, 국가에 의하여 시행되므로 강압성 문제가 여전히 존재한다고 하겠다.

고찰하건대, 현행법에서 시행되고 있는 강제적 사회내처우와 임의적 사회내처우로 구분하는 견해,[203] 필요적 갱생보호와 임의적 갱생보호로 나누는 입장, 중간처우소 · 양육가정, 집

202) 오영근, "범죄인의 사회 내 처우에 관한 연구", 서울대학교 박사학위논문, 1988, 12쪽.
203) 김화수외 7인, 앞의 책, 623쪽.

단가정 등 다양한 종류가 제시되고 있다. 그 이유는 시설내처우의 문제점을 극복하기 위한 대안으로 발전되었기 때문이다.

2. 가석방제도

1) 의의

가석방이란 시설내처우에서 사회내처우로의 변경을 말한다. 자유형의 집행 중에 있는 자가 행장이 양호하고 개전의 정이 현저한 때에 형기만료 전에 조건부로 석방하여 그 형기가 만료 때까지 또는 법정기간 동안 조건위반 없이 지나게 되면 형의 집행이 종료된 것과 같은 효과를 발생하게 하는 행정처분이다(형법 72~76).

이 제도의 부수적 효과로 정기자유형을 상대적 부정기형으로 만드는 역할의 기능으로 정기형제도의 경직성이 완화되는 교정·형사정책적 의미가 있다.

가석방은 형기가 만료되기 전에 수형자를 조건부로 석방시키는 제도로 모든 수형자의 초미의 관심사이자 가장 큰 희망사항이다. 가석방과 관련된 모든 결정사항은 해당 수형자와 다른 수형자들에게도 민감한 사안이 되고 있는 게 현실이다. 가석방은 형기만료 전에 일정조건부로 수형자를 일단 석방시키고, 그 형기 만료 시 또는 법이 정하는 일정기간 동안 조건의 위반 등이 없이 지나게 되면, 형을 만료한 것처럼 간주해주는 교정상의 이익처분을 가리킨다.[204] 자유형에 대한 대안으로서 사회내처우 방법으로 제도화하고 있다는 점에서 그 기능의 중요성이 있다.

가석방은 목적형 내지 교육형주의에서 나온 제도로 특별예방사상을 구현하기 위한 제도적 가치가 있다. 우리나라 가석방제도의 특징이 소극적 가석방이었다면 향후 적극적 가석방주의로 정책 전환이 있어야 할 것으로 기대한다. 가석방제도는 효과적인 사회성 회복책으로 개선권을 가지는 수형자의 권리인 동시에 의무라고 하겠으며, 재범방지책의 훌륭한 제도로 '교도소의 열쇠'를 수형자의 손에 주어 침체된 생존의욕의 보강과 자발적 개선노력을 촉구한다고 평가할 수 있다.

204) 신진규, 『형사정책』, 법문사, 1988, 685쪽.

2) 법적 성격과 내용

가석방의 법적 성질에 관한 논의에 대해서는 그 실익이 있다. 가석방의 권리성에 대한 논의를 통하여 가석방이 결정과 취소에 영향을 미친다는데 있다.

오늘날에는 가석방제도를 사회방위제도와 행형제도의 두 성격을 모두 갖고 있는 제도라고 보는 견해가 일반적이다. 가석방에 관한 현행법의 태도는 가석방이 행정처분의 성격을 가진다는 것은 형법 (72①)에 의해 명백하다.

요컨대, 현행법상의 가석방제도는 원칙적으로 행정 처분적 성격을 가진다고 할 수 있다. 부가적으로 교정의 연장으로 사회방위적 처분으로써 수형자에 대한 포상이라는 성격도 함께 가지고 있다.

우리나라의 경우 가석방자의 형집행율을 보면, 형의 집행율이 평균 80~90%미만이 전체 가석방자의 약 60~70%정도가 되고 있는 게 통상적이다.[205] 형법상 가석방 허가기준인 형기의 3분의 1은 사실상 법률적 의미를 갖지 못하며, 대부분 만기가 되어 가석방되고 있는 게 현실이다.

가석방과 유사한 것으로는 소년원 수용자에 대한 가퇴원 및 피보호감호자에 대한 가출소가 있다. 개정 · 시행된 현재의 형법은 가석방자에 대해 보호관찰을 필요적으로 부과하도록 규정하여 성인에 대해서도 전면적인 보호관찰부 가석방제도가 실시되고 있다.

우리나라 가석방 실무에서는 가석방 의결기구(분류처우위원회, 가석방심사위원회[206], 보호관찰심사위원회)관련업무, 가석방심사 · 가석방 예비심사, 가석방 적격심사 신청, 가석방허가 · 소년수형자 가석방 및 감호자의 가출소, 그리고 가석방 취소 및 실효업무가 이루어지고 있다.

현재의 가석방 심사업무는 대상자가 소년인가 성인인가에 따라 보호관찰심사위원회와 가석방심사위원회로 이원화된 상태에 있다.

가석방의 요건에는 법률상의 요건(형법 72, 소년법 65), 실무상의 요건으로 검토를 한다. 즉 '가석방이 가능한 시점'의 진정한 의미를 말한다.

가석방은 최소한 성년수형자의 경우, 징역 또는 금고의 수형자는 무기형에 있어서는 20년, 유기형에 있어서는 형기의 1/3을 경과하여야 한다. 이때 형기에 산입된 판결 선고형의 구금

---

205) 2018년 성인수 가석방 허가자는 8,667명이다. 형집행률 90% 이상 24%, 90% 미만이 57.3%, 80% 미만 17.3%, 70%미만 0.8%, 60% 미만 0.6%이었다.

206) 1996. 12. 12. 개정된 행형법(49조)에 의하면, 가석방의 적격여부를 심사하기 위하여 법무부장관 소속하에 가석방심사위원회를 중앙에 두고 있다. 이것은 성인수형자에 대한 가석방심사에 있어서 종래 교도소 단위로 있었던 가석방심사위원회를 중앙집권주의제도로 바꾼 사례이다.

일수는 형의 집행을 경과한 형기에 산입한다(형법 72①, 73①). 소년 수형자는 무기형에는 5년, 15년의 유기형일 경우는 3년, 부정기형에 있어서는 단기의 1/3을 경과하여야 한다(소년법 65).

벌금 또는 과료의 병과가 있는 때에는 그 금액을 완납하여야 한다(형법 72②). 벌금 또는 과료에 관한 유치기간에 산입된 판결전의 구금일수는 그에 해당하는 금액이 납입되어야 행정처분으로 실행될 수 있다. 유기형을 선고받은 수형자의 경우, 형기의 3분의 1이 경과하면 가석방이 가능하다.

우리나라의 경우 형기의 3분의 1(무기수의 경우는 20년)이 경과하더라도 수형자가 실질적 요건(행장의 양호, 개전의 정)을 모두 충족해야 수용시설의 장에 의해 '가석방심사대상자'로 선정될 수 있을 뿐이다. 반드시 교정시설의 장이 가석방심사를 '신청'하여야 한다. 수형자에게는 가석방심사를 '신청'할 수 있는 아무런 권한도 없다.[207]가석방의 허가와 공개에 대해 가석방의 적격 여부를 심사하기 위하여 법무부장관소속으로 가석방심사위원회(法 119)를 두고 있다.

가석방 허가는 가석방위원회는 수형자의 나이, 범죄 동기, 죄명, 형기, 교정성적, 건강상태, 가석방 후의 생계능력, 생활환경, 재범의 위험성, 그 밖의 필요한 사정을 고려하여 가석방의 적격 여부를 결정한다. 위원회가 가석방 적격결정을 하였으며 5일 이내에 법무부장관에게 가석방 허가를 신청하여야 한다(法 122).

가석방의 효력은 성년수형자(형법 76①)의 경우와 소년수형자의 경우로 구분된다. 가석방의 실효와 관련 가석방 기간 중 금고 이상의 형을 받아 그 판결이 확정된 때에는 가석방 처분은 효력을 잃는다. 다만, 과실로 인한 죄로 형의 선고를 받았을 때에는 예외로 한다(형법 74).

가석방의 취소사유에는 가석방의 처분을 받은 자가 「가석방자 관리규정」에서 정한 준수사항 및 관할 경찰서장의 명령 또는 조치를 따라야 하며 이를 위반한 경우에는 형법에 따라 가석방처분을 취소할 수 있다(형법 75, 則 260).

가석방이 실효되거나 취소되었을 경우에는 가석방자를 재수용하여 잔여형기를 집행한다. 실효 및 취소결정에 따른 재수용자의 가석방기간중의 일수는 형기에 산입되지 않는다(형법 76②).

가석방심사의 기본원칙(則 237)은 가석방심사는 객관적 자료와 기준에 따라 공정하게 하여야 하며, 심사과정에서 알게 된 비밀은 누설하여서는 아니 되도록 규정하고 있다.

---

207) 수형자의 가석방 청구권의 유무(12헌마360, 12.6.12.): 수형자 가석방 유무에 대해 가석방은 형집행법 등 권한 법규에 따라 가석방 심사 대상자로 인정 될 수 있는지 여부는 교정시설의 장의 재량적 판단에 달려있고 수형자에게 가석방 심사를 청구할 권리가 없다고 하였다.

3) 문제점

최근 교정시설에서 가석방과 관련, 주체별로 살펴보면 교정공무원이 수용자 가족으로부터 금품을 제공받는 등 부조리가 발생, 유혹에 노출된 적이 있다. 수형자는 가석방의 은전을 받기 위해 관련 직원에게 부정한 방법으로 접근하는 등 제도적 정비와 투명성이 먼저 강구되어야 할 것이다.

첫째, 법률상의 문제점으로 가석방과 삼권분립주의와의 관계에서 가석방은 사법권에 의한 확정판결을 행정기관의 재량에 의하여 변경한다는 취지에서 삼권분립주의의 정신에 반하는 것이라는 문제점이 제기되고 있다.

죄형법정주의와의 관계에서 가석방의 운영은 행정처분으로 형의 집행내용에 변경을 가한다는 점에서 재판의 선고로 확정된 형을 부정기화 한다는 의미에서 인정하면 죄형법정주의의 위반이 아니냐하는 의문이다.

둘째, 가석방 심사기관의 문제와 고려사항으로 가석방심사기관의 이원화와 가석방심사구조의 3단계 3층 구조로 가석방대상자의 '필터링'작용을 하게 되어 있지만, 불투명한 이유로 가석방이 금지되는 것을 방지하는 적극적 의미에서 가석방심사의 공정성과 형평성을 기대하기 어렵다는 것이 문제다. 중첩심사를 방지하고 업무의 효율성을 높일 수 있는 방안을 모색할 필요가 있다.

요컨대, 중첩심사방지를 위한 몇 가지 방안 중에 입법례를 참고한 교도소 밖의 독립기구 설치가 요망된다. 독립위원회를 채택하여 가석방제도의 활성화를 적극 검토함이 바람직한 방향이라고 판단된다.

현행 문제점과 외국 예를 참고하여 가석방 관련 단기수형자의 합리적 개선이 필요하다. 이제 우리나라도 고시기간주의를 채택하여 적절한 상한 및 하한기간을 설정하여 가석방제도의 잔형기로 야기되는 문제점을 해소함이 교정 · 형사정책상 필요하다고 하겠다.

선행보상제도(Good Time System)의 도입 문제가 있다. 가석방의 결정이 행정기관의 자의적인 재량에 의하여 남용되는 폐단을 방지하기 위해서는 가석방을 폐지하고, 선행보상제도를 도입하여야 한다는 주장이 미국에서 제기되고 있다. 선행보상제도가 가석방제도와는 별도 또는 대체방안으로 도입하는 것은 재고가 필요하다. 선행보상제도는 행정권에 의하여 실질적으로 형기를 변경시키는 것이므로 사법권의 침해라는 문제점을 내포하고 있기 때문이다.

개선해야 할 가석방 문제들이 많다. 예를 들면, 수형자 자신의 가석방관련 정보취득 곤란에 따른 유언비어와 무리한 주장 난무, 일선기관의 가석방회의 구성원들이 자체 직원들로만 구성되어 객관성 · 투명성의 결여로 인한 불신 초래, 가석방 불허가에 대한 불복방법의 도입방안, 가석방예정자 사회적응훈련의 내실화, 가석방 후의 사후조치 등이다.

제3편

교정처우 종료와 갱생보호

Ⅰ. 수용자 석방

수용자 석방이란 교정시설에 수용된 자가 수용상태가 적법하게 해제되어 사회로 복귀하는 것을 의미한다. 석방은 시설내처우의 최후단계로 사회복귀의 최초단계라는 데 그 의의가 있다. 즉 실무에서 석방이란 사면, 형기의 종료, 체포 · 구류기간의 만료나 구류의 집행정지, 보석 등에 의해 교정시설에서 구금되어 있던 사람을 풀어 자유롭게 하는 것이다.

수용자의 석방은 사면 · 형기종료 또는 권한이 있는 자의 명령에 따라 소장이 한다(法 123). 시설내 교정처우의 종료는 석방 전 준비제도를 거쳐 석방하게 된다. 일반적인 '수형자의 석방'과 '미결수용자의 석방'으로 대별된다. 석방사유에는 법률상 규정에 의한 사유(법정사유)와 명령에 의한 사유(권한 있는 자의 명령)가 있다.

수형자의 석방사유에는 첫째, 법정사유가 있다. 수형자의 법정사유로 인한 석방은 형기종료가 있다. 형기종료는 수형자의 권리이지 국가의 은전이 아니다. 이유 없이 만기 석방자를 석방하지 않으면 형법상 불법감금죄에 해당한다.

둘째, 기타사유로 가석방, 사면, 감형, 형의 집행면제, 형의 집행정지 등이 있다. 2018년 석방사유별 출소자 현황에 따르면, 형기종료 37.3%, 가석방 14.9%, 사면 0%, 기타 19.0%, 노역종료 28.8%로 나타났다. 석방예정자 상담 등(令 141)과 관련하여 소장은 수형자의 건전한 사회복귀를 위하여 필요하다고 인정하면 석방 전 3일이내의 범위에서 석방예정자 거실(이른바 만기방, 희망실)에 수용하고 장래에 관하여 상담 · 지도하여야 한다.

형기종료 석방예정자의 사전조사(令 142)에 관하여 소장은 형기종료로 석방될 수형자에 대하여는 석방 10일 전까지 석방 후의 보호에 관한 사항을 조사하여야 한다.

석방예정자의 보호조치(슈 143)에 대해 소장은 석방될 수형자의 보호 및 재범 방지 등을 위하여 필요하다고 인정하면 그의 성격·교정성적 또는 보호에 관한 의견을 그의 거주지를 관할하는 경찰관서 또는 그를 인수하여 보호할 법인 또는 개인에게 통보할 수 있다. 석방시기에 관하여 法(124)에서 규정하고 있다.

사면, 가석방, 형의 집행, 감형에 따른 석방은 그 서류 도달 후 12시간 이내에 행하여야 한다. 그 서류에서 석방 일시를 지정하고 있으면 그 일시에 행한다. 가석방의 경우 해당 서류에 기재된 석방 일시가 그 서류의 도달시점으로부터 12시간 이후인 경우도 있으므로 단서를 신설, "서류에서 지정한 일시"도 석방 일시의 기준이 될 수 있도록 한 것이다. 형기종료에 따른 석방은 형기종료일에 행하여야 한다.

소장은 형기종료로 석방할 수형자에 대하여는 석방 10일 전까지 석방후의 보호에 관한 사항을 조사하여야 한다(형기종료 석방자의 사전조치, 슈 142). 권한이 있는 자의 명령에 따른 석방은 서류 도달 후 5시간 이내에 행하여야 한다.

수용자의 형기종료일(석방)의 관련규정 근거에는 형법(69~71, 83~86), 형사소송법(66, 492), 보호관찰법, 소년법, 형사소송규칙, 검찰징수사무규칙(17), 형집행법·동법시행령·동법시행규칙, 수용구분 및 이송·기록 등에 관한 지침, 수용관리 및 계호업무 등에 관한 지침(34, 39) 등을 촘촘하게 잘 살펴보아야 한다.

Ⅱ. 사망

「형집행법」 상 사람의 종기가 사망이라고 하는 것에 대하여는 이론이 없다. 사망이 무엇이고, 어떻게 확정할 것인가에 대하여는 설명이 없다.

사망은 종교적·윤리적·사회적·철학적·인권적·법적인 측면 등 각 분야와 연관성을 갖는다는 의미에서 중요한 사안이다. 사망의 판정과 관련하여 전통적인 방법인 심장사 이외에 「장기등이식에관한법률」에서 새로 도입된 뇌사의 판정방법이 있다.

사망에 관한 학설을 일별하면, 첫째, 사망을 유기물이 무기물로 되는 전체 생명의 최종적인

끝을 말하는 생물학적인 관점이다. 즉 세포사(cellular death)를 의미한다.[208]

둘째, 의학적인 관점에서 인간적 생명의 사망이란 생명현상이 정지되어 가는 연속적 과정에서 환자의 의지에 의하여 생명이 존속될 수 없고, 이미 그 생명을 주장하거나 유지될 수 없는 상태를 말한다.[209]

셋째, 사회적 개념으로서의 사람의 사망(social death)은 인격적 존재로서의 무가치 내지 소멸을 의미한다. 즉 "본질적으로 중요한 특징의 불가역적인 상실로 말미암아 생물체가 완전히 변화를 일으키는 것"을 말한다.[210]

넷째, 법학적 개념에서의 사망은 규범적인 평가로서의 법적인 결단에 속하는 것으로 해석되고 있다. 현행법은 사망에 대하여 명문의 규정을 두고 있지 않다. 그 이유는 사망은 확실한 자연현상으로 입법적 필요성을 느끼지 않았기 때문이라고 해석된다. 결국 학설과 판례에 전적으로 위임되어 있다는 것을 의미한다.

수용자의 사망[사형, 자살, 변사, 병사 등]은 그 가족이 알아야 할 중대한 사항이므로 사망통지 의무를 신설, 규정한 것이 사망통지(法 127)이다. 法(127)에서 소장은 수용자가 사망한 경우에는 그 사실을 즉시 그 가족(가족이 없는 경우에는 다른 친족)에게 통지하여야 한다.

소장은 法(127)에 따라 수용자의 사망사실을 통지하는 경우에는 사망 일시 · 장소 및 사유도 같이 알려야 한다(슈 146). 法(59 내지 61)에서 모두 시신의 처리와 관련된 내용이므로 하나의 조문으로 통합 규정하되, "시체의 교부"는 사무처리적인 용어에 불과하므로 인도적인 차원에서 "시신의 인도"로 변경하고, "친지"는 지나치게 광범위하므로 "특별한 연고가 있는 사람"으로 인수자의 범위를 축소하고, 청구가 있더라도 전염병 예방 등을 위하여 예외적으로 인도하지 않을 수 있도록 하였다.

시신의 인도 등(法 128)에서 소장은 사망한 수용자의 친족 또는 특별한 연고가 있는 사람이 그 시신 또는 유골을 청구하는 경우에는 인도하여야 한다. 소장은 法(127)에 따라 사망통지를 받은 사람이 통지를 받은 날부터 3일 이내에 그 시신을 인수하지 아니하거나 인수할 사람이 없으면 임시 매장하여야 한다.

시신의 인수는 유족에게 중요한 사항이므로 임시매장이나 화장을 할 수 있는 요건의 하나인 "즉시"를 "사망통지를 받은 날부터 3일 이내"로 변경하여 그 시간적 개념을 명확히 하였다.

소장은 法(128)에 따라 시신을 인도, 화장, 임시 매장 또는 합장한 경우에는 그 사실을 사

208) 문국진, 『최신법의학』, 일조각, 1980, 53쪽.
209) 이인수, "뇌사도 죽음이다", 세종의학 제9권 제1호, 1992, 30쪽.
210) 한국카톨릭의사협회 편, 『의학윤리』, 수문사, 1984, 258쪽.

망장에 기재하여야 한다(令 148③). 이는 사망장에 기재하여야 할 사항을 구체적으로 적시하였다. 소장은 수용자가 사망하면 법무부장관이 정하는 범위에서 화장·시신 인도 등에 필요한 비용을 인수자에게 지급할 수 있다. 이는 인도적인 차원에서 유족에게 장례비용을 지급할 수 있도록 법률적 근거를 마련, 신설한 것이다. 소장은 수용자가 사망한 경우에는 그 시신을 검시하여야 한다(令 147). 의무관은 수용자가 질병으로 사망한 경우에는 사망장에 그 병명·병력·사인 및 사망일시를 기록하고 서명하여야 한다.

소장은 수용자가 자살이나 그 밖에 변사한 경우에는 그 사실을 검사에게 통보하고, 기소된 상태인 경우에는 법원에도 통보하여야 하며, 검시가 끝난 후에는 검시자·참여자의 신분·성명과 검시결과를 사망장에 기록하여야 한다.

소장은 法(128)에 따라 시신을 인도, 화장, 임시 매장 또는 합장한 경우에는 그 사실을 사망장에 기록하여야 한다(令 148). 소장은 法(128③)에 따라 시신을 화장한 후에는 누구든지 유골의 인도를 청구하지 못한다.

유골을 합장한 후에는 누구든지 유골의 인도를 청구하지 못한다(令 149). 소장은 시신을 임시 매장한 경우에는 그 장소에 사망자의 가족관계 등록기준지, 성명, 사망일시를 적은 표지를 세워야 한다. 소장은 시신 또는 유골을 합장한 경우에는 합장된 사람의 가족관계 등록기준지, 성명, 사망일시를 합장부에 기록하고 그 장소에 묘비를 세워야 한다(令 150).

Ⅲ. 갱생보호제도

1. 의의

1) 갱생보호의 개념

갱생보호제도(after-care, discharged-prisoners)란 넓게는 교정시설에서의 출소자와 형의 집행유예·선고유예·기소유예 등 법적인 구금상태에서 모든 출소자에 대한 사회내의 보호활동을 말하며, 좁게는 교정시설에서 일정기간 처우를 받고 출소하는 자에 대한 추수 지도적 보호활동을 가리킨 것으로, 종래에는 이를 사법보호·석방자보호 등으로 불렀다.

갱생보호는 범죄자의 사회복귀를 목적으로 정신적 · 물질적 원조를 함으로써 사회의 일원으로 복귀할 수 있도록 하기 위해 행하는 각종 활동을 의미한다. 「보호관찰법」(1)에 따르면, 죄를 범한 자로서 재범방지를 위하여 체계적인 사회내처우가 필요하다고 인정되는 자에 대하여 지도하고, 보살펴 주며 도움으로써 건전한 사회복귀를 촉진하는 것이다.

형사처분 · 보호처분을 받은 자, 즉 갱생보호대상자에 대한 보호활동을 통하여 자립갱생을 돕는 것을 말한다(동법 3). 갱생보호는 "교도소와 사회를 잇는 다리"(bridge between prison and community)로서의 역할을 수행하는 것이다.

교정 선진국이라고 볼 수 있는 미국 · 영국에서는 일찍부터 자유형의 마지막 단계는 가석방의 형식으로 출소시키고, 기간 중 재범의 우려를 방지하고, 적극적으로 사회 적응화를 도모하였으나, 영 · 미의 형사정책체계에서는 큰 비중을 차지하고 있지는 않다는 것이 영 · 미 갱생보호제도의 한 특징으로 정부지원을 거의 받음이 없이 민간자산으로 운영되는 경향이다. 보호관찰 · 가석방 · 사면 등이 포함되므로 사회내처우와 같은 의미다.

갱생보호의 목적은 출소한 범법자들의 자립의식을 고취하고, 경제적 자립기반을 조성하도록 지원, 건전한 사회복귀를 촉진함으로써 재범을 방지하고, 사회를 보호하는데 있다. 교정사업의 최종단계이라는 점에서 그 의미가 있다.[211]

과거 시설내처우의 여러 폐단을 보완하기 위한 대책이 사회내처우로 그 대표적인 형태가 갱생보호제도이다. 갱생보호제도는 넓은 의미로는 교정시설에서 출소한 자에 대한 정신적 · 물질적 원조활동, 가석방 · 가퇴원 · 가출소되거나 집행유예 · 선고유예 등을 선고받은 자들에 대한 강제적 사후 감독활동 즉 보호관찰을 포괄하는 개념이다. 좁은 의미로는 교정시설에서 일정기간 구금되었다가 출소한 자에 대한 임의적 차원의 정신적 · 물질적 사후 보호활동만을 가리킨다.

갱생보호는 그 실시를 강제적 · 유권적으로 행하는가, 비강제적 · 임의적으로 행하는가에 따라 유권적 갱생보호와 임의적 갱생보호로 구별된다. 임의적 갱생보호는 형기만료 · 조기석방 등으로 출소한 범법자에 대하여 본인의 신청이나 동의에 의하여 물질적 · 정신적인 원조를 통하여 사회복귀를 도와주는 제도로서 전통적이고 고전적 형태의 갱생보호제도로 사후보호의 전형적인 형태다.

각국의 교정 및 형사정책 방향은 교육형 · 목적형주의 이론과 특별예방주의의 영향아래 범죄자의 격리 · 구금을 통한 사회방위로부터 구금을 수반하지 않는 사회내처우를 통하여 범죄

---

211) 신석환 외, 『신보호관찰론』, 학현사, 2005, 226쪽.

자를 개선 · 갱생시킴으로써 사회를 방위 하려는 방향으로 발전해 왔었다.

보호관찰과 갱생보호는 사회내처우제도의 중심축이다. 갱생보호제도의 필요성은 출소자들의 사회복귀를 위한 중간처우적 보호서비스가 필요하므로 출소 후 2~3개월내 재범의 유혹과 함정이 많은 '누범부란시간'이기 때문이다.

사회지체가 심할수록 범죄자의 갱생은 어려워지기 때문에 출소자들의 심리적 지체상태(예: 사회적 이단자, 사회적 낙오자)에 있게 된다. 생활기반이 미약(예: gate money)하여 방황, 재범하는 경우가 허다하기 때문이다.

2) 한국법무보호복지공단[212)]

(1) 현황

한국법무보호복지공단(Korea Rehabilitation Agency, 이하 '공단')은 「보호관찰법」과 「사회복지사업법」 등에 의거, 법무보호복지를 통한 건전한 사회복귀와 함께, 효율적인 범죄예방 활동을 목적으로 설립된 것이다.

공단의 설립 목적은 갱생보호대상자의 성공적 사회복귀 지원 및 재범방지 활동을 통해 국민 불안감을 해소하고 개인 및 공공의 복지를 증진하고자 설립되었다.

(2) 조직

공단은 경상북도 김천혁신도시에 본부를 두고 있으며, 전국 광역 시 · 도 소재에 25개의 소속기관을 운영하고 있다. 본부에는 1사무처, 1실, 4부와 소속기관으로 1개 교육원, 17개 지부, 7개 지소가 있다.

(3) 사업내용

사업목적은 죄를 지은 사람의 건전한 사회복귀를 촉진하고 효율적 범죄예방활동을 전개함으로써 개인 및 공공의 복지증진과 사회를 보호하는 데 있으며, 사업대상에는 형사처분 또는 보호처분을 받은 사람 중에서 사회복귀를 위한 자립지원의 필요성이 인정되는 사람이다.

주요사업은 숙식제공, 주거지원, 가족지원, 심리상담, 취업지원 기술교육 등 사회복귀를 위한 서비스를 제공하고 있다. 사업실적을 보면, 취업지원사업의 확대, 심리상담 및 가족지원사

212) 한국법무보호복지공단 홈페이지 및 범죄예방정책국 보호정책과 보도자료 2020. 11. 04. 참조.

업의 실시 등으로 인해 2019년 사업실적은 105,490건으로 2015년 대비 52.8%로 지속적인 증가하고 있는 것으로 분석된다.

(4) 자원봉사 조직

「보호관찰법」 제2조에 근거하여 2019. 3. 법무부보호위원 제도를 신설하여 자원봉사조직을 통합하였으며, 주요 활동에는 보호대상자의 취업, 사전상담, 원호 등 법무보호사업에 관심이 있는 지역 자원봉사자들이 봉사활동 전개 및 재정을 지원하고 있다. 2020. 10. 기준 전국 305개 위원회와 6,581명 자원봉사자가 활동 중에 있다.

2원화되어 있는 출소자 사후관리법령을 통합하여 체계적 · 효율적인 재범방지 추진기반을 조성하여 보호관찰제도의 미비점을 보완하고, 갱생보호제도를 획기적으로 활성화하여 출소자에 대한 효율적인 사후관리를 도모하려는 취지로 해석된다.

2. 우리나라 갱생보호제도

우리나라의 갱생보호사업은 민간의 자발적 사업에서 출발하여 점진적으로 국가적 사업의 형태로 발전하였다. 오늘날 세계 각국에서 민간단체와 국가기관이 병행하여 실시하고 있는 추세이다.

우리나라 경우 국가적인 조직으로 공단이 있으며, 보호관찰법 제67~70조 규정으로 민간인의 참여의 길을 열어놓고 있다. 국제갱생보호협회(IPAA, international Prisoners Aid Association)에 1964년 가입하였으며, 법무부 직제개정으로 교정국에서 신설된 보호국(현 범죄예방정책국)으로 이관되었다.

1995년 보호관찰법과 갱생보호법을 통합한 「보호관찰법」이 공포, 같은 법률의 일부 개정되어 2009. 3. 27부터 '한국법무보호복지공단'이 개청하여 오늘에 이르고 있다.

갱생보호의 대상자는 '형사처분 또는 보호처분을 받은 자'로서 자립갱생을 위한 숙식제공, 생업도구 · 생업조성금품의 지급 또는 대여, 직업훈련, 취업알선 등 보호의 필요성이 인정되는 자이다(보호관찰법 3③). 현재 갱생보호는 국가기관인 보호관찰소와 특수법인인 공단에 의하여 출소자 보호 및 자립지원업무를 실시하고 있다. 보호의 절차는 보호 대상자는 보호관찰소, 공단 또는 사업자에게 보호를 신청할 수 있다(법 66①).

보호의 신청을 받은 보호관찰소의 장, 공단 또는 사업자는 지체 없이 보호의 필요 여부와 보호하기로 한 경우, 그 방법을 결정한다. 보호의 실시방법에는 생업조성금 지급 등은 일회성 서비스이므로 실시 즉시 종료되며, 숙식제공은 기간이 6개월로 정해져 있으며, 필요한 경우 6개월의 범위 내에서 한번 연장할 수 있다(동법시행령 41②).

갱생보호의 방법(보호관찰법 65②)에는 숙식제공, 최소한의 자립을 위한 생업도구 · 생업조성금품의 지급 또는 대여 등이 있지만, 예산의 한정과 지급단가가 낮아 출소자들에게 큰 도움이 되지 못하고 있다는 이유와 예산 낭비 등이 있다는 사유로 많은 논란이 제기되고 있다. 직업훈련 및 취업알선을 시행하고 있지만, 출소자에게 취업은 생계유지 수단이라는 의미와 취업 후 동료들과 사회적 관계와 생산 활동에 참여하면서 책임 있는 사회구성원으로 활동할 수 있는 바탕이 된다.

취업은 출소자의 안정적 사회정착의 디딤돌이라는 점에서 매우 중요한 사업인 것이다. 기타 자립지원으로 생활보호대상자 지정 알선, 사회복지시설 또는 병원 · 요양시설 등에의 입원 주선, 취적, 결혼 · 입양 · 결연주선 등 출소자의 자립 지원을 위한 일체의 활동이 포함된다.

사회복지시설에의 의탁알선, 주민등록 재등록, 합동결혼식 주선, 무연고자 결연, 의료시혜 및 갱생보호 부수 선행지도 등이 시행되고 있다.

3. 갱생보호사업의 효율적 방향

갱생보호사업의 효율적 방향에 대하여 약술하면, 출소자의 일반적 환경으로 출소자가 사회에 복귀하여 원만하게 적응을 하는 일은 결코 쉬운 일이 아니라는 점은 '사회적 지체'(Community lag)와 심리적 지체(psychological lag)라는 말로 표현할 수 있다. 즉 사회지체가 심할수록 범죄자의 갱생은 그만큼 어려워진다는 것이다.

출소 후 2~3개월 사이에 유혹과 함정이 많기 때문에 이 기간을 '재범부란기간'이라고 하여 출소자의 사회복귀 성공 여부에 있어 결정적인 기간(the crucial of his return to the community)이 되고 있다.

중요한 것은 출소자의 재범방지와 갱생보호사업이다. 출소자의 재범을 방지하기 위해서는 출소자 본인의 자립의지와 일반사회의 수용만으로도 소기의 목적을 거둘 수는 없다고 하겠다. 본인의 자립의지, 사회적 포용과 함께 국가의 정책적 · 제도적 장치가 뒷받침 될 때 효과를 발휘할 수 있다.

출소자 재범방지의 근본은 출소자 자신의 새롭게 태어나고자 하는 강한 갱생 · 자립의 의지이므로 자립의지를 꺾어 버리는 요인 중에 하나가 이방인(예: 편견)으로 대하는 우리사회의 자세라고 하겠다. 우리 사회가 출소자를 수용해야만 하는 이유 중 하나는 공익 목적을 추구한다는 대외명분도 명분이지만, 그 피해자가 나와 내 가족이 될 수도 있을 것이라는 생각을 하게 된다면, 자기 방어적 차원에서 사회복귀를 도와야 한다는 이유이며 사회분위기 조성을 위한 노력이 필요하다.

출소자들의 재범방지를 위한 출소자 보호 · 지원 관리제도가 우리나라에서는 유일하게 갱생보호제도가 있지만, 출소자 재범방지 조건 중 가장 중요하고 관심을 가져야 할 부분임에도 정부시책이 출소자 복지와 재범방지에는 무관심과 방관적 입장으로 그 명맥만을 현상유지 하고 있는 것을 검토해야 할 과제이다.

형사처분 · 보호처분을 받은 자에게 정신적 · 물질적으로 원조를 함으로써 건전한 사회일원으로 복귀할 수 있는 기반을 조성하여 범죄인의 재범을 방지하고 사회적응을 돕는 보호활동으로 유권적 갱생보호와 임의적 갱생보호제도가 있는 것이다.

4. 갱생보호단계가 실패하면?

갱생보호사업이 소외되어 실패하게 되면, 출소자에 대한 재범률이 높아지는 주요원인이 될 수 있다는 점에 주목해야 한다.

출소자들의 재범방지와 효율적인 사회보호를 위해서 갱생보호사업이 날로 확충, 발전 · 전문화되어야함에도 보호관찰제도 도입 이래 국가로부터 상대적으로 재정 확보 등 소외 받고 있는 갱생보호사업이 되고 있는 게 현실이다.

주목해야 할 점은 갱생보호 수혜 인원이 줄고 있는 것은 예산부족으로 공단 재정의 취약성, 국가시책의 무관심과 방관적인 자세일 것이다.

부언(附言)하건대, 범죄→ 수사→ 재판→ 교정→ 갱생보호로 이어지는 일련의 범죄인의 처우과정에서 재범방지를 위한 마지막 단계인 갱생보호단계가 실패하면, 그 이전 모든 단계가 성공적이었다 하더라도 재범의 연결고리가 발생하면, 이전의 노력들이 수포로 돌아가는 악순환의 전철이 될 수 있다는 것이다. 통합적인 교정 · 형사정책이 무산되어 사회복귀는 요원하게 될 것이다.

적절한 보호와 원조를 하는 갱생보호사업은 정상적인 사회복귀와 사회적응을 위해 회복적 사법의 도입을 위해서라도 필요한 사업이며, 향후 활성화되어야 할 과제를 안고 있다.

요컨대, 갱생보호제도는 범죄 및 비행의 전과자 중 재범의 위험성이 농후한 자에 대하여 정상적인 사회생활을 할 수 있도록 정신적, 물질적 원조를 제공하여 범죄로부터 개인과 사회를 보호하기 위한 것이다.

사회 및 교정복지적 차원에서 시행하는 범죄자의 보호사업이므로 교정 · 형사정책적 고려하에서 이루어져야 실질적이고, 현실적인 통합 교정 및 형사정책적 시각에서 전개되어야 할 혁신적 갱생사업으로 추진되어야 할 것이다.

Ⅳ. 새로운 교정 · 형사사법정책 제도의 도입

21세기에는 새로운 교정정책 및 형사사법제도의 도입이 필요한 시점이 도래하고 있다. 예컨대, 전자감시제도는 미국에서 발전하기 시작하였으나 평가는 체계적으로 나오고 있지 않은 상태이다. 향후 전자감시제도의 도입이 늘 것으로 예상되며, 이는 단순한 과학적 지식의 접목이 아니라 새로운 형사사법제도의 도입을 의미한다고 할 때, 대단한 변화인 것이다.

전자감시제도에 대한 한계를 명확히 함으로써, 전자감시를 통하여 침해받는 기본권이 있어서는 안 된다. 전자감시제도의 도입과 가택구금제도의 도입에 따른 발생가능한 부작용을 사전에 차단할 수 있는 제도적 · 법적 뒷받침도 따라야 한다.

법제화 방안으로 검토되고 있는 것으로 첫째, 형법상 새로운 형벌의 일종으로 도입하는 방안으로 독립된 형사제재수단으로서 사회내 형벌(community sentence)을 구성하고 가택구금 등을 형법에 규정하는 방안이 있다.

둘째, 가택구금명령 · 외출제한명령 등을 기존의 보호관찰, 사회봉사명령 및 수강명령 등과 마찬가지로 집행유예의 부담부조건으로 규정하는 방안이다.

셋째, 미국의 법제를 참고하여 가택구금, 외출제한 등을 보호관찰의 준수사항으로 도입하는 방안이다. 추가 논의되어야 할 사항으로 집행유예의 조건 이외에 가석방의 합리화와 활성화를 위하여 가석방의 조건으로도 가택구금, 외출제한 등을 규정할 필요는 없는지 여부와 가택구금과 외출제한을 구분하여 규정할 것인지, 통합하여 규정한다면 어떠한 명칭과 개념을 사용할 것인가에 대한 논의 등이 필요하다.

참고문헌

1. 단행본

곽대경/기광도/김상원/박정선/박철현/연성진/이성식/이순래/최응렬, 현대사회와 범죄, 청목출판사, 2007.
고진강 · 고지운, 간호윤리학, 계축문화사, 2018.
국가인권위원회, 인권백서, 박영사, 2004.
김병준, 신종범죄론, 조선대학출판부, 2009.
김상균 · 신석환 · 조미숙, 형사사법복지정책론, 청목출판사, 2007.
김영화, 가족복지론, 양서원, 2003.
김화수 외 7인, 한국교정학, 한국교정학회, 2007.
남상철, 『교정학개론』, 법문사, 2005.
문국진, 최신법의학, 일조각, 1980.
미셸푸코/오생근 역, 감시와 처벌, 1994.
박상기 · 손동권 · 이순래, 형사정책, 한국형사정책연구원, 2009.
박상기외 2인, 형사정책, 한국형사정책연구원, 1988.
법무부, 교정처우 자료, 1995.
______, 교정과 인권, 교정국, (주)바인텍, 2005.
신석환 외, 신보호관찰론, 학현사, 2005.
신진규, 형사정책, 법문사, 1988.
유영규 외, 간병살인 154인의 고백, 루아크, 2019.
이인혜, 현대인의 정신건강, 대왕사, 2005.

이정찬, 현대행형학, 법조문화사, 1978.
이재열, 한국의 사회동향 2018, 통계청, 2018.
전돈수, 범죄학개론, 21세기사, 2005.
정신교, 현대사회와 범죄, 형설출판사, 2010.
정영석 · 신양균, 형사정책, 법문사, 1997.
천정환, 신범죄심리학, 대왕사, 2006.
______, 신판 교정복지학, 대왕사, 2005.
천정환, 이동임, 신범죄심리학, 진영사, 2012.
최재천, 형사정책, 유스티니아누스, 1996.
Gelles, Richard J/이동원 · 김지선 역, Intimate Violence in Families 가정폭력의 허상과 실상, 길안사, 1998.
한국카톨릭의사협회 편, 의학윤리, 수문사, 1984.
황성현 · 이창환 · 이강훈 · 이완희 · 한우제, 한국범죄심리학, 피엔씨미디어, 2016.
허주욱(2010), 교정보호학, 박영사, 2010.

2. 국내논문

강호선/이명신/김유순, '가정폭력 피해자 사례관리 역할 수행에 대한 전문가 의견 조사: 1366, 가정폭력상담소 피해자보호시설 상담원 중심으로', 여성연구, 제40권 제1호, 2011.
김기현, "한국교정의 사회화처우제도에 관한 연구", 동국대학교 대학원, 박사학위논문, 2000.
김승권, "가정폭력 실태연구", 보건연구원, 1998.
김원경, "침해가족의 자살 및 살인사건에 대한 신문기사 분석", 보건사회연구, 제34권 제2호, 2014.
김은경, "가정폭력범죄의 형사절차상 위기개입 방안 연구", 한국형사정책연구원, 2001.
______, "가정폭력범죄 대응동향과 정책제언", 한국형사정책연구원, 2003.
김종정, "수형자 외부통근제도에 관한 연구", 한국형사정책연구원, 1999.
김한균, "사이버성범죄 · 디지털성범죄 실태와 형사정책", 이화젠더법학, 9(3), 젠더법학연구소, 2017.

김화수, “한국 개방처우제도의 발전방안에 관한 연구”, 건국대학교대학원 박사학위논문, 2000.

김현아 외 5인, “디지털 성범죄의 처벌 및 피해자 지원 방안 연구”, 국회여성가족위원회, 2018.

박숙완, ‘노인성범죄의 급증현상에 대한 분석과 대책방안’, 인권복지연구, 제17호, 2015.

박한호, “디지털 성범죄에 대한 논의”, 한국민간경비학회보 제18권 제4호, 한국민간경비학회, 2019.

신옥주, “가정폭력방지 및 피해자보호 등에 관한 법률에 대한 사후적 입법평가”, 입법평가연구, 제14호, 2018.

여성가족부, “2019 가정폭력실태조사연구”, 한국여성정책연구원, 2019.

오영근, “범죄인의 사회 내 처우에 관한 연구”, 서울대학교 박사학위논문, 1988.

______, “보호관찰제도의 이론적 기초”, 청소년범죄연구 제6집, 1988.

오재환, “범죄인의 사회내 처우제도의 성립과 정당성”, 조선대 사회과학연구 6, 1992.

윤정숙/승재현/최이문, “성범죄 원인 및 발생환경 분석을 통한 성범죄자 효율적 관리방안 연구”, 법무부, 2015.

이동임, “소년수형자에 대한 화상상담 필요성에 관한 연구”, 교정연구 제26권 제4호, 한국교정학회, 2016.

______, “교정시설 내 스마트 폰을 이용한 화상의료 및 화상상담에 관한 연구”, 교정복지연구, 42, 한국교정복지학회, 2016.

이수정 외, “성폭력 원인과 개입전략에 대한 고찰”, 한국사회문제 심리학회지, 제10권, 2004.

이인수, “뇌사도 죽음이다”, 세종의학 제9권 제1호, 1992.

이재란 · 정근선, “국내 데이트 폭력 가해 연구 동향 분석”, 교정담론 제14권 제1호, 아시아교정포럼 학술지, 2020.

이철호, “고령화 사회와 간병범죄”, 한국민간경비학회보 제15권 제1호, 2016.

장세석, “성폭력 범죄 고찰”, 교정복지연구, 제1호, 2005.

정진성 · 박종화,‘성범죄의 유형별 · 지역특성별 거시원인 연구: 전국 읍면동을 대상으로 한 음이항회귀분석’, 통계연구 제20권 제2호, 2015.

천정환, “간병범죄와 효 및 시스템 교정”, 효학연구 제28호, 한국효학회, 2018.

표창원, "외국의 아동 성폭력 피해의 재발방지를 위한 형사정책과 제도" 여성가족부 정책토론회, 2007.

3. 외국문헌

Bentham, J. An Introduction to the Principles of Morals and Legislation. New York: Hafner Publishing Co., 1948.

Merton, R., "Social Structure and Anomie", American Sociological Review. 3 (5), 1938.

Modi, M. N., Sheallah Palmer, & Alicia Armstrong, "The Role of Violence Against Women Act in Addressing Intimate Partner Violence: A Public Health Issue", Journal of Women's Health 23(3), 2014,

Lasswell, H. D., The Emerging Conception of the Policy Sciences, Policy Sciences, 1, 1970.

Lemert, E. M., Social pathology, New York, 1951.

Sellin, T., Culture Conflict and Crime. New Jersey: Social Science Research Council, 1938.

Prentky, R. A., Knight, R. A. and Lee, A. F. "Child sexual Molestation: Research issues, NIJ Research Report", Rockville, MD: National Criminal Justice Reference Service, 1997.

Rosenbaum, D. P. Lurigio, A. J. Davis, R. C., The Prevention of Crime: Social and Situational Strategies. Belmont, CA: West/Wadsworth, 1998.

Sykes G. M. and Matza, D., "American Sociological Association", American Sociological Review 22(6), 2002.

저자 약력

이동임

경상국립대학교 법학과 학사, 석사, 박사 졸업
전) 창원대학교 연구교수
전) 창원대학교 겸임교수
현) 경상국립대학교 법학과 강사
선거연수원 초빙교수

천정환

성균관대학교 경제학과 졸업(경제학사)
경상국립대학교 대학원 법학과 졸업(법학석사)
경상국립대학교 대학원 법학과 졸업(법학박사)
고려대학교 대학원 사회복지학과 졸업(법학박사)
현) 한국교정복지학회 부회장
동서대학교 경찰행정학과 교수

윤종우(尹鍾佑)

한국방송통신대학 법학과 졸업(법학사)
성균관대학교 행정대학원 행정학과 졸업(행정학 석사)
경기대학교 대학원 교정학과 졸업(교정학 박사)
전) 경기대학교 사회과학대학 교정학과 및 행정 · 교육대학원 겸임 · 초빙교수
전) 부산 · 경주교도소장, 울산구치소장, 청송제3교도소장, 김천소년교도소장
현) 한국교정복지학회 부회장, 가톨릭관동대학교 치매인지연구센터 책임연구원.

박숙완

경상국립 대학교 대학원 법학과 졸업 법학박사
현) 한국교정복지학회 이사
경상국립대학교 강사

이승우

강원대학교 대학원 범죄학과 박사 수료
현) 한라대학교 경찰행정학과 강사